有吸收力的心灵

THE ABSORBENT MIND

［意］玛利亚·蒙台梭利◎著 钱 荣◎译

西苑出版社
XIYUAN PUBLISHING HOUSE
·北京·

图书在版编目（CIP）数据

有吸收力的心灵 /（意）玛利亚·蒙台梭利著；钱
荣译 . -- 北京 : 西苑出版社 , 2021.11
ISBN 978-7-5151-0818-6

Ⅰ . ①有… Ⅱ . ①玛… ②钱… Ⅲ . ①儿童教育－早
期教育 Ⅳ . ① G61

中国版本图书馆 CIP 数据核字 (2021) 第 203884 号

有吸收力的心灵

YOU XISHOULI DE XINLING

责任编辑　樊　颖　辛小雪
封面设计　异一设计
出版发行　西苑出版社
地　　址　北京市朝阳区和平街 11 区 37 号楼 邮政编码：100013
电　　话　010-88636419
印　　刷　三河市嘉科万达彩色印刷有限公司
开　　本　880mm×1230mm　1/32
字　　数　195 千字
印　　张　9.25
版　　次　2021 年 11 月第 1 版
印　　次　2021 年 11 月第 1 次印刷
书　　号　ISBN 978-7-5151-0818-6
定　　价　49.80 元

前　　言

玛利亚·蒙台梭利博士曾在印度一直待到第二次世界大战结束，这本《有吸收力的心灵》是根据玛利亚·蒙台梭利博士在印度艾哈迈德巴德第一期培训时的讲稿撰写而成的。

蒙台梭利博士在本书中强调幼儿的独特心灵力量，幼儿借助这股力量可以在短短几年内，在没有教师及任何成人的教育帮助下，能够建构、稳定地形成那些曾经放弃的以及重建所有人类性格的特征。

刚出生的婴儿处于非常柔弱的身体状态，也看不出心灵天生所受到的影响，可以称为是一张白纸的状态，但也就是这样的婴儿，他们自出生便拥有了巨大的潜能，仅仅在六年以后，就超越了所有其他生物，这样巨大的变化是人类生命最伟大的奥秘。

本书中，蒙台梭利博士细致、深入地阐述了她是如何对婴幼儿最早的、也是最关键的人生阶段进行密切观察的，同时也强调了成人在这一阶段的重要责任。事实上，她为现在普遍认为比较必要的“教育自出生即开始”给予了一个有实际意义的定义。但这种教育仅仅满足于以下情况：可以成为“生命的助力”，可以超越教育自身的局限性，优于直接传递知识、观点的形式。

蒙台梭利教育法最广为知晓的一个原则就是“环境的准备”，这一原则成为“自出生即开始”的教育的最重要原则，这是在孩子上学之前进行早教培养的关键。

有吸收力的心灵力量具有科学基础的阐释，是可以帮助全世界观察儿童的群体、解释儿童的天性、阐明儿童心灵的宏伟力量。与人类所展示的力量形成鲜明的对比，它可以消除早期阶段的影响，成长为自己人生最强大的动力。

目录 CONTENTS

第一章

儿童与世界的重建

本书是我们捍卫儿童力量运动的一部分。如今，我们的世界四分五裂，到处都在宣传未来重建的计划，而重建的手段之一就是教育。然而，我认为在这场消除战争，建设和平、和谐的社会进程中，热情的人类并未做好充分的准备。人类并不能靠所受的教育控制这些事件，反而成为这些事件的受害者。尽管教育被认为是人类提升的手段之一，但它仅仅是一种心灵教育，一些更优越的普世教育尚未被设计出来。

据说哲学家做出了贡献，这或许是真的，但在如今高度文明的社会还有多少哲学家，以前有多少哲学家，将来又会有多少哲学家？高尚的思想、高尚的情操一直存在，也一直在传递着，但战争从未停止。如果教育一直只是作为传递知识的手段，那么问题永远都不会被解决。事实上，整个世界都看不到希望。我们真正需要的并不是知识的传递，只有考虑人类的个性，才能带领我们走向救赎。我们同时也要考虑到心灵实体、社会个性、强大的人群、世界的力量。如果拯救和帮助可以实现，那也是通过儿童实现的，因为儿童是人类的建构者。

儿童生来就具有一种未知的力量，也正是这股未知的力量能够带领我们走向璀璨的未来。教育不应只是传授知识，而应当另辟蹊径。考虑到人格，教育的核心应当是激发潜能。何时开始这样的教育？

人类自出生便拥有了伟大的人格，这是被充分证实的事实，但同时也是如此令人震惊。但是，实际上，如何给刚出生的甚至一两岁的婴儿上课？这真是无法想象！他自己甚至都不能移动，不能理解我们的讲话内容，那么他该如何学习？难道我们所说的对幼儿的教育只是卫生意义上的？当然不是！婴儿的精神生活如今受到了极大的关注。许多科学家和心理学家对刚出生3小时到5天的婴儿进行了观察。另外，一些人经过对婴儿细致地研究，认为婴儿出生后的最初两年是一生中最重要的阶段。这一阶段的教育必须是帮助婴儿发展他们天生所具有的心灵力量，而这并不能通过讲授实现，因为婴儿并不能理解教师所说的内容。

未被开发的资源

广泛的研究显示，儿童出生即拥有了特殊的心灵力量。这提示我们实施教育需要开发新的形式，而这样的形式需考虑之前一直被忽视的人类自身。几千年以来，儿童充满活力的、具有建设性的能量一直不为大家所知。就像人类踏上地球后，只是开发地球的表面，却不知道或不关心蕴藏在地球深处的巨大能量一样，即便现在文明发展了，但就像几千年以前人类刚诞生时一样，人类依然不知道蕴藏在儿童心灵世界深处的能量，甚至还在持续压制、忽视这股能量。直到今天，才有一些人开始注意到这股能量。人类开始意识到这些从未被开发的比金子还更具价值的人类心灵的重要性。

人类生命的最初两年以全新的角度诠释了心灵建构的基本法则，而这些法则迄今为止都是不为大家所知的。通过儿童的表达，我们知道了这些心灵建构法则的存在，而这些法则与成人的心灵建构法则完全不同。故此，产生了新的路径。并非是教师将心理技能应用于儿童，而是儿童将心理呈现给教师。这看起来很难，但如果我们更详细地探讨，这将变得非常清晰：儿童具有一种吸收知识的心智，并能进行自我指导。这一点通过简单的观察就能发现。两岁的婴儿讲着他们父母的语言。语言的学习是一项重大的智力成就。那么，是谁教给了两岁孩子这门语言？是教师？所有人都知道不是。而且儿童还会准确地说出每样东西的名称，掌握了动词、形容词等。任何研究这一现象的人都知道，跟随语言的发展是相当了不起的。

所有经历了语言发展过程的人都认可儿童到了一定的阶段会使用名字和词语，就好像他们有专门的发展时间表。事实上，儿童确实严格遵循着天性制订的大纲在发展，即便是最严格的学校，相比较而言都不能如此精确。调查显示，儿童遵循这样的时间表，掌握了语言的所有不同的、不规则的语法结构。

关键期

儿童体内有一位非常严谨的“教师”。不管在哪个国家地区，他都能让每个孩子实现上述同样的成长。成人掌握的唯一最完美的一门语言，就是在没人能教他的婴儿期学会的。不仅如此，在以后的人生阶段，不管他得到怎样的帮助和辅导来学习一门新的语言，都无法表达得像婴儿期掌握的这门语言那么准确。在儿童体内有一股心理能量在帮助他。不仅仅语言如此，两岁的婴儿也能够认出他环境中所有的人和事物。研究越多，我们就会更明显地发现，婴儿取得的成长是巨大的：所有我们拥有的都是婴儿期建构的，最重要的能力都是在生命的最初两年掌握的。不仅仅是识别、理解、应对周围环境的问题，在没人能教的婴儿期，儿童也掌握了整体智力、伦理情感、爱国主义情操和社会等级的观念。就好像大自然能够阻止成年人的智力对儿童产生影响一样，在成年人的智力能够与其心灵进行互动并对其心灵产生影响之前，婴儿已经实现了其完整的心灵建构。

儿童在3岁时已经具备了人格的基础，并开始需要学校教育的特殊帮助。儿童的成长变化如此巨大，甚至我们都可以说那些上学的3岁儿童就跟一个老人一样。心理学家们指出，如果将成人的能力与儿童进行比较，成人需要六十年的努力才能达到3岁儿童的程度。他们就用我之前所提到的奇怪的表述："3岁儿童已经是一位老人"。即便到这一阶段，儿童从环境中汲取知识的独特能力仍未停止。儿童3岁进入了最初级的学校，但仍然没有人可以教他们，因为他们此时仍未具备接受教育的能力，但他们惊人地呈现出了人类心灵的巨大能力。

我们的学校并不是真正的学校，这是一个"儿童之家"，比如，这里的环境是为儿童特意准备的，在这里，儿童可以在没有任何人教的情况下，自己可以从环境中吸收掌握相应的文化。在我们的最初级的学校入学的儿童都来自社会的最底层，他们的父母目不识丁，但在没有任何人教的情况下，这些儿童到 4 岁就知道了怎么阅读和写字。参观者们惊讶于这个年龄段的儿童所掌握的读写能力，他们问孩子们：“谁教了你们怎么写字？”孩子们惊讶地仰起头回答：“教？没有人教我们啊！”这在当时看起来很神奇。

那么小的孩子就会写字，这看起来很神奇，而他们又是在没有任何教导的情况下学会的，这听起来很不可思议。于是媒体界开始谈论“文化的自动获取”。心理学家们则认为这批儿童是否具有特殊能力，我们接受并认同了这一疑惑。但在之后多年的观察中，我们发现所有的儿童都具有从文化氛围中汲取知识的能力。如果真是这样的话，我们推断，可以设置不同的文化主题项目，在避免孩子疲劳的情况下，让他们自己汲取吸收知识。按照同样的设置，在自主、放松、非疲劳的状态下，儿童除了学会读和写，还学会掌握植物学、动物学、数学、地理等学科的知识。

由此，我们发现，教育并非是教师教了什么，而是人类个体自身所自然拥有的过程。学习并非依赖于听到的内容，而是在与环境的互动中掌握的。教师的任务不再是说，而是在特定环境中，激发相应文化活动的动机。

如今，我已经有了四十年的经验，随着这些遍布在世界各地、各个国家的孩子长大成人，父母们提出让我们继续对大一些的儿童开展这样的教育。我们发现，个体活动是发展的唯一途径，这不仅适用于学龄前儿童，同样适用于小学及其他类似学校的儿童。

新人类的崛起

我们面前呈现出了一个新的角色，这并非是学校或教育，而是人类自身。人类在自由发展、心灵不受任何压力禁锢的情况下呈现出了自身所具有的卓越特征。因此，任何形式的教育改革都要考虑人类个性的发展。教育的中心是人自身。我们要谨记：人不只是在大学成长的，自他出生甚至出生前的胎儿期起，他就一直在成长。出生后第一年是成长变化最大的时期，因此这一阶段需要最细致的照料。如果这做好了，那儿童就不会成为负担，他会展示出自己天性的最神奇之处。我们所面对的儿童并不像我们之前所认为的无能为力，而是一个需要我们用智慧去填满的空的容器。

在我们眼里，他们看到自己成了智慧的建构者，创造着作为人类最伟大的奇迹：内在“教师”遵循严格的时间表，快乐、幸福、不知疲倦地引导，他们的尊严也得以提升。我们的人类教师只能作为这位内在“教师”的助手，协助这件伟大工作的完成。

如果我们这样做了，我们将成为人类心灵打开、新人类掘起的见证者。他们不再是事件的受害者，而将清晰地指导和塑造人类社会的未来。

第二章

生命教育

学校与社会生活

在孩子刚出生甚至未出生之前，我们就应该想清楚生命教育的内容，这非常有必要。关于这个问题，我们需要探讨更多的细节，因为最近一位领袖首次指出将教育拓展到整个生命过程的必要性，同时提出教育要以“守护生命”为中心。

这是我首次提到政治或精神领袖，因为科学并没有指出生命教育的必要性，但从十九世纪初开始，科学也做出了积极的贡献，肯定了拓展到整个生命过程的教育可成功实现。教育辅助或保护生命的概念，并没有实施到任何教育的领域，不管是北美、南美还是欧洲，都是如此。

教育发展至今，已经拥有了丰富的方法、社会目标和成果，但却从未考虑生命自身到底是什么。不同的国家有许多官方的教育方法，但却没有任何一个官方教育制度将生命自身或保护生命个体、辅助个体成长纳入教育的考虑范畴。如果教育起到了保护生命的作用，你将会意识到伴随整个生命进程的教育的必要性。如今的教育同时忽视了生物学角度和社会学角度的生命。如果不考虑这一问题，我们很快将意识到这些接受教育的孩子是与社会隔绝的。学生必须接受学校规定的教育大纲的内容，同时遵守学校指定的制度。我们同样发现，这些学校并未考虑生命自身。比如，一所高等学校的学生吃不饱，没人会想到这是学校的问题。

近些年，有些近乎失聪的孩子会因为考试分数低被标记出来，因为他们听不到教师讲什么，但这一自身缺陷却不被纳入考虑之中。视力有缺陷的孩子也会得到低分，因为他们写得字不如其他孩子好看。直至这本书稿完成，身体缺陷都未被纳入考虑之中，以上是卫生学的角度。然而，即便是现在，仍然没有人意识到这些有缺陷的教育方法可能导致孩子的思想面临危险。

孩子被迫生活在这样的文明之中，学校需要担忧什么？学校只考虑教学是否遵循了教育大纲。社会缺陷有可能会伤害到刚上大学的年轻人的心灵，确实也伤害到了，学校是如何发出警告的？“你们学生不应该关心政治，先专心于学业，等完成了学业，再走向社会。”是的。确实是这样没错。但如今我们的教育并没有引导他们形成审视当今时代、分析所处时代问题的能力。

学术机制并不探讨这个时代的社会生活：它的研究并不考虑教育应该涉及的范畴。有谁听说过哪个教育部门是专门解决这个国家的社会问题的？从未有过这样的事情发生，因为在教育的世界都是将个体的学业生涯与世界问题隔离开的。他们在生活之外为生活做准备。

举个例子，一位大学生因为结核病去世了，这很让人心痛。但是，作为学校，又能做些什么呢？最多只是参加一下葬礼。有很多学生走向社会是非常紧张的，他们不仅感觉自己很无用，还会给家人和朋友带来很多麻烦。或许会是这样，但是，作为权威，并不会考虑儿童心理的特殊性，他们只关心学业和考试，有多少人拿到了文凭和学位。这就是当今时代学校的管理方式。那些学习社会学或研究社会问题的人说过，从学校或大学出来的学生并没有做好生活的准备，不仅如此，他们的许多可能性都被削弱了。社会学家们的统计数据表明，有许多罪犯、疯子，还有许多被认为很奇怪的人，是需要学校做出一些补救措施的。

这是事实。学校是一个被隔离开的世界,甚至当发生社会问题时，学校也被认为应该忽视这些问题。只是社会学家们认为学校应该做出些改变，但是学校自身并没有改变的可能。因为学校作为已经存在很久的社会机构，他们制定的规则很难改变，除非有外力强迫他们做出改变。这些都是教育带来的缺陷，也是所有上学的人都会经历的。

学龄前阶段

刚出生到 7 岁的幼儿是什么特征？学校不需要去考虑。这一阶段被称为学龄前阶段，意味着不在学校关心的范畴。对于那些刚出生的孩子来说，学校又能做些什么呢？无论在哪里设立的为学龄前儿童服务的机构，都不属于教育部门的管辖。这些机构由当地政府或私营机构管理，他们自己制定规则和条例。那么，保护幼儿这一社会问题由谁负责？没有人！社会认为保护幼儿的责任是家庭而不是国家。

如今，生命的最初几年被认为非常重要，然而，提出的建议又是哪些呢？那就是家庭的改变，妈妈必须要接受教育。现在，家庭并不是学校的一部分，而是社会的一部分。因此我们会看到，人类个性，或者说人类个性的照料被割裂成碎片，这一片、那一片，互相也忽视对方。一方面，作为社会组成部分的家庭，却是与社会隔离的，并不能受到社会的关怀；另一方面，作为与社会隔离开来的学校、大学，并没有形成社会关怀的概念。即便那些研究提出“隔离培养会带来伤害”的科学，比如社会学、社会心理学，他们自身也是与学校隔离的。因此现在并未形成生命发展的可依赖的系统。

当一位州长提出教育必须为生命提供帮助时，我们意识到了教育的重要性。但是，正如我前面所提到的，抽象科学并不需要吸纳什么新内容，倒是需要从社会层面做出一些改革。如今也是万事俱备：许多批评已经揭示了当下存在的问题，有些也指出了在生命的不同阶段应该实施的补救措施。

一切准备就绪。科学所做的贡献可以比作是为建造大楼所准备的砖块，真正需要的是将砖块垒在一起建成整体的建造师，他们才是推动文明的关键。这就是为什么在印度，他们的领袖在解决问题中具有如此重要的作用。这是文明迈向更高一层台阶的关键，也是我们尽力推动应用科学的关键一环。

教育和社会的任务

将生命作为教育内容发挥核心作用的教育是怎样的呢？这是集

合了很多前卫的教育观念的概念。教育将不再以教学大纲为基础，而是基于人类生命的知识。现在，如果这样做，当然，也必须这样做，新生儿的教育将得到前所未有的重视。确实，新生儿什么都不会做，也不能以常规的方式教育他们，但他们可以被观察，在观察研究中我们可以发现新生儿的需求。为了发现生命的规律，观察研究必须予以实施，因为想要帮助生命，首先要知道生命发展的基本规律。

不仅如此，如果我们对生命发展的了解很少，那么我们始终都只是处于心理学的理论领域，教育活动也将只是停留在知识的领域。关于生命发展的知识必须得到广泛普及，让所有人都能知道儿童心理发展的规律。届时，教育可以达到一个新的高度，也会掌握新的主动权，教育可以如此跟社会沟通："这些就是生命发展的规律，不能忽视它们，你们必须以这样的方式行事。"

事实上，社会想要提供义务教育，这意味着教育必须也确实提供了，不然也称不上是义务教育。如果教育从儿童出生就开始了，那么社会必须知道儿童发展的基本规律。教育不能独立于社会，而应当掌握社会的主动权。社会这个大机器必须调动自身的每一部分一起活动，以保护生命。所有的部分都应该通力合作：当然，父母应当做好他们的部分，只是家庭参与其中则并不够，社会不仅需要提供知识，同时该提供足够的教育儿童的方法。如果教育方法是以个体为中心的，如果社会意识到这些教育方法对儿童及儿童的发展是必要的，但家庭又不能提供这样的教育，那么社会就需要为儿童提供，国家不能放弃任何一个儿童。因此，教育不应是脱离社会的，而应当获得支配社会的权力。很明显，社会必须控制个人，但如果教育被认为是对生命有利的，那么这种控制就不会是一种约束或压迫，而是一种能提供物质和精神帮助的控制。这寥寥几句，也会让我们意识到，社会的下一步改革就是给教育分配大量的资金。

儿童在成长中的需求逐步被科学研究出，研究的结果也提供给了社会。教育被认为不只是对儿童，而是对所有个体都是有帮助的。这意味着，社会良知必须承担起教育的责任，教育也应该在每一步都将知识传播到整个社会，而不是像现在这样——教育和社会是脱节的。

教育对生命的保护不仅影响到儿童，对父母甚至整个国家和国际经济都有影响。这影响到社会的每一个部分，这是最伟大的社会运动。就像今天的教育！我们还能更墨守成规、停滞不前、无动于衷吗？如今，如果一个国家要搞经济运动，那么教育首当其冲。如果询问一个政府官员关于教育的问题，他将会回答："我不知道什么是教育。教育是一个专业。我将孩子的教育托付给了我妻子，她把孩子送到了学校。"将来，任何一个政府官员在面临关于教育的问题时，都不可能再以这样的方式来回答。

人类的儿童塑造者

现在让我们从另一个角度来看看。让我们来看看那些从儿童出生就开始研究的不同心理学家的观点，从这些研究中又衍生出哪些概念了呢？一般来说，从现在开始，儿童将受到更科学、更好的照料，而不是任其自然地成长，儿童也会成长得更好。大家普遍会认为：“个体因此将会成长得更加强壮，心智更加平衡，个性更加鲜明。”换句话说，这一概念强调儿童的成长不仅在于关注其身体卫生，还要关注其心理卫生。但这不是全部。我们姑且假设科学在儿童成长的初期阶段已经有了许多发现，这也不仅仅是一个假设。事实上，儿童所拥有的能量比人们普遍意识到的更强大，因为在这个阶段的儿童完成了建构，逐渐成长为人，然而，从心理角度，刚出生的儿童就像一张白纸。不仅是心理方面，刚出生的儿童就像是处于瘫痪状态，他们虽然能看到身边发生的一切，但他们什么也做不了，什么也说不了。经过一段时间，儿童会说、会走，借由他自身伟大的力量和智力，儿童不断地攻克人生的各成长阶段，成长为一个人。如果我们注意到这一点，我们也会更加接近现实。儿童并不是一个空杯子，而我们也不知道到底是谁给了他这些。

儿童才是人类的塑造者。没有一个成人不是经历儿童的阶段成长为成人的。要成长为成人的话需要有伟大的能量，而这样伟大的能量只有儿童才拥有。我们一直在阐述的儿童的伟大的能量终于引起了其他科学家的注意，但这能量却一直被母亲所掩盖，因为人们一直认为，是母亲生育了孩子，教会了他说话、走路等。但我却不认为这是母亲的功劳，而是孩子自己掌握了这些技能。母亲所做的只是生育了孩子，孩子自己成长为人。假设一个母亲去世了，孩子照样成长。即便母亲不在身边，或者母亲没有足够的奶喂养孩子，孩子喝其他的奶，也能照样成长。孩子自己实现成长，而不是依靠母亲。假设我们将一个印度的儿童带到了美国，由美国人抚养长大，那么儿童学会的将是英语，而不是印度语。当然，这里所说的英语，是指美式英语。所以，并不是母亲教会的这些知识，而是孩子自己学会的。如果这些美国的养育者真正把这个印度的儿童当作他们自己的孩子，那么这个印度的儿童学会的将是美国的习惯和风俗，而不是印度的。所以，这些都不是遗传的。父母可不能邀功，而是儿童自己利用了周围的环境，自己塑造了未来。

为了很好地长大成人，孩子需要特殊的照顾，而社会必须给予专注。意识到了孩子的天赋，并不会影响父母的权威，因为只有当父母认识到他们并不是孩子的塑造者，对于孩子的塑造起不到太大的帮助时，他们才能更好地做好自己的职责，以更佳的角度对孩子予以帮助。只有这种帮助很好地提供给孩子，他们才能得到很好的建构。因此，父母的权威并非建立在独立的高傲之上，而是建立在对孩子的帮助之上，父母也只有通过这种方式才能建立权威。

让我们从另一个角度再来看看这个问题。所有人都听说过卡尔·马克思，作为社会改革的先驱，他引导工人们认识到社会所享有的一切都源于他们的工作，环境中的一切都是由男人或女人制造的。我们的日常生活都与工人们的工作密切相关，如果他们停止工作，我们的社会和政治生活都将停止。这是马克思主义理论的一部分。工人们是真正让我们生活得以正常进行的人，他们创造了环境，提供食物、衣服，以及生活所需要的一切。当人们意识到这一点时，工人们不再因为依赖于雇主养活自己而感到可怜，他们能看到自己真正的重要性所在。以前人们只认为国王、王子和资本家重要，但这之后，大家开始注意到工人的价值。而且资本家的真正贡献在于为工人们提供开展工作所需的条件，工人们工作的环境越好，所创造的产品也越好、越精确。

将以上理论借鉴到我们的领域，将儿童看作生产人类的工人，父母为工人提供建筑材料。我们所面临的社会问题变得更加重要，因为儿童的工作是生产人类自身，而不是物品。儿童所创造的不是一个民族、一座城市、一个社会群体，而是整个人类。这是人类必须正视的现实：社会必须关心儿童——这位创造人类自身的工人。这两个社会问题确实呈现出惊人的相似之处。比如，在卡尔·马克思提出这个观点之前，工人们不被关心，他们就像儿童一样必须完成所有被安排去做的事情，没有人关心他们的尊严。在儿童的工作中，他们作为一个生命，最基本的身体和心理的需求都不被关心，更不用说作为人类的尊严了——压根不存在。社会学家做了些什么呢？他们发起了起义，为工人们争取更好的工作环境。同样，对于儿童而言，作为生命的塑造者，需要为他们提供更好的生活方式。工人们寻求更多的收入，那么创造人类的工人就应该得到更多的资金。工人们希望不再受到约束和压迫，我们必须将儿童从我们的压迫中释放出来。人类塑造者比环境塑造者所处的环境更加重要。为人类的塑造者创造更好的环境，将会优化整个人类。从这位伟大的工人出生开始，直至他长大成人，我们都需要给他提供为良好的建设所需的一切。我们必须谨记，儿童塑造人类，并用他的智慧创造文明。儿童是人类智慧的缔造者，也正是人类的智慧引导我们创造所谓的文明。

如果生命本身得以重视和研究，我们将得知人类的秘密。我们自己将拥有掌控和帮助人类的力量。卡尔·马克思的社会视角带来一场革命。这是一场我们一直都在宣扬的关于教育的革命。这是一个终极革命，这场革命将为我们所熟知的所有方面带来改变。这是一场非暴力革命，因为如果儿童受到了一点暴力对待，都将导致他的心理建构受到创伤。人类正常的建构是如此脆弱，需要充分的保护，不能受到丝毫的暴力对待。事实上，我们所有的努力都是去帮助儿童去除他们成长道路上的障碍，消除围绕着他们的危险和不理解。

这就是教育应当为生命所提供的帮助，自出生就开始的教育带来了一场革命，一场拒绝任何暴力、把所有人都聚焦到中心的革命。父亲、母亲、政治家都以尊重和帮助孩子的心灵建构为中心，而这一建构过程是在内在“教师”的神秘心灵力量的指引之下完成的。

这将为人类带来新的曙光。这个过程并不需要太多的重建，只需要为人类的心灵建构提供帮助，而这种建构能力是儿童天生就拥有的巨大潜能。

第三章

成长的阶段

根据当今众多研究自出生到大学时代的心理特征的心理学家的观点，儿童成长经历了不同的关键期。以前人们认为个体在幼儿时期几乎是无能的，随着成长逐渐拥有越来越多的能力，成长是能力从弱到强的发展过程，但却一直保持着相同的形式。这是关于人类心理的陈旧认识。如今，心理学发现，在生命的不同阶段，不同的心理特征经历了不同的发展关键期，在不同的阶段差别非常明显。说来也奇怪，这些不同的阶段也对应着身体发展的不同阶段。从心理学上讲，这些变化如此之大，以至于某些心理学家为了把它们讲清楚而夸大地表达为“成长是一连串的新生”。

在生命的某个阶段，一种个性心理停止成长，另一种开始出现。这种连续的新生在成长中不断发生。最初的阶段出现在从出生到6岁之间，这个阶段的儿童呈现出显著的差异，但在这整个阶段的心理发展类型是相同的。从出生到6岁又可以分为两个子阶段。第一个阶段是从自出生到3岁，是成人无法接近的阶段，比如，成人无法直接对他们实施影响，事实上，也没有面向这些儿童的学校；第二个阶段是从3岁到6岁，这个阶段的心理类型是相同的，但儿童已经在某种程度是可以接近的。这一阶段儿童的个性发生很大改变。为了更好地理解这一变化，需要将刚出生的婴儿与6岁的幼儿进行差异性比较。吸引我们的并不是这些变化如何发生的，而是6岁的儿童已经具备了最常见的情绪表达，有足够的智力可以去上学了。

下一个阶段是6岁到12岁，这是一个成长而不是变革的阶段。从心理学上讲，这是一个平静而安详的成长阶段，也是一个富有健康、力量和安全感的阶段。如果从身体方面来看，种种迹象似乎能表明两个心理成长周期间的界限。身体上的变化还是很明显的。举个例子：儿童乳牙脱落，开始长新牙。

接下来的第三阶段是从12岁到18岁，这个阶段的发展变化与第一阶段有所类似。根据身体的成熟变化的差异性，最后这一阶段可以明显分为两个子阶段，其中一个子阶段是从12岁到15岁，另一个子阶段是从15岁到18岁。到了18岁之后，一个人就完全成长好了，不再有比较明显的变化，变化的只是年龄。

奇怪的是，学校教育似乎从直觉上就意识到了不同阶段儿童心理类型的差异。0到6岁这一阶段很容易做出区分，因为这一阶段被排除在义务教育阶段之外，而从6岁开始就发生了很大的变化。人们似乎认为，儿童到了6岁已经拥有了足够的智力可以上学，因为如果儿童是完全无知的状态，他是不会被学校接纳的，这其实在无意中承认儿童已经掌握了很多。比如，如果儿童自己尚不知道如何平衡、不知道如何走路、完全听不懂别人在讲什么，那么，即便他已经6岁了，也不能去上学。我们可以认为这是一种实践性的判断。但是这些教育者们从来不会考虑儿童是否可以上学，是否能够找到理解传递而来的信息的方法，因为儿童在出生时是一无所知的，他们必须学习掌握这一技能。谁教会了他们这些技能呢？当然，教他们的人不是教师，因为儿童学习掌握这一技能的时候，他们还未上学。教育者们从来不会想到要特意教这些没有智力、不会平衡运动、没有意志、没有记忆力的新生儿去理解我们在说什么。

第二阶段同样有无意识的普遍认知，因为在很多国家，12 岁的儿童都基本离开小学上了中学。为什么人们普遍认为 6 岁到 12 岁这个阶段的儿童最适合接受基础教育、文化熏陶？世界上几乎所有的国家都是如此，因此，这并不是一个偶然事件。这种现象意味着所有儿童都有共同的心理基础，而实践也已经证明了这一点。研究发现，这一阶段的儿童有足够的心智和能力参与学校的各项活动，他们能够理解教师所讲的内容，也有足够的耐心倾听和学习。在这整个阶段，他们一直都很健康，也能一直专注于自己的功课。正是因为这些特征，这一阶段被认为是最适合儿童接受文化教育的阶段。

到了 12 岁之后，儿童将进入高一阶段的学校。就如义务教育所发现的，在这个阶段，一种新的、具有两个维度的个性心理特征开始诞生。正如我们所看到的，中学被分成了两种。

我们国家有两种中学，一种初级中学，另一种高级中学。初级中学有三年，高级中学有的两年、有的三年。这一阶段并不如前一阶段那么平和、冷静。心理学家们发现，这一阶段的孩子们心理变化非常巨大，这一变化的程度堪比于 0 到 6 岁的第一阶段。通常，这一阶段的个性并不稳定，会有一些逆反，身体也不如第二阶段强壮和稳定。

但学校并不关注这些。不管孩子们是否喜欢，教育制度依然正常实施，孩子们必须遵守。这一阶段的孩子们必须端正地坐着听教师讲课，必须绝对地守规矩，将所有时间花在记住所学之上。

之后便是大学。大学与之前阶段的学校相比，除了学习强度的差异，其他并没有什么明显的不同。在课堂上，同样是教授们讲课，学生们听。在我小的时候，男人们都留胡子，并不刮胡子。在学校报告厅里见到所有的男士都留着胡子，这也是一个很奇特的现象。有些人是尖尖的胡子，有些人是方方的胡子；有些人是长长的胡子，而有些人是短短的胡子；而最多的是不同种类的小胡子。这些看起来成熟的男士，更多的还是孩子。他们必须坐下来认真倾听教授所讲的内容，必须服从教授的命令，他们只能如此——他们的香烟、街头汽车的停车费用还指望他们慷慨的父亲提供，而若挂科，父亲便会指责他们。他们已经是成人！这些男士，他们凭借智慧而工作，并将获得未来收入最高的职业——医生、工程师、律师，他们将依靠自己的智力、经验引导世界。

如今，学位意味着什么？一个人的生活是否能以取得学位而获得保障？人们去看医生时，只会去找那些获得学位的医生吗？如果有人想要建一栋非常漂亮的房子，他会去找那些新手工程师吗？或者，如果我手头有一个案子，我会去聘用一位刚获得执照的律师吗？显然不会。为什么呢？原因很简单，因为这么多年靠听进行的学习，并不能塑造好一个人，只有练习和实践才能实现。因此，我们会发现，新手医生必须在医院里实习，律师必须在律师事务所实习，同样，工程师们也需要类似的实习。这项实习工作将持续很多年，他们才能真正独当一面。他们必须找到机会并受到保护，才能开始实习。基于此，许多国家都有一些非常奇怪的案例。有一个发生在纽约的经典案例。有一支由数百名没找到任何工作的知识分子组成的示威队伍，他们举着这样的横幅："我们没有工作；我们饥肠辘辘；我们可以做什么？"直至今天，这样的情境仍会出现。而这些情境并没有事先计划。教育是不受控制的，但我们知道，在人生成长的不同阶段，有着不同类型的心理特征，而每种不同阶段的人，也在接受着不同等级的教育。

创造性的阶段

在我年轻的时候，2 岁到 6 岁的儿童从来不被考虑。如今有了不同类型的学前教育机构，有接收更小的儿童的蒙台梭利学校，有接收 3 岁到 6 岁的儿童的托儿所和幼儿园。但如今，仍然和以前一样，人们依然认为大学教育是最重要的，认为是大学充分培养、开发了一个人的智慧。然而，现在已经有一些心理学家在研究人的生命历程，而研究结果逐步走向另一个极端。包括我在内的很多研究者都认为，人生中最重要的阶段不是在大学，而是最初的阶段—— 0 到 6 岁。因为人类最重要的智力就是在这个阶段形成的，而且，不仅仅是智力，整个心理功能都是在最初的这个阶段形成的。这给众多关注精神生活的人都留下了深刻的印象。如今对这些幼儿、新生儿和已经形成人类个性的 1 岁幼儿，人们有很多思考；研究发现这些幼儿所拥有的情感与印象，与很久以前思考死亡的人的情绪是类似的。死亡来临时到底发生了什么？这曾经是吸引沉思和感伤的原因。如今也有类似的思考是针对那些刚降临世间的幼儿。这是一个被创造了具有最崇高的智慧的人，为什么他要经历如此长的、痛苦的婴儿期？没有任何一种动物需要经历如此漫长、痛苦的婴儿期。这吸引了很多思想家的注意。他们深思："这一阶段到底发生了什么？"

这肯定是一个创造的阶段，因为刚出生时他们什么都不知道，但一年后，这个儿童已经知道了所有。儿童并非出生时便拥有了一点智慧、一点记忆、一点意志力，并在之后随着成长而逐渐增多。他们出生时这些都没有！个体是从零开始成长的！这并不像声音那样，从一开始的一点点逐渐发展，就像小猫出生时就会喵喵叫，即便不是很完美，类似的还有小鸟或小牛。而人几乎是哑的，情绪的表达只有一种方式——哭。对于人类来说，这并不是发展的问题，这是从零开始创造的问题。如果原本并不存在，你就不会给予成长以希望。儿童所走的这一步，是伟大的一步，是从无到有的一步。我们并不能做到如此，我们的心智也不能做到如此。

这是不同于我们的一种心理类型，它需要各种不同的力量汇聚才能实现。幼儿所实现的并不是一个很小的创造，是完完全全的创造。幼儿不仅创造了语言，还包括让表达成为可能的所有元素，创造了每一项身体运动和智慧的每一个方面，创造了人类思想的方方面面。这是一项非常巨大的成就！

这并不是通过有意识的心理活动实现的。我们处于意识状态，我们有意志力。如果想要学习某样东西，我们会付诸行动。而幼儿并没有意识，也没有意志力。如果将我们的心理类型称作意识活动，那么幼儿的是无意识心理。无意识心理并不是一种低级的心理。无意识心理可以充满智慧。人们可以发现这种智慧存在于每一种生物，甚至每一种昆虫之中。这并不是一种能意识到的智慧，即便很多时候看起来好像它被赋予了理性。幼儿凭借这种无意识的心理实现了伟大的成就。1 岁的幼儿已经能看到他环境中的所有事物，并能识别出来。

幼儿是如何在这样的环境中实现的呢？这依赖于在幼儿身上所发现的一种特性：幼儿对他所身处的环境有强烈的好奇心和愉悦感，这种强烈的感受使他们能够专注于他的生活。幼儿拥有这些印象并不是通过心理实现，而是源于生活。语言的掌握是这一结论最有力的证据。幼儿是如何掌握一门语言的？幼儿一出生即拥有听觉，这使他能够听到人类的声音，而后能学会讲话。这是事实，我们承认。然而，在他所处的环境中，有数百万种不同的声音和噪音，他为什么只听到了人类的声音？确实，幼儿都能听到，但是他只掌握了人类的语言，这就意味着人类的语言给幼儿留下了深刻的印象。这种印象如此深刻，引起了如此强烈的愉悦感，以至于幼儿尽全力调动体内看不见的运动神经，就是为了发出类似的声音。这可以与我们身上的某些现象做类比。某个人参加了一场音乐会，不久他看到了公众脸上专注的表情，于是头和手开始运动。这如果不是音乐所导致的运动，那又是什么所导致的？类似的情况应该也在幼儿无意识的心理中发生。相比于人的声音所产生的印象，音乐给我们所带来的印象就像并不存在一样。在无意识的心理状态中，我们暗暗地为了发出类似的声音，会产生非常强烈的情绪，我们几乎可以看到那些令人兴奋的舌头运动，与和弦一起颤抖的脸颊，一切都在振动并变得紧张。幼儿又是如何准确地掌握了语言的呢？幼儿能够如此准确、稳固地掌握这门语言——母语，使之成为他个性心理的一部分，这能够非常清晰地与他所掌握的其他语言区分出来，就像从人类天生的牙齿中找到那颗假牙一样容易。最初，对幼儿来说，这些声音是没有意义的，他们怎么突然理解了其中的含义？他们甚至都还没掌握词语的含义，就已经知道了“句子、句子的构成”。　如果我们理解不了句子的结构，就根本理解不了语言。比如，我们说“眼镜在桌子上”，词语的正确顺序告诉了我们句子的含义。但如果有人说“眼镜上面桌子”，我们就很难理解。这就是我们所理解的词语的顺序。幼儿已经掌握了语言的构成。

有吸收力的心灵

这是如何实现的？“他记得这些了，”但要想记住的话，必须要有记忆，但幼儿尚没有记忆，他还要去建构。他还要掌握理解的能力才能理解句子的结构，才能真正达到理解。但他还没有理解的能力，他还需要去建构。

我们的心灵就如它所呈现的，并不能完成这样的心理活动，要想完成，必须拥有一种与我们不一样的心理，而这正是儿童所拥有的。我们会说自己是通过智力获得，而儿童通过他的心灵生活去吸收。儿童仅仅在生活中就学会了自己民族的语言。就好像儿童体内有一个心灵工厂在完成这项工作。我们就是容器，各种印象注入其中，我们记住它们并保持在自己心灵之中，但就像水融不进玻璃一样，这些印象也与我们保持距离。然而儿童却不一样，这些印象不仅深入他们的心灵，还建构着他们的心灵，变成了化身。儿童利用周围的环境塑造他们的“精神肉体”。我们称这种心灵为“有吸收力的心灵”。 我们很难想象出这种有吸收力的心灵是如何在儿童身上运作的，但这的确是一种形式特殊的心灵。我们只希望可以一直持续地存在。想象一下，刚出生的婴儿在家里躺了几个月之后就会走路了，会到处走一走、玩一玩，会自得其乐，很开心；就这样日复一日，他学会了运动，也掌握了语言及其所有的构成；能够由生活指导自己的活动和做其他很多事。儿童所处环境中的一切都成为他心灵的一部分：习惯、风俗。想象一下这得是多么神奇的事！就因为拥有这样一种心灵，仅仅通过自娱自乐、只是存在着，就能成为医生、律师、工程师！试想一下，儿童不需要上学，只要通过他所生活的完美或不完美的环境，就学会了语言。如果一个人仅仅依靠跟一个德国人一起走路，就学会了德语，这得是一件多么神奇的事！然而，长大后的我们是得多努力地工作、多努力地学习，才能掌握那些不得不学的不同学科啊！

逐渐地，儿童意识到了所有这一切，这些构成了他的意识。我们也知道了儿童的学习通道。他们在无意识之中学会所有，伴随着怡人、有爱的通道，又逐渐从无意识变为意识。对我们来说，成为意识状态，拥有人类心理意识是一个巨大的进步！但我们也付出了代价。因为我们一旦处在意识状态，所有的学习都需要付出辛苦和努力。

运动也是伟大的成就之一。刚出生的婴儿很少活动，之后他的身体逐渐灵活起来，开始活动。儿童掌握运动，就像掌握语言一样，并不是偶然学会的。在一个特殊的阶段，他已经在感官上做好了准备，依靠有吸收力的心灵，当他开始活动时，他早就已经在环境中学会了。在他活动之前，一种无意识的心理发展已经形成，而当他开始活动，无意识就转化成了意识。如果你观察一位 3 岁的儿童，你会发现他总是在玩一些东西，这意味着他通过双手，将之前在心灵中的无意识转化为意识。打着玩的幌子，他将之前在环境中形成的印象和经验转化成了意识。通过工作，他拥有了意识，并成为人。他运用一种非常神奇的力量，依靠双手、依靠经验，起初是游戏，之后是工作，逐步塑造着，最终塑造成人。双手是人类智慧的工具。通过这样的经历，一个人成为了人，但也成为了一个受限制的人，因为相比于无意识和潜意识，意识是相当有限的。

他回到生活之中，开始了神奇的工作，并逐渐形成了适应时代和环境的独特人格。他建构自己的心灵，逐渐形成了记忆；并逐渐形成了思维能力、逻辑能力；逐渐地，他已经 6 岁了。突然，教育者们发现，他已经能听懂我们说什么了，并且有足够的耐心听我们在说什么，而在这之前是不可能实现的，他就像生活在不同于我们的另一个星球一样。

在本书中，我们将聚焦于儿童最初的阶段。针对生命最初阶段儿童的心理学研究发现，这段时光是如此神奇，充满奇迹，我们无计可施，唯有震撼。我们的工作并不是去教育，而是去帮助儿童发展其在成长中的有吸收力的心灵。如果通过我们的帮助，通过有智慧地对待孩子，通过理解他们在生活中的需求并给予满足，从而延长有吸收力的心灵发挥作用的时间，这将是一件多么神奇的事情！如果我们能帮助一个人很轻松地掌握知识，如果一个人在不知自己如何掌握知识的情况下已经掌握了很多知识，就像魔法一样，这将是多么富有意义的服务！这为什么不能成为可能呢？充满魔法和奇迹，这些本也是天生的啊！

儿童伴随着有吸收力的心灵降生，这一发现给教育带来了改革。如今，人们也更容易理解在成长发展的各个阶段中，为什么最初的阶段是最重要的。在这一阶段，人类个性的创造性开始形成，一旦我们理解了这一点，我们也就清楚地知道了必须在儿童的创造性工作中给予帮助，因为任何年龄段的儿童都不如这一阶段的儿童更需要智慧的帮助。很明显，如果一个儿童遇到了障碍，他的创造性将表现得稍逊一些，于是我们将不再给予帮助，因为他是如此弱小。这样并不对！我们知道儿童拥有强大的创造力，但它的存在非常微妙，一旦儿童在成长中遇到挫折，创造力也会受到挫败。我们需要帮助的是创造力，并不是儿童本身，也不是他的弱项。当我们得知创造力属于无意识心理，通过工作和环境中的经验才能将其转化为意识时；当我们意识到儿童的心理与我们的不一样，我们并不能触碰到，也不能教给他们东西时；当我们意识到我们并不能干预儿童从无意识向意识转化的过程，也不能干预他们的心灵建构过程时，教育的整个概念都需要发生改变，从而让我们真正成为幼儿生命历程的助力。教育将成为人类心灵成长的辅助，而不是要求他们记住观点和事实。

尝试教育的新路径，如何在不同的心灵进程中给予帮助，如何借助不同的力量，如何赋予不同心灵品质以力量，这些都将是本书探讨的主题。

第四章

一个新的方向

如今关于生物学的研究已经有了一个崭新的方向。之前的所有研究都是面向成人群体。比如，科学家们在研究动物和植物时，考虑的都是已成年的类型。同样，对人类的研究也是如此。研究对象始终都是成人，比如，关于社会学领域的道德研究，研究对象一直都是成人。另外一个吸引众多思想家的领域是死亡，因为成人的生命历程就是走向死亡的过程。关于道德的研究，可以说是在研究成人社交世界的环境和规则。对于爱他人，为了成就别人的利益而牺牲自己，这些确实都是存在的道德观念，但又是比较难的美德。如今，科学家们似乎在朝着相反的方向开展研究。不仅仅是人类，包括其他的生物，都是如此，不仅研究年幼的个体，同时研究更早的胚胎时期。所以生物学家们将注意力转向了胚胎学，转向了更早胚胎期的生物形态。面向更初始的研究方向，产生了新的哲学，但这种哲学并非是理想主义的，我们更倾向于认为这是科学的，因为这是来源于观察的，并不是从思想家的抽象思考中截取出来的。这个哲学的进程伴随着科学家们的发现逐步拓展。

当你进入到胚胎学的起源领域，将会看到在成人的领域并不存在的东西，或者即便存在，也是一种非常不同的形态。科学观察揭示了一种与人类之前习惯考虑的不同的生命类型。至此，关于儿童个性的这一新领域的研究进入了公众的视野。一种较为平庸的观点认为，儿童的生命进程并不像成人那样趋向死亡，儿童是趋向生命，因为儿童的目标是在实现他的力量和生命的过程中建构成为人。当成人的阶段到来时，儿童便不复存在。因此，儿童的整个生命历程是趋于完美的，是一个获得更伟大成就的进程。即便从这样一种平庸的角度观察，我们也能得知儿童在成长和趋于完美的进程中是非常快乐的。在儿童的生命进程中，他们完成成长的过程，感受到的是快乐和乐趣，而成人的成长通常是一个非常痛苦的过程。儿童成长、趋向生命的过程是逐渐扩展的过程，因为伴随着儿童的成长，年龄越大，他将变得越聪明，也越强壮。儿童的成长进程帮助他获得了智慧和体能，而成人却恰恰相反。同样，在儿童的世界中并不存在竞争，因为儿童在不得不完成的自己建构成为人的进程中，其他任何人也不能代替他完成这项工作，换句话讲，没有人能替他成长。

在儿童身边的成人通常是儿童的保护者。所以，我们可以看到，就人类而言，那些更好的社会榜样和灵感通常可以在儿童的世界中被发现。这不是理想的问题，这是现实。这一领域是不一样的，呈现了更好的生命存在，因此很值得去研究。

现在让我们回到儿童生命更早期的阶段，即尚未降生的阶段。即便尚未出生，儿童已经和成人在交流了，因为胚胎期的阶段是在母亲的体内度过的。在孕期之前，来自成人的精子和卵子结合，形成了最初的细胞。所以，不论是面向人类生命最初形态的研究，还是面向儿童完成成长任务方向的研究，都是朝向成人的。儿童的生命线连接了两代成人的生命。儿童生命的起源，始于成人，也终于成人。生命的历程，从生命的角度来看，与成人联系如此紧密，我们也能受到更多的启发。这也是为什么我们的研究是这么有趣。

两种生命

自然给了儿童独特的保护。他们因爱而降生，是爱的结晶，出生之后，他们也被父母的爱包围着。儿童并非因纷争而降生，这对他是一种保护。自然给予了父母爱孩子的能力，而这种爱并不是虚伪的，或者需要找到执行的理由，就像渴望团结的人总是试图唤起兄弟般的情谊。在儿童的世界里，我们可以找到应该在成人世界所存在的理想道德态度，因为只有在这里才可以找到自然产生的自我牺牲的爱。这激发了一个个体对他人的奉献精神，为他人服务的自我奉献。从深层次来说，所有的父母都会为了孩子放弃自己的生命。而父母出于本能的奉献带来的是快乐，但呈现出来的并不是牺牲的样子。比如，人们不会说“这个人有两个孩子真可怜”，反而会说“这个人有老婆孩子，真幸运！有两个这么可爱的孩子，得有多幸福!”父母对孩子是真切的自我牺牲，但这种牺牲带来的是快乐。这就是生命本身。所以孩子会激发出成人世界的理想状态：放弃，自我牺牲，而这些几乎是不可能实现的。如果是在竞争市场中，一个商人所需要的东西非常稀有，他会对他的竞争对手说“拿走，我不需要”吗？但如果父母和孩子都很饿，却只有一小片面包时，父母会不会跟孩子讲“你吃吧，我不饿”？这种温柔的爱只能在儿童的世界中被发现，这是天生的。所以有两种生命形态，而成人同时拥有这两种。一种生命源于儿童，而另一种生命是作为社会的一员。而较好的生命形式是与儿童相关的，因为在这种生命形式中，最温暖的部分得以发展。

如果研究换成在动物中进行，我们同样可以发现两种生命形态的存在，这很神奇！比如，凶猛的野生动物一旦拥有了家庭，就改变了天性。所有人都知道狮子和老虎面对他们的幼崽时是多么温柔，而面对小鹿时又变得多么勇猛。这就好像所有动物有了孩子之后都有了保护的本能。这是一种不同于一般本能的特殊形式。弱小的动物，比我们人类都胆小，都具有自我保护的本能，但一旦他们有了幼崽，这种自我保护的本能就转变为保护幼崽的本能。许多鸟类也是如此。一旦危险来临，他们的自我保护本能就是立刻飞得远远的，但一旦生了蛋，他们就不会飞走，反而是牢牢地守住它的鸟巢，以防幼鸟受到伤害。有些还会假死，以逃脱猎狗的捕捉，但为了保护躲藏着的幼崽，它们又会故意吸引猎狗的注意。而通常它们避免被捉住时都会飞走。还有许多这样的例子，在这些动物身上都可以发现两种本能：一种是自我保护的本能，而另一种是保护它们幼崽的本能。在众多描述这一现象的书籍中，法国生物学家法布尔认为物种能够得以生存，很大一部分原因都源于母爱的本能。确实如此，如果物种仅仅依靠它们自身的“武器”得以生存，那幼崽们如何保护他们自己呢？它们还没能拥有自己的“武器”。小老虎还没有牙齿，小鸟还没有羽毛，怎么保护自己呢？

因此，要拯救生命、保障物种生存，首先需要为这些还在成长的幼崽提供保护。

如果生命的存在仅有斗争，那么任何一种物种都会灭亡。因此，物种能够存活的最主要的、真正的原因是成年个体对幼儿的保护。如果我们研究自然，就会发现很神奇的一件事，即使是最低级的物种，都有这样的智慧。每一个物种天生都有不同的保护本能；同时也具有不同的智慧，而这种智慧都表现为对幼儿的保护，不同的物种表现得又很不一样，而同时它们不需要太多智慧，就已经习得了自我保护的本能。法布尔也研究了昆虫的保护本能，这方面写了16卷的内容，虽然细节还不是很详细。因此，对不同生物的研究，都能发现两种本能和两种生命形式。回到人类生命领域，对儿童生命的研究并非仅仅是出于社会的原因，儿童对成人生命的影响也是非常重要的。因此生命的研究需要回到更早的阶段。

胚胎学

如今对儿童生命的研究有两种不同的科学，一种是面向儿童的，而另一种是面向生命最初的形态的。有趣的是，胚胎学的研究也开始流行。哲学家和思想家一直都在思考这样的问题：一个生命从无到有，变成了具有智慧、有思想，同时还能呈现心灵伟大力量的男人、女人，这样神奇的事情是如何发生的？生物体的构造怎么会如此复杂而又神奇呢？能保障我们交流的眼睛和舌头是如何形成的，还有大脑以及其他的人类细微的身体构造都是如何形成的？十八世纪初期，科学家们认为在卵细胞里一定有一个现成的男人或女人。它是如此细微，以至于人们并不能看到，但它确实存在，之后逐渐长大。哺乳动物也是如此。到底是男人还是女人有这样创造性的细胞，曾经还有两派观点进行过争论，他们也反对在大学里进行学术争论。那时，有一位年轻人，使用刚发明的显微镜，心想“我要看看到底发生了什么”。他开始研究胚胎细胞，经过观察发现，胚胎里竟然什么都没有！他认为是生物体自己建构了自己，同时也描述了是如何建构的。胚胎细胞自我分裂成两个，两个分裂成四个，之后形成成千上万个细胞，生物体逐渐形成（见图 1）。那些争论中的大学学者听了后非常愤怒。这个无知的人到底是谁？竟然说什么都没有！为什么！这可是违反宗教的！这个可怜的男人的情境变得非常糟糕，甚至被驱逐出他自己的国家。之后他一直流亡在外，并客死他乡。之后的五十年，虽然显微镜更精细化，但不再有人敢去探索这个秘密。但同时，那位先驱所说的话逐渐渗透着，人们开始认为或许他说的是对的。五十年后，另一位科学家也进行了类似的研究，并发现那位先驱所说的是真的。他告诉了每一个人，而这一次，大家都相信了他，至此，一门新的学科开始出现，并逐渐壮大：胚胎学。

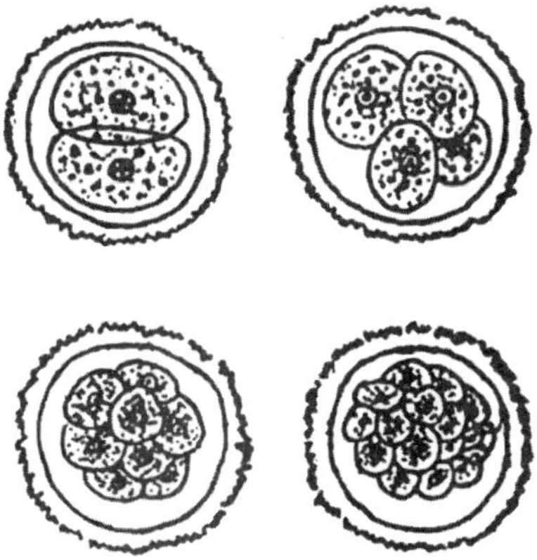

图 1　生殖细胞的发育过程

如今，胚胎学开始认为之前人们所争论的最初形态并不存在，不存在已经制造好的、而后只是逐渐成长，成为完全的男人或女人的形式；但很神奇的是，生物构造好像有一个预先确定的建构计划，因为这过程是如此的完好，如此的合理，似乎是有人预先想好并解决了。这就好像有人准备建造房子，在准备建造房子的墙壁之前先收集砖块一样。生命建构早期的细胞也是如此：通过不断分裂，产生了一定数量的细胞，便建造了三面墙，三面墙建好之后，第二阶段的工作开始——胚胎开始建构。

胚胎的建构又是另一种形式。它开始时只是一个细胞，我不知道在那里发生了什么，我不知道这是一种化学性质的东西，还是一种敏感性。我估计没人知道。但此时某一处开始了一种特殊的活动，细胞增殖的速度明显加快，而其他地方的细胞增殖仍是相同的状态。当这种快速增殖的兴奋活动停止时，一个器官形成了。类似这样的点有许多，而每次类似的活动都会形成一个精确的器官。这一现象的发现者是这样解释这一现象的：存在一些敏感点，围绕这些敏感点形成身体构造。各器官的形成和发育是互相独立的。就好像这些器官细胞内的核心点的活动、强度都是特定的，每个敏感点的核心就是建造它们自己，而这些细胞又是如此团结，合作得是如此完美，他们改造着自己，并成为与其他细胞不一样的形态。细胞们根据他们所要建构的器官变成了一种特殊形式。每个器官都各自独立形成后，新的活动又将产生，它们之间建立了沟通和联系。当所有的器官都集合起来，相互之间紧密联系，以至于谁也离不开谁时，这个孩子便降生了。循环系统将这些器官都联系了起来，在循环系统形成后，神经系统也完成，器官之间的联系更加紧密。我们能够看到这样的建构计划，是基于实现创造的热情。一旦器官的创造已经形成，它们就做好了相互联系、紧密集合的准备。这样的建构计划在高等动物和人身上都可以看到，都是为了各自更好地发展。

因此，现在的观念认为所有的生命都是共同完成建构计划的过程。事实上，胚胎是如此相似，以至于在不久前有一种理论认为，进化是沿着不同程度的动物性的道路进行的。例如，人类来自猴子，哺乳动物和鸟类来自爬行动物，爬行动物来自两栖动物，两栖动物又来自鱼类等。人们认为每一种胚胎都在出生前经历了之前所有的阶段；所以在胚胎中有一个物种进化的合成过程。如今这一理论已经被淘汰了。现在的科学家经过仔细地观察，认为自然只有一种建构方法，有且只有一种建构计划。

如果我们能谨记这一点，那许多问题都迎刃而解了。比如，儿童的心理发展，因为不仅是人类的身体，人类的心灵建构也是按照同样的建构计划。一开始什么都没有，至少看起来什么都没有，就像那些建构身体最初的细胞一样，看起来与其他细胞并没有什么不同。在新生儿身上，从精神角度来讲，看起来什么都没有，这就像原始细胞还没建构成人一样。就像器官的建造是围绕着一个敏感点进行，精神世界也是如此。最初的工作是材料的积累，就像在身体建构中细胞通过增殖进行积累。这个过程就是通过我所说的“有吸收力的心灵”进行的。之后就是敏感点，它如此强烈，以至于我们成人并不能想象出是如何实现的。我们可以通过语言的获得过程来理解。从敏感点的角度，建构的不是心理，而是心理的器官。每种器官都是互相独立发展的，比如，掌握语言，能够辨别远方的事物，能够适应环境，或者能够依靠两腿站立以及其他的协调配合。以上几种都是围绕一个敏感点形成的，但又是相互独立发展的。这个敏感点是如此强烈，吸引了个体建构的一系列行为，但这些敏感点并不需要通过整个发展过程实现。每一种只需要一部分时间，只要能够保障一种精神器官的建构完成就行。一旦这种器官建构成功了，敏感点也就消失了，在建构过程中这股力量是如此强大，我们并不能想象出是怎么回事，因为在我们还未掌握任何一点之前，它们很快就消失了。当所有的器官都准备好时，它们就开始为了建构心灵整体而进行整合。

生物学研究发现，不同的动物在成长为成年物种的过程中都经历了这些敏感期。知道了这些敏感期，我们也就能理解儿童心灵建构的过程，而我们对待儿童的态度也需要发生改变。一旦我们知道了什么时候是成长的敏感期，我们就能更好地帮助儿童实现心灵的成长。人们会说：“以前的人是怎么做的呢？他们并不知道敏感期的概念，是怎么成为健康、强壮的个体的呢？”确实，以前人类并不知道敏感期的含义，但以前的母亲能够从本能的角度照顾孩子，即便不能满足敏感期的需要，但至少能够不打扰。天性本身就能让心理器官在关键期实现成长，而母亲的本能引导她们对孩子进行相应的保护。如果我们去了解那些生活简单的母亲是如何对待孩子的，就能发现以前的母亲是如何很好地引导了孩子的成长，也能发现她们是如何很好地支持孩子特殊的敏感点的。我们可以认为，以前人们心灵强大成长的原因是由于父母天生掌握这些。

如今，随着文明的进化，母亲逐渐失去了这项本能。人类正在退行。这就是为什么研究母亲的本能和研究儿童天生的成长阶段一样重要。在过去，母亲不仅仅孕育生命，不仅仅给予最初的哺乳，还会像现在的其他动物一样，会给孩子的成长提供保护。如果现在人类的母性本能逐渐消失，那么人类也将面临危险。如今，我们面临一项巨大的实践问题，母亲必须实现合作，科学必须发现一种引导和保护儿童心灵成长的方法，就像已经发现的保护儿童躯体成长的方法一样。在西方社会，人们人为地剥夺了很多孩子接受母乳喂养的权利，如果不是科学地进行了干预，并给孩子提供了其他物理喂养的方式，孩子们都将挨饿。在精神领域，母爱是一种力量，是一种最原始的力量。这必须引起科学的关注，科学通过研究孩子的心灵成长，强化母亲们的认识，从而让她们能够从无意识的帮助转化为有意识的帮助。既然环境使母性的本能不再能自由发挥，她就必须意识到孩子的需要。教育必须施以援助，并给母亲提供这类知识。从出生便开始的教育意味着为孩子的心灵需要提供有意识的保护。当然，这类为孩子的心灵需要提供保护所做的努力，必须首先邀请母亲的参与，并能唤起母亲的兴趣。如果今天的生活变得如此人工化，以至于孩子无法实现自己的发展，社会就需要建造一些机构，以满足孩子成长的需要。学校应该从几岁的孩子开始招录？我们开始招录 3 岁多的儿童，之后招录 3 岁儿童，又招录 2 岁多的儿童，后来招录 2 岁的儿童。现在有些 1 岁的幼儿也被带来学校了。但教育是为了保护生命本身，应该面向更小的群体，甚至是新生儿。

第五章

创造的奇迹

这个从细胞发展到一个完整的器官的过程是如此的难以理解，但又是事实；确实存在，但又是如此神奇，以至于谁也不能理解它。如果阅读现在关于这个主题的科学书籍，就会发现一个以前被科学家们所厌恶的词，就是“奇迹”。因为虽然它是不断发生的事情，但它是奇迹，对这个奇迹的惊奇人们是一样的感觉。无论观察的是哪种动物，鸟类或兔子或任何一种脊椎动物，它们都是由其自身极其复杂的器官组成的，而使人感到极为惊奇和震惊的是，这些非常复杂的器官是如此彼此紧密地联系在一起。如果研究循环系统，你会发现它的排水系统是如此精细、如此复杂、如此完整，即使是最先进的文明发明的排水系统也无法与之相比。还有通过感官进行的，从环境中收集印象的智慧服务是如此神奇，以至于任何一个先进设备也无法与之抗衡。例如，又有什么能接近眼睛或耳朵的奇迹呢？如果研究发生在人体内的化学反应，你就会发现有一些特殊的“化学实验室”，物质在其中进化、放置和结合，而这些物质即使是在我们最现代化、最强大的实验室里也是无法结合在一起的。如果研究人类系统中的通信，最先进和最完善的通信系统，包括电话和无线电、电报，以及所有我们可以想象的已经改良的方式，并把它们组合在一起的东西，与人体内通过神经系统进行的交流相比，都显得微不足道了。如果研究组织最精良的军队，你将永远不会发现肌肉所具有的服从性，即每个人都立即服从，执行战略指挥者的命令。如果我们关注到所有这些复杂的器官——交流的器官、像士兵一样服从的肌肉、能到达体内每一个小细胞的神经——它们最初都只是一种球形细胞，我们就会发现大自然是多么的神奇。

每一种动物、男人、女人，这些神奇的存在都来源于一个非常普通的细胞，这个细胞和其他细胞无异，看起来也相当简单。如果我们已经习惯于大的东西，这些原始细胞的尺寸将会给我们带来震撼。它们只有 1/30 厘米，或者说 1/10 毫米。为了帮助大家理解，可以想象一下一支削尖的铅笔所点的点，试着将这样 10 个点画在一起，不管这个点有多细小，1 毫米也容纳不了 10 个点。因此可以想象这个创造了人的细胞是多么微小。当这个细胞成长时，它是独立于父母的，因为它就像被装在某种信封里一样受到保护，同时也独立于孕育它的成人。所有动物也都是这样。这个细胞是独立于父母的，因此一个成人其实是父母的细胞所创造的成果。这一现象在很长一段时间里都引发了深思，比如，拿破仑或亚历山大或甘地、莎士比亚或但丁等人，以及作为人类中最卑微的人，都是由一个这样微小的细胞建构而成的。这一奇迹不仅引发了深思，同时也吸引了众多科学家们的注意，他们将这些细胞作为研究对象。通过强大的显微镜的观察，他们发现，在每个细胞中都包含一定数量的点，而这些点很容易用化学方法着色，被称为“染色体”。不同的物种染色体数量不一样，人类染色体数量为 23 对，46 条。染色体的数量可以作为区分物种类别的依据。科学家们认为这些染色体决定了器官的构造。最近有许多更强大的显微镜被发明了出来，使人们可以看清之前不可能看到的东西。这些超级显微镜帮助人们发现每条染色体都类似于一个放了某种链的小盒子，而这个链大约由 100 个小颗粒组成。染色体分裂，这些小颗粒得以自由活动，一种包含了 4000 多个小颗粒的细胞被称为基因（见图 2）。基因的概念来源于代际的观念，之所以这样称呼它们，是因为人体的特征是由它们联系而形成的。

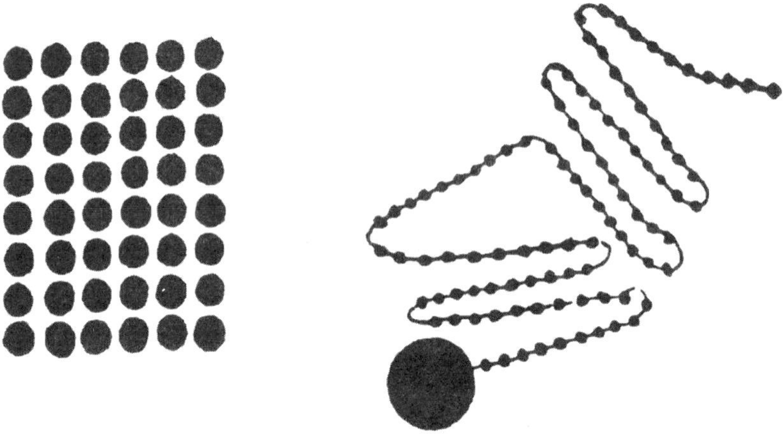

图 2　一条由 100 个基因线性显示的链，每一个都包含在 46 条染色体中的一条之中，这些染色体呈几何状排列在左边

这是一门真正的科学。如果一个人停下来思考这意味着什么，他就会意识到这个枯燥的科学陈述听起来是多么神秘，因为这个细胞是如此微小，甚至几乎是看不见的，然而它自身包含着所有时代的遗传。在这个小小的点里，有整个人类的经历，整个人类的历史。在原始细胞出现任何明显变化之前，这些基因的组合就已经发生了。它们已经

把自己排列好，以准确地决定这个原始细胞将产生的生物的鼻子的形状、眼睛的颜色等。并不是所有基因都参与身体的构造。基因之间也在进行着某种斗争；只有少数基因结合在一起，赋予个体的外部特征，而其他的仍处于隐藏或模糊状态。例如，有一个著名的例子，孟德尔做了一个实验。他把一株开红色花的植物和一株开白色花的同种植物进行杂交，然后把新植物的种子播下。杂交植物的后代开红花与开白花的比例为 3∶1。也就是说，在 40 颗种子中，30 颗将长出红色花朵，10 颗开出的是白色花朵。因此，根据细胞所处的环境，你可以有一个更漂亮的个体，也可以有一个不那么漂亮的个体；你可以有一个更强壮的个体，也可以有一个更弱小的个体。而这取决于基因之间的组合。这种组合如此之多，以至于每个人都各不相同。如果你观察有许多孩子的家庭，尽管所有的孩子都是由同一对父母所生，然而，你也会发现这些孩子有的漂亮，有的难看；有的高，有的矮，等等。

如今人们花了很多时间来研究什么样的环境可以造就更好的性格—— 一门新的科学出现了，优生学，它显示了人类如何通过他们的智力成功地获得遗传的影响，甚至超过遗传的影响。胚胎学的研究不再是一项抽象的、毫无结果的研究。这已经成为一项能够使人类揭示某些生命的秘密，并能够通过这些秘密来控制即将到来的生命的研究。现在，如果借助想象力，我们认为精神发展遵循一个类似的程序，那么我们可以想象，已经看透了身体发展秘密的人类，也可以控制和帮助精神发展。

本章节所探讨的基因和遗传是不同于单纯的胚胎学的。胚胎学仅考虑原始细胞是如何形成个体的，这样的研究并不需要超级显微镜或特殊的推理，仅仅依靠观察就可以实现，从一个细胞产生了两个细胞，这些细胞继续分裂，之后两个变成四个，四个变成八个，八个变成十六个……以此类推。这一进程一直持续，直到成千上万的细胞产生，就像准备建造房子所需的砖块一样。最终，会产生一种空心的球体。说来也怪，在海洋里，有些动物就是这样的，就像一个空心球，它们被称为“volvo”，因为它们总是在到处转。之后这些球发生弯曲，形成两层壁，然后在这两层壁之间形成第三层壁。最初的构造就由这三层壁组成。到现在，这些细胞都非常相似。仅仅比原始细胞小一些。（见图 3）

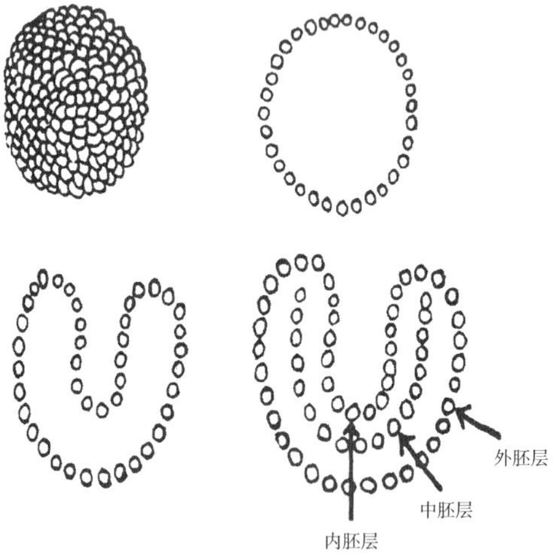

图 3　左上方是原始细胞球，由单壁组成（右图）
左下图呈现了内向型双壁，右下图的第三壁已建成

最近的研究发现了这些器官是如何形成的，在前面的章节中我已

做过阐述。这项研究也是在第一次世界大战之后，在 1929 —1930 年才发现的。如今十四年过去了。从这个发现被公之于众到现在人尽皆知，我们可以说，十四年前就像昨天一样。

每一个胚胎的三层壁都产生一组器官。胚胎外部产生皮肤，还有感觉器官和神经系统。这说明外层与环境有关,因为皮肤给我们保护，而神经系统让我们与环境建立联系。最里面的一层发育出提供营养的器官，如肠、胃、消化腺、肝、胰腺和肺。神经系统的器官被称为联络器官，因为它们使我们与环境建立联系。消化系统的器官和呼吸系统的器官被称为营养器官，因为它们使生命获得营养。第三道或中间的壁产生了支撑着整个身体的剩余的骨骼和肌肉。现在令人好奇的是，每一层壁都有一种特殊的建构目标，而这个目标对每种动物都是一样的。当它们处于壁的阶段时，所有细胞几乎都看起来是一样的，而且很简单。这是不是很有智慧？先是建构了三层壁，之后是器官。三层壁的建构过程，彼此都是相互独立的，这整个的建构计划是不是也很让人好奇？在这一进程之后，每一个细胞都开始了自我转变，从而建构器官。它们以最适合执行某种功能的形态出现，然而，它们在胚胎中还无法执行这种功能。所以细胞的这种精细的特殊化在功能开始之前就已经发生了。

这里我放置了一些细胞的图片（见图 4）。

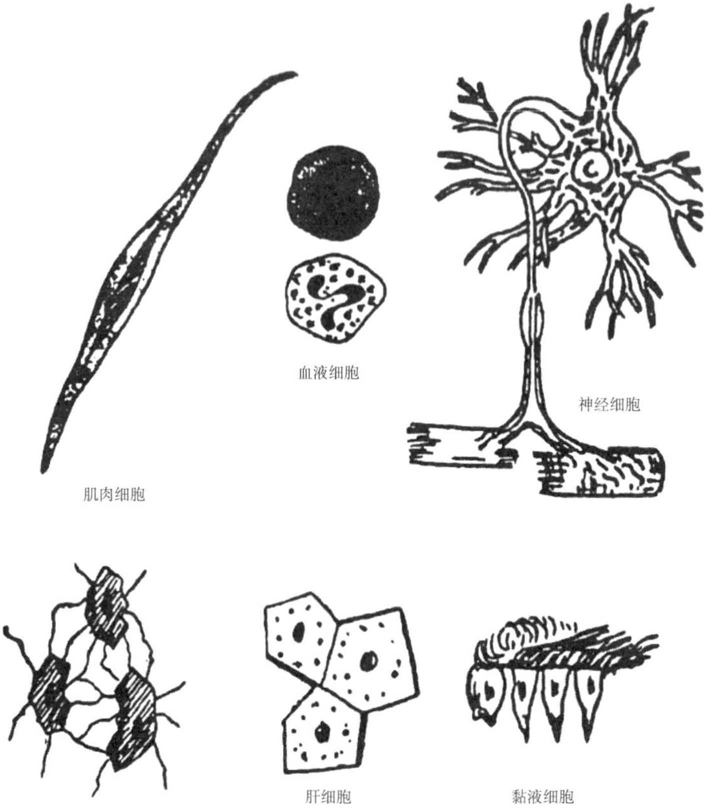

图 4　细胞类型

肝细胞呈五边形，肌肉细胞非常长，三角形的细胞是构成骨头的细胞。虽然这些骨细胞非常柔软，但它们从血液中吸收碳酸钙形成骨骼。还有一些非常有趣，它们就像一种小杯子，这些小杯子分泌一种黏性物质。它们还有一种叫作纤毛的纤维边缘，这种纤毛会振动，以便抓住任何可能通过它们的胶状黏液进入喉咙的灰尘，并将其移动到口腔。还有一些“英雄”,它们为了他人的幸福而牺牲自己的生命——这些是皮肤细胞。覆盖着全身的皮肤，为了保护其他器官而牺牲自己的外层细胞，皮肤的外层死亡；它的细胞牺牲了自己，而在它的下面，有另一层正准备牺牲自己的生命以确保所有人的安全。那些有长丝的细胞是神经系统的细胞。然后是血液中的红细胞，它们不断地将氧气输送到其他细胞，排出二氧化碳。奇妙的是，血液里的红血球虽然多得惊人，但它们的数量是限定的。

工作开始之前，有不同类型的细胞，每种细胞都准备好自己所要做的工作。一旦它们完成了自己该做的特定工作,就不能转变自己了，如神经细胞不能变成肝细胞。因此，当它们分化成特定功能的细胞，就仿佛充满了伟大的理想，并献身于实现理想的工作时，它们的任务就确定了,因为他们就是专门为之工作的。这和人类社会是不是一样?我们可以说，特定的群体组成了人类社会的器官。在最初的时候，每个个体都有多重任务。在原始社会，人类很少的时候，人们每件事都要知道一些，既要当泥瓦匠，也要当医生、木匠等。但当社会形成时，工作就专业化了。每个人只选择一种工作，他的心智也都完全投入这项工作之中。职业培训不仅仅是教一门技术，更重要的是要进行心理的转变，让他能够不仅仅是专业符合，同时能形成适合这项特定工作的独特的心理个性。一个人的理想就是实现如此，生命也是这样。

在身体中也发生着类似的事情。胚胎发育不仅是为了形成特定形式的不同的器官，为了实现器官间的连接，循环系统和神经系统发挥了重要的功能，它们并不是为自己工作，而是为了其他所有器官之间建立联系。循环系统类似于一条河，在河中有一些物质被运往其他所有地方，但它不仅仅是分发者，同时也是收集者。某些器官制造一些其他较远的器官需要的特定物质。看看这条河流做了多么完美的事情！每个器官都从里面拿取自己所需要的，又将自己所生产的扔到河里，这样其他器官能够根据他们的需要取得自己想要的。

这是不是又和我们现在的社会一样呢？是不是也建立了一个循环系统？所有生产出来的东西都扔到了循环中，每个人从中拿取对自己生命有用的东西，当生产的东西被扔到贸易的河流中，对其他人而言就变得便捷了。商人、环游各地的旅行推销员，是不是就像红细胞一样？如果我们来看人类社会，会更好地理解胚胎的功能，因为社会所发挥的类似的功能在德国、美国、英国、印度等国家都是一样的。由此，我们可以认为，社会的循环系统正处于胚胎期，仍然有很多弊端。这些循环的弊端反映出我们社会并未完成它的发展。

在人类社会中，我们发现并没有对应神经系统的专业化的细胞。我们的世界还处于如此混乱的状态，我们几乎可以非常明确地认为指明方向的器官并没有建成。由于缺乏这种专业化，因此不能够关注到所有人，以和谐地指导整个社会的机构。比如，作为文明的结果，在民主国家的社会组织最可能采用的方式是什么？他们会让所有人一起选举他们的领袖。如果我们将这一进程换成在胚胎学的领域，一方可能说“我想肝细胞是最适合管理的”，另一方可能说“我觉得骨头里的细胞更适合，因为他们有最坚固的结构”，又有一方可能会说“我需要那些可以保护我们的英雄，皮肤细胞应该去做这个指挥的工作”。

如果这样的情形发生在胚胎领域，那就会出现混乱、不和谐的情况，因为如果在胚胎领域出现这种情况，必须要有非常专业化的细胞，必须是能够指导所有功能运行的细胞。指导的工作是最难的，需要比任何其他一项工作更专业化。所以，这并不是一个选举的问题，而是适合的问题、是否准备好做这项工作的问题。如果需要指导其他人，这个细胞必须要转变自己。因此除非他最初就已经转变自己了，否则就没有领导者。当我们发现这是大自然为所有的生命分支所制订的计划，在创造生命时就执行的计划，这是多么神奇。

我们对胚胎学感兴趣，不仅仅因为上述这项计划，还有我们能对发展行使控制的事实，同时也是因为我们在心理领域的发现都能与之一一对应。

第六章

一项计划，一种方法

现代研究中的发现或理论并不能完全解释生命的奇妙以及它的发展。但它们确实展示和说明了这些事实。这些为我们提供了足够的数据，使我们能够看到生长是如何发生的。每一个新发现的细节都显示了一种新的认识，但人们并不能解释它。这些现象可以被充分地观察到，它们解释了日常生活中的事件。例如，我们观察到的一件事是，建造计划只有一个，所有动物的生活都遵循它。这里我所说的计划并不是我们所能看到的就像起草者所列的计划那样可见。在我们面前所呈现的细节都是遵循着特定的不可见的计划在发展。这项计划可以在胚胎的物质形成中看到，儿童的心理发展也遵循它，这项计划也同样在社会中可以被发现。如果我们观察不同动物的胚胎，就可以发现所有的动物都在执行相同的计划。这并不是一项新发现。图 5 呈现了三种不同动物的胚胎处于两个不同阶段的图片。

左边是早期阶段，右边是晚期阶段。这些动物分别是：由上到下人、兔子、蜥蜴。正如图中所呈现的，脊椎动物在形成自我意识前都经历相同的形式和发展阶段。比如，在胚胎发育的这个阶段，人与蜥蜴是惊人地相似。然而，当胚胎完成发育时，差异是巨大的。所以，有一个阶段所有的生物都是类似的。

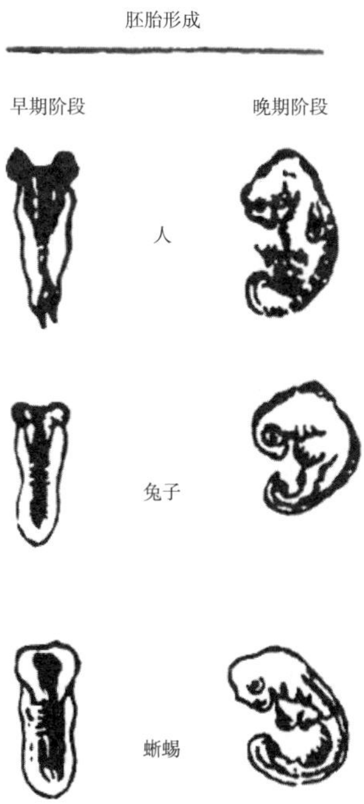

图 5　胚胎形式

我们同样可以确定地说，从心理学角度来讲，所有的人类个体在某个阶段都是相似的。当我们说到新生儿是一个心理胚胎时，我们认为所有的新生儿都是相似的，因此对待这一阶段的所有儿童的方式都应该是一样的。每个人在特定的化身阶段，都遵循相同的化身方式，所有人都有相同的心理需求，所有人都经历相同的建构成人的过程。不管这个人从儿童发展成什么类型的人，无论是天才还是普通人，圣人还是杀人犯，每一个人都要成为他最终的样子，都必须经历这些成长阶段。我们所要思考的是化身的过程，因为我们都不能事先预计自己将成为什么样的人，所以我们也不能实施干预。首先，我们并不知道化身的结果；其次，即使我们知道了，也没有能够实现的力量。我们必须集中精力，全神贯注于那些适用于所有人成长的法则。

这促使我们思考关于教育方法的问题。教育必须有也只能有一种方法。这个方法可以帮助所有生命个体天性的成长与发展。这并不只是个观念，而是个事实，是一个具有充分依据的事实，这并不是由哲学家或思想家思考出来的教育方法。唯一能够支配这种方法的是自然本身，它确立了某些规律，给成长中的个体存在注入某些需要。教育的目的是满足这些需要，辅助这些规律，这些规律必须能规定教育的方法，而不是一个哲学家的聪明的想法。

最特殊的是生命的最初几年。之后个体开始出现差异，但并不是我们导致的差异，我们甚至不能触发这种差异。在个体的体内，有一个在自发地成长的自我，独立于我们，而我们并不能为此做什么。比如，我们并不能造就一个天才、一个将军或一个画家。我们只能帮助想要成为将军和领导者的人意识到他的潜力。不管他们是做什么的，不管他们是领导者还是诗人、画家或天才，或者仅仅是普通人，都需要经历这些阶段：出生前的胚胎期，出生后的心理胚胎期。我们所能做的仅仅是消除障碍，以帮助个体意识到神秘的未来是能够实现的，因为通过消除障碍，未来才能更好地实现。

我们称这个自我实现的基本努力为“化身”。有个比较实际的观点：每个人都要经历一个相同的化身的过程，教育的目的是帮助这个过程顺利完成。

胚胎学的未来结果

图5中的3个胚胎非常相似，但当它们完成发育时，互相之间又非常不同。现在让我们看一下众多的思想家所争论的关于胚胎发育的问题。我们看到的是非常惊人的：基因的存在，敏感点的存在造就了器官，之后形成的两个系统——循环系统和神经系统，它们将所有创造出来的东西紧密地连接在一起。这些器官都建立联系之后，出现了更神奇的事。它们不仅仅是被创造出来的、彼此之间能够紧密地联系在一起的器官，更重要的是这些器官都是自由而独立的。不仅是把这些器官相互联系在一起，而且在生物体内相互联系的这些器官又都形成了各不相同的个体：每个个体都有自己独特的特征。这是最神奇的。科学尚未解决这一问题。进化论是存在的，但还只是理论，有待更进一步探索。观察揭示了众多事实，但有时并未给予解释。只要还没有解释，这就是一个空缺，而这很重要。认识到还有空缺这一事实也是很重要的。比如，如果我们接受了进化论解释的所有事实，那么我们的智慧将会被搁置。一旦我们注意到还有空缺，智慧就将继续工作下去，从而发现合理的解释。这些空缺引导人们去思考、去研究事实，直到有了新的发现，填补了空缺，知识又向前迈进了一步。

最初被公开的发现是费城实验室的生物学家们于1930年提出来的（对于胚胎学来说，这是非常重要的一年）。美国的这些现代化的实验室有非常好的设备，每位科学家都可以投入地研究某个特定领域。有一项针对某种低等两栖动物的研究持续了七八年，这个科学家研究这么长时间，是因为他发现的事实与当时的科学理论并不相符。现在完整地解释这个科学家发现了什么有点枯燥，也不易理解。此处只简单提一下。这个科学家发现，最初形成的部分是那些指导个人功能的部分，而执行器官是后来形成的。所有人都知道我们有神经系统，除此之外，我们还有大脑，在我们的大脑中有些特定的部分，每个部分都与某个器官相联系。大脑中有个处理视力的部分，被称为视觉中枢。现在，科学家们发现，神经系统中指导视力的部分是先形成的，比眼睛形成的时间早很多。这与之前科学的发现相反。于是，他得出这样的结论：动物的心理部分是早于个体本身形成的。比如，动物的本能在动物完成身体构造之前就已经存在了。这意味着代际不仅涉及身体和不同的内部器官，还涉及每一种动物的心理和本能，而且这些动物的习惯在器官形成之前就已经固定下来了。

行为主义

这是比较新的观点。动物的本能在神经中枢中确立，比器官形成早得多。如果心理的部分是先存在的，这意味着什么？这意味着器官自身完成建构，将它自己融入心理和本能的建构中。推理的方法引导我们得出这样的结论：动物在出生前就已形成习惯，器官的构造是为了最好地满足这些习惯和本能。因此根据这一最新理论，自然中最重要的是习惯，是动物的习惯。有趣的是，不论哪种动物，都能根据自己的本能发展出最适合的器官。这个新理论来自多年的研究和对事实的观察，而不是来自预先确立的观念。由此我们可以得出这样的结论：如今动物的习惯比身体的构造更为重要，而以前人们关注的中心是身体的构造。这个代际的事实使用“行为”这一词语来表示，包含了习惯和所描述的动物的习惯。在现代的书中，尤其是在美国，这一新理论被称为“行为主义”这给科学带来了新的曙光。以前的观点认为动物为了适应环境而形成他们的习惯，而这些观点已经逐渐消失了。以前的理论认为是成年个体的愿望触发了必要的改变，为了能让个体更好地适应环境，动物为了保证生存做出了努力，这种自我保护的本能导致了代际间的变化，并逐渐导致了物种的改变。而不能做到这样的物种就灭绝了。这被称作“适者生存”。这一理论认为，通过几代人的不断努力，一种完美状态就会出现，之后这种完美状态会继续传给下一代。

这个新的理论跟这些完全不相关，而是强调了动物的行为在其习惯形成中的核心作用。我们所观察的事实显示，动物只有在适应其行为模式的努力尝试中才能成功。成功地在环境中实现其生命体验的动物，是沿着其行为的方式去做的，让我们通过一个例子来理解这一现象。比如说奶牛。它们是比较强大且强壮的动物，在地球的地质历史中，是可以追溯它们的演化过程的。当地球上长满植物时，它们开始出现了。有人可能会想，为什么这种动物给自己限定了只吃草，吃这种最难以消化的食物，以至于为了消化它，这种可怜的动物还得拥有四个胃。根据以前的观点，如果这是为了生存的自我保护，那么，在周围还有很多更容易消化的、丰富的食物，非常简单也容易获得时，为什么没有选择吃这些呢？如今，几百万年过去了,我们发现在自然环境中的奶牛依然只吃草。它们低着头站着，不停地咀嚼,我们很难看到奶牛抬起头，几乎看不到它们美丽的双眼。即便有时看了你一眼,它们也会立刻低下头。如果仔细观察这种动物，你会发现它们都是吃掉草的根部以上部位，从来不会将草连根拔起，就好像它们知道为了让草存活，就只能把靠近根部部位的草咬断，这样草还能在地下继续生长,不然草就死了。这些草的根部不断扩张，覆盖更广的土地，草在更远的地方生长，而不是死亡。如果你研究进化的历史，你会发现，在地球历史较晚的阶段草才出现。而且你还会发现草对其他植物的重要性：草将松散的泥沙紧密连接在一起，否则这些泥沙就会被风吹走。它不仅使泥土变得更加坚固，还能使土地变得更加肥沃。如果没有经过草的铺垫，任何植物都无法在泥土上成长。这是草的重要性。除了收割，有两件事对它的维持是必要的：一个是肥料，另一个是碾压，也就是在它上面施加重物。现在，告诉我有哪种人工农业机器能比奶牛更适合完成这三项任务？除了帮助草的成长,还能生产牛奶。奶牛是一种多么奇妙的自然农业学家。它的行为给了我们又一个感激它的理由。我们认为它只能提供牛奶、肥料，其他就没有了，最多会认为牛是耐心的典范。但人类亏欠奶牛的远不止这些。人类普遍忽视牛的很多贡献，但在印度，这个尊崇牛的国度，人们在潜意识中认识到了这一点。我们要感谢牛来维持地球和其他植物的生命。它的耐心不仅仅是我们所钦佩的那些在表面可以看到的耐心，更是一代又一代的耐心。

生命的任务

现在，如果牛有意识，它不仅能意识到自己什么时候饿了，也会意识到自己喜欢草，就像印度人民喜欢印度薄饼、米饭和咖喱，其他人喜欢其他东西一样。但是奶牛肯定永远也不会意识到,也不会思考，不会意识到它是一个农学家这一事实。奶牛的行为正好有助于大自然的农业工作。

现在，让我们以乌鸦和秃鹫为例，它们以自然里的“垃圾”为食。世界上有丰富的食物，秃鹫和乌鸦还都有翅膀，为何秃鹫还要吃腐烂的食物，乌鸦还要吃排泄物以及它们在环境中发现的任何污垢？它们可以飞到很远的地方找食物，所以对它们来说，要找到其他更有食欲的东西不会太困难，比如找到一些其他力气不大和不太能动的动物。

但是你能想象如果这些“垃圾”没有从地球上清除掉，会导致多高的死亡率吗？如果没有一种专门保持环境清洁的工具，还会有多少疾病、瘟疫和其他疾病？乌鸦天生就被赋予了清洁环境的任务。请告诉我，在艾哈迈达巴德，大批工人干完活后，从工厂一窝蜂地回家，与我们在黄昏时看到的数百只乌鸦，在做完清洁和清扫工作后飞回栖息地，这两者有什么不同？这就是它们的行为。

这两个是关于食物选择的例子。我们可以举出成百上千的物种的例子，每个物种都选择了某个特定种类的食物。它们几乎不会满足自己。它们是为了完成在地球上的任务而去吃,这个任务通过行为呈现。毫无疑问，所有这些动物都是大自然的恩人，也是其他所有生物的恩人。它们的工作保障所有创造的和谐。它们创造了万物，因为创造是通过所有生物和非生物的合作而实现的，而这两方的合作是通过行为发挥作用的。还有一些动物，它们的食量是如此之大，以至于不能仅仅从维持生命的角度来解释。他们不是为了保证生存而去吃，他们的存在就是为了吃，比如蚯蚓。蚯蚓是地球的工作者。达尔文首先提出这个观点，如果没有蚯蚓，地球的生产力都会降低。蚯蚓使土地肥沃。所以它们身体的结构和细节都超出了个体的直接优势。

以蜜蜂为例，它们出生于非常热的季节，它们身上覆盖着一种皮毛，或者说一种黄黑相间的绒毛。在热带城市，这种皮毛并没有存在的必要，但可以收集对它自己没有用的花粉。然而，这些花粉对花朵来说却是有用的，蜜蜂将花粉带到这些花朵上，花朵完成受精。因此，蜜蜂的工作并不仅对它自己有益，它对植物的繁殖是有用的，因此有人可能会说，这种皮毛是蜜蜂为植物繁殖而进化的，而不是为它们自己。我们是否可以看到，动物是为了其他物种的生命而奉献自己，而不是为自己的生存或维持生命尽可能地多吃？对动物和植物的研究越多，就越清晰地发现它们行为的目的是为了整体环境的福祉。

在海洋里，有很多单细胞的动物，它们喝非常多的水，如果换算成人，大概一生之中每秒都需要喝掉一吨的水。有人可能会说，它们又不渴，喝这么多水真是放纵。然而，这并不是不道德的行为；相反，却是一种美德。他们必须快速工作，因为它们的任务就是过滤海水，过滤出海水中的一定的盐分，这些盐分对其他海洋生物来说就是毒药。

同样的还有珊瑚。珊瑚是低等动物，如果进化论的观点是对的，那么很难理解珊瑚从最初出现至今，几百万年都是一样的形态。为什么它们没有改变？因为它们有一个功能需要去实现，并且要以一种完美的形式。这和上面提到的动物的功能是一样的：将海洋中流经它的有毒物质消除掉。它们的工作就是用盐分装饰它们自身。这已经持续了上千万年，我们可以想象它们积累了多少石块。它们积累了如此多的石块，甚至被认为在建造新大陆的工程中功不可没。看看太平洋上无数的小岛，那些小岛就是由这些珊瑚建造成的。它们是如今露出海洋的群山的山峰，形成了海岛。如果我们研究干燥的土地上的岩石，也会发现它们很多都是由动物形成的。即便是喜马拉雅山，很大一部分岩石都源自珊瑚。可以说是这些珊瑚构成了我们的大陆。

因此，我们对这些动物的功能研究得越多，就越容易发现这些功能并不仅仅是维持它们自身生存，而是为了整个世界的和谐。我们可以说这些动物并不仅仅是地球的产物，更是地球的建造者和工人，它们维持着地球的运转。这是最新研究所提供的视角。一旦认识到这一点，从不同的地质时代中，我们也能发现已经灭绝的动物做过类似工作的证据。这一直是存在于动物和地球之间、动物和动物之间、动物和植物之间的关系。从这一视角，出现了一种新的科学，称作生态学，这一学科现在有了更广泛的应用，也是大学中一个重要的课程。生态学研究的是不同动物的行为，发现它们并不是为了相互竞争而存在，而是为了完成一项重要的工作，以维持地球的和谐。当我们说它们是工人时，意味着每一种动物都有一个目的，就是为了建造美丽的世界。

如今有一项基础研究认为，地球的每一种生物都有各自的任务。

生物的行为不仅仅是为了生存，而且还是为了完成任务。对于这些任务，它们自身并没有觉知，对自己的存在也没有觉知，因为它们不可能根据自己的意愿去建构相应的部分。如果它们有意识，它们会意识到它们的习惯，意识到它们所生存的环境是多么美丽，但是显然珊瑚从来不可能意识到这些，或者理解到它们是这个世界的建造者，蚯蚓也不会意识到它们自己是农业者，是在为土地施肥，其他的动物也不会认为它们是环境的净化者。建立动物与地球的联系并进行维持的任务永远都不可能进入它们的意识。生命及其与地球表面的关系，对空气和水的净化，都依赖于这些任务。因此，存在着另一项压力，并不是为了生存的压力，而是为了实现所有这些任务的压力。我们可以认为每一个都是重要的，并不因为它的美丽，或者因为它在生存的竞争中成功，而是因为它所承担的任务是对整个地球都是有用的，所付出的努力都是为了完成赋予它的任务。这就是为什么我们会说这是一个预先确立的计划，器官的建构都是为了实现这个计划。这个预先确立的计划将动物与它们在地球上所要完成的任务联系起来。生命的目的不是为了自我完善，也不是仅仅为了进化。生命的目的都是为了执行让整个世界更好的潜在要求。我们被创造不是为了享受世界，而是为了让宇宙进化。今天，宇宙计划存在的影响正在逐渐改变过去的线性进化理论。

第七章

成 人 大 学

行为主义理论的观点认为，每个物种都有一项在环境中的任务，尽管这些物种的每个个体都独立于创造者而生存，也相互独立地发挥自己的功能，但它们都能虔诚地执行分配给它们的任务。我们可能会认为动物是自由的，它们可以自由地选择，也能自由地与其他个体竞争。但如果我们仔细观察，就会发现他们的自由仅仅是执行各自的行为，每个个体都按照这种行为的要求行动。我们看到有些动物通过奔跑前进，有些动物通过跳跃前进，有些动物通过缓慢而平静地行走，有些动物通过爬行等。如果我们更仔细地观察，就会发现每个物种都有一个任务，那就是生活在不同的环境中，因此有些动物生活在平原，有些动物生活在丘陵，有些动物生活在山川，有些动物生活在冰冻地区，有些动物生活在热带地区。

现在，当我们来研究人类，并与动物进行比较时，就会发现很多不同，很重要的一点就是人类并没有被安排特定的活动或特定的居住点。当然，大自然给人类分配的任务是一种便利。通过对大自然的研究发现，没有一种动物能够像人类这样适应任何一种气候或地球上的任何一个地方。我们发现人类可以在冰冻地区生存，而某些动物，比如老虎或大象却不能生存，然而，如果你在丛林里寻找，不仅能发现大象和老虎，同样也能发现人类，甚至在沙漠里也能发现人类。因此我们发现，人类并没有被安排在特定的地方。人类可以自我调整，可以生活在地球上的任何地方，因为他们注定要踏上地球上的每个角落。我们可以说，正因为这种适应能力，人类是唯一一种可以自由地去地球上任何他想去的地方存在。

如果我们观察动物的行为，就会发现他们的行为是在特定的运动中的，而这种运动与他们所要完成的工作相关，而人类并没有特定的运动。人类能够非常迅速、完美地掌握各种各样的动作。同时，人类还可以做某些动物从来不会做或将来也不会做的事。人类自出生就开始完成这些事：用手劳动。人类的行为并没有受到限制。比如，每种动物都有一种语言，如果我们以英国狗为例，它能和美国狗一样咆哮。但如果我们把一个泰米尔人带到意大利，他不会懂那里的语言，意大利人也不会懂他的语言，人类具有最多种类的语言。运动也是如此。人类可以走路、跑步、跳跃，也可以爬行。就像鱼一样，人类也会游泳，鸟会飞，人类可以比鸟飞得更好。不仅如此，人类还能够完成一些有设计的运动，比如跳舞。

每种动物有且只有一种运动，而人类有非常多种类的运动，因此他们的行为并不像动物这样固定。另外，还有一种特定的情况，即婴儿出生时并没有前面我们所提到的这些能力。因此我们可以得出结论，虽然人的能力是无限的，但每个人都必须在童年时期获得相应的能力。只有通过主动地征服，通过努力，他才能学会语言。人在出生时不会运动，处于几近瘫痪的状态，渐渐能够像任何一种动物一样学会走路、跑步、爬山。但所有这些能力，他都必须通过自己的努力才能获得。他必须自己征服一切。人类所拥有的任何能力，儿童都必须自己掌握。因此，我们可以说人类的价值始于儿童的工作。

我们发现地球上的任何地方都有人类，很奇怪，每个人都很开心、满足地生活在他所居住的地方。如果提到爱斯基摩人，我们发现，对他们来说，生活的幸福在于覆盖着积雪的广阔平原，在于用鲜艳的色彩打破漫长的黑暗的灯光，在于呼啸的风，它不仅穿透身体，更是灵魂的音乐。寒冷的气候和环境中的所有事物都带给他们的生命以快乐。除了那里，他们无法感受到那些快乐。其他人也是如此。生活在热带的人们发现那种气候、特殊的食物和那些习俗对他们的生活和幸福都是很重要的。无论在哪里，我们都能发现同样的现象。人类都深爱他们自己的国家。有些人生活的地方似乎是完全不适合生命存在的。比如芬兰，这个国家多岩石，寒冷，长年被冰雪覆盖。然而，最近芬兰和俄罗斯之间的战争显示了芬兰人对这片贫瘠土地的依恋和迷恋。提到荷兰，我们发现这里的居民对他们的土地非常自豪，虽然这里甚至都不能称为土地，因为只有依靠大量的工作，他们才能从大海的手中夺取土地，他们必须建造堤坝，不停将海水抽走。如果要建造房子，他们先要建造地基，否则房子会被淹没。他们必须将树木并排垂直下沉，并创建一个人造的木制平台，在这个平台上可以放置房屋的地基。这是一个条件恶劣的国家，但看看他们为那块土地战斗得多么激烈。对他们来说，这里多么美丽！这里培养了一批最伟大的画家。因为对这片土地的热爱，对这个国家的依恋，使这里所有的土地都住满了人。

因为如果每个人都去追求最好的生活条件，追求最肥沃的土地，世界上的许多地方将无人居住。正是由于这种依恋，这种对自己所生活的国家的热爱，才使整个世界都有人居住。

最奇怪的是，我们发现成年期的人类是适应性最差的生物之一。印度人显然除了印度不会喜欢其他地方。如果一位印度成人外出求学或工作，他总是渴望回家。如果我们已经习惯了地中海的环境和温带气候，就无法适应北方冰冷的气候。是的，去沙漠看一串串骆驼的旅行确实迷人而浪漫，但住在那里并不愉快。

我们依恋我们所处的环境，也依恋我们所处的时代，以多年前的欧洲为例，以前的生活比现在简单多了。以前没有铁路或其他快速交通工具。旅行是由马车完成的，马还需要更换，从一个城市到另一个城市需要很多天。为了获知家里的信息，他们要等上几个月的时间。想象一位来自美国的现代人到这样环境中，他将很难在这里生活。或者让我们以一位生活在几个世纪前的人来说吧，一切都很平静，没有火车，没有电灯，没有有轨电车，没有地铁的隆隆声，没有噪音。如果生活在那个时代的人来到现在的纽约，看到没日没夜地到处都充斥着繁忙的交通、喧闹声和噪音，在这里人们总是很匆忙，黑夜也充斥着许多电子广告，这里不再平和、安静，他可能会说："我无法在这里生活。"

这里我们看到了一个对比。之前我们说，如果一个人能够喜欢、适应地球上最差的环境，那么无论在哪个国家他都能生活得非常快乐。现在我们发现不同时代的人并不能适应或生活在文明更加进化的时代，就像我们不能适应于以前的时代，那种更缓慢的生活一样。我们喜欢生活在自己的时代，就像我们的祖先喜欢生活在他们的时代。

我们发现随着社会和文明的进化，环境也改变了，如果人类还像动物那样固守于它们的行为，人类将不能适应新的环境。以语言为例，没有一种语言在刚出现时就和现在一样。语言和其他所有事物一样在进化，最初它还是简单的，之后变得更复杂。生活在一个语言如此复杂的时代的人，能够不经历痛苦、不花任何注意力就简单学会新的语言吗？

这将如何解释呢？我们面临一种矛盾。这很神秘。人类必须适应被文明不断改变的环境。随着人类年纪增大，文明发展得也更快了。因此人类需要不断地适应，不仅适应地理的变化，还要适应文明的不断变化。正如我们所看到的，成人的适应力并不强。这是一个真正的谜！

儿童——适应的工具

解决之道在儿童身上，我们可以将儿童称为人类适应能力的工具。出生时没有任何特殊运动的儿童，不仅获得人类的全部功能，而且能适应他所处的环境。这类情况发生的原因是儿童具有特殊的心理结构，与成人不同。如今心理学家们对这种心理结构的差异性研究非常感兴趣。儿童与环境有着不一样的关系。我们可能欣赏一种环境，可能记得一种环境，但孩子却把自己融入了它。他不记得所看到的东西，但却将这些建构到了自己心理的组成部分中了。儿童将他所看到的、听到的都吸纳到自身之中，这些在我们身上没有任何改变，儿童却发生了很大变化。我们仅仅记住了环境，而儿童将自己融入环境。这种特殊的视觉记忆，并不是意识记忆，而是将图像吸收到个体之中，心理学家给它起了一个特殊的名字：记忆基质。

我们可以通过语言举例。儿童并不记得语言的发音，他们吸收和转化了声音，并能够比任何人都发音得更好。他是根据语言所有复杂的规则和所有的例外来讲它的，而不是因为他利用普通的记忆来学习和记忆了，或许他从未通过意识去记忆。而语言已经组成了他心理的一部分,成为他自身的一部分。这种现象与单纯的记忆行为并不相同。这是一种心理特征，是儿童个性心理的一个方面。

儿童对他周围的所有事物都具有敏感性，通过观察和吸收这样的环境，儿童才能适应它。这种能力揭示了一种只有在孩子身上才能被发现的潜意识的力量。

生命的最初阶段是适应的阶段。在这里，我们必须非常清楚地知道我们所说的适应性是什么意思。我们需将这种适应性与成人的适应性做出区分。儿童的生物适应性是他真正喜欢待的地方，即他出生的地方。正如一个人唯一说得比较好的语言就是他的母语一样。如果一个成人去另一个城市，就从来不会像在他自己出生地那样适应。

让我们看个这样的例子：有一些自愿去另一个城市度过余生的人，比如传教士。传教士自愿选择去另一个城市生活，但如果与他们交流，他们经常会说“我们居住在这个城市是自我牺牲”。这就显示了成人适应力的局限性。

现在来看看儿童的例子。儿童是个性很强的，无论他出生在什么地方，他都爱那个地方爱到极点，不管那里的生活有多么艰难，他在其他任何地方都不会如此快乐。因此喜欢芬兰冰冻平原的人，以及喜欢荷兰沙丘的人，都各自获得了他们的适应性，从他们的儿童时代开始，他们就爱上了这个国家。

实际上是儿童真正意识到了这种适应性。成人发现他自己准备好、适应了、适合他的国家，他对自己所居住的地方有一种独特的钟爱，所以他的幸福和安宁只能在那里找到。

以前在意大利，人们出生在一个小村庄，并在那里生活至死，从来不会搬到其他地方。之后，人们结婚后便搬离了原来的地方，原来的居民逐渐从他们的家乡分散出去。不久，出现了一种奇怪的疾病。人们变得苍白、悲伤、虚弱、贫血。尝试了许多疗法，但都是徒劳的。最后，当其他方法都无法治愈他们的时候，医生对他们的亲戚说："我想你们最好让这些人去呼吸一下他们家乡的空气。"这些被送到家乡的人，或者农场，或者出生的地方，过了一段时间，他们回来的时候已经完全康复了。人们说呼吸家乡的空气，比任何药物都有效，但这种空气本身却可能经常比他所生病的城市更糟糕。这些人真正需要的，是他们孩提时代生活过的地方给他们的潜意识带来的宁静。

没有一样东西比这个具有吸收力的心灵更重要，它能够让人类适应无论哪种社会环境、无论哪种气候、无论哪个国家。也正是这一点，我们必须集中注意力工作。当一个人说"我爱我的国家"，这并不是表面的、虚伪的讲法，这已经形成他自身的一部分了，已经是他生命的一部分。

从上文所探讨的内容，我们可以理解儿童是如何运用这种类型的心灵，吸收他所生活的土地上的风俗、习惯等，因此而形成了他民族典型的个体形式。人的这种地方化行为，即适合于他所居住的国家的人的行为，这是发生在童年时期的一种神秘的建构。很明显，人们会获得他们所处环境特有的风俗、习惯、心理等，因为这些对人类来说都不是天生的。由此，我们现在形成了儿童更完整的工作画面。他建构的行为不仅适合于时代、适合于地区，同时也适合当地的心理。在印度这里，人们对生命有崇高的尊敬，对动物也是如此。成人并不能形成这样的感受。印度人不是通过说的方式认为“必须尊重生命”，而是获得了这种感受。我可能会从理智的角度说这些人是对的，也觉得应该尊重动物的生命，但对我来说，这不是一种感情，只是一个论断。未生长在此，我不能感受到有些印度人对牛的尊重，比如，无论哪里的人养了一头牛，就永远也不能抛弃它。也有其他人信奉自己的宗教，即使最终他们从观念上拒绝了，但他们的内心仍然感到不安。因为这些已经形成了我们身体的一部分，在欧洲，我们会说“它们流淌在我们血液里”。这些个性、对种姓的感情以及其他各种感情融合在一起，形成了一个典型的印度人、典型的英国人，这些都是由儿童时代一种神秘的心灵能量形成的，心理学家们称之为记忆基质。这对所有事物都适用，甚至对区分不同种族的特定类型的运动也是如此。

在非洲，有一些人，他们发展和固定了一些品质，这些品质是由抵御野生动物的需要所激发的。他们做一些特定的练习以使听觉更敏锐，敏锐的听觉是那个特殊部落个体的独有特征之一。同样，所有的这些特征都被孩子吸收并固定在个人身上。有些宗教情绪仍然存在，尽管后来人们可能会以其他方式思考，拒绝这种宗教的教义。有些东西仍然会在潜意识的层面，因为儿童时期所建构的东西是永远都不可能被完全摧毁的。这种被认为超自然的记忆基质，不仅创造了个性，同时使它们在个体中保持活力。个体确实会改变，但是在儿童时期所建构的东西在个性中始终存在，就像腿一直都存在一样，每个人都会有这种独有的特征。

有人可能会想去改变成人个体。我们常说“这个人不知道如何表现”，或常说这样那样的人没有礼貌。他或她知道这一点，会感到被羞辱，因为他们认识到自己有“坏性格”，但事实是，这是无法完全改变的。同样，这种类型的心理引导使儿童获得了神奇的文明知识，复杂精细的现代语言，也引导他在心灵中固定一些东西，这些东西是理性想要从人格中消除的，但却无法被改变的。我们也可以说，同样的现象解释了不同历史阶段的适应问题，因为，虽然古代的成人不可能适应现代，但儿童可以适应他所发现的任何一种文明，不管这种文明程度如何，他们都能成功地建构，适应那些时代和风俗。

所以今天儿童开始被想象成他应该有的样子，作为连接，连接着不同的历史阶段和不同的文明水平。儿童时代被心理学家们认为是一个重要的时代，因为他们意识到如果我们想要给人们新观点，想要改变这个国家的风俗习惯，或者如果我们希望更有力地强调一个民族的特点，我们就必须把儿童作为我们的目标，因为对成人采取行动几乎是无效的。如果一个人对环境有更好的期待，对人们的启蒙抱有更大的幻想，那么他只能期待孩子付诸行动。如果有人认为他们的风俗是堕落的，或者有人想恢复旧的风俗，他们唯一能做通工作的就是孩子。他们无法改变成人。如果一个人想要改变社会，他必须考虑儿童。过去，人们尝试改变成人。如今他们更好地理解了，开始为儿童建立学校，因为人性的建构是在儿童时期完成的。他们根据我们所提供的条件进行建构。

心灵的力量与在胚胎中发现的力量是相似的。通过对胚胎施加的作用，可以让人变成恶魔或一个更完美的个体。事实上，已经有一些实验在实施，一些武器也在研发。对于成人，我们无法做这些。对于心理也是如此。你不能创造一个人，但你可以通过让心理胚胎发挥作用而让他变得更完美。这给了成人和教育很大的力量，因为它赋予了对心理成长和心理发展的控制。这种力量是巨大的，如果我们把它与社会中仅对成人起作用的力量相比较的话。孩子给了我们新的希望和新的视野。在未来的人类中，也许会带来更多的理解、更大的福祉。

第八章

心理胚胎的生命

让我们重申一下，儿童出生就有了心灵生命。如果是这样，心灵生命可能并不是从那时候开始的。如果存在，那就早已经建构好了，不然怎么会存在呢？同样，胚胎也有心灵生命。当一个人产生这种想法时，他就会想知道心灵的生命是从胚胎的哪个时期开始。让我们考虑某些情况。我们知道会有一些情况，比如有的婴儿 7 个月就出生了，而不是 9 个月，但 7 个月的婴儿也已经发育得很完整，足以生存。因此，他的心灵生命已经可以跟 9 个月出生的婴儿一样发挥功能了。我不想强调这个问题，但这个例子足以说明我的意思，我假设所有的生命都是心灵生命，甚至在胚胎时期，儿童就被赋予了一种心理。事实上，无论生命形式多么原始，每种类型的生命都有一定的心理能量，一种特殊的个体心理。即便我们讨论的是单细胞个体，我们都会发现它们存在一种心理，它们会远离危险，趋向食物。举个例子，有一种单细胞生物，在水中的所有植物中，以一种特殊的杂草为食。为了完成摄食这项活动，它只选择这种植物，是因为一种特殊的心理。也就是说，它一出生便拥有一种特殊的行为。

每一种生命形式，特别是每一种动物，都有一种特殊的、不可抗拒的生活方式，这表明它们的行动是由一种特殊形式的心理所指导的。

如果我们离开严格的科学领域，我们可能会说，有一位心灵导师分配着地球上不同类型生命的所有活动。换句话说，生命是一种巨大的能量，其中一种是宇宙的创造力。因此，如果一个新生儿出生就有心灵生命，我们为何要对此感到惊讶呢？事实上，如果不是这样，他又如何生存呢？

这个结论给人留下了深刻的印象，因为以前人们认为儿童是没有心灵生命的。后来许多人开始研究和思考这样一个事实：儿童甚至在出生前就被赋予了一种心灵生命。

如果一个人出生就拥有了心灵生命，儿童出生时将受到极大的震惊。这是一个新的观点，让思想家们去思考出生的事实，心灵生命的事实，即一个活生生的人突然从一个环境被扔到另一个完全不同的环境。如果考虑新生儿所处的环境，就会发现这种环境的突然转变更加令人印象深刻。新生儿并没有完全发育好，事实上，当人们研究得越多，他们就更加意识到新生儿的发育是如此的不完整，尤其是在生理上。所有发育都没有完成。他们在地上走路但用以入侵世界的双腿还处于软骨状。头盖骨也是如此，它包裹着需要被强有力保护着的大脑，但是新生儿的头部还没有硬化，只有一部分骨头发育了。另外，更重要的是神经自身也没完成，因此缺乏了中枢指挥，缺乏了统一协调各器官的功能。因此，这个骨头还未发育完全的个体，还不能遵从运动的冲动，因为冲动都是通过神经传递的，而此时神经尚未完全发育。因此人类的新生儿几乎是没有运动的，而动物的新生儿在出生时几乎同时就能行走。结论是这样的：刚出生的新生儿仍处于胚胎时期。因此，我们认为幼儿拥有的胚胎生命，在出生前后都处于延续状态。我们可以说，这个胚胎生命被他出生的这个大事件、大冒险给打断了，由此，他也进入了一个新的环境。内在的变化也是巨大的，就好像从地球到月球一样。但这还不是全部，为了实现这一巨大的跨越，儿童的身体必须付出巨大的努力。通常情况下，儿童如此困难的经历并不被关注到。当一个新生儿出生，人们关注的仅仅是母亲，她将面临多大的困难。然而，比母亲经历更大考验的新生儿，尤其是在人们认为新生儿还未发育完全，但却被赋予了心灵生命的时候。因此，让我们记住，新生儿并不具备发达的心理能力，因为他还没有创造这些能力，即使身体上还不完整，这个心理胚胎仍必须创造它自己的功能。

让我们沿着这条线继续探讨。这个生下来就没有力量、静止不动的生命，必须有一种引导它走向运动的行为。那些不存在而必须被创造的人类能力的形成，代表了胚胎生命的另一个阶段：心理—胚胎生命。

身体还不完整的新生儿必须使复杂的人变得完整：他必须创造人的心理能力。

出生后，心理发育是按照行为所决定的路线进行的，换句话说，是心理的发展塑造了运动。其他动物的本能似乎一出生就被唤醒了，就在动物与环境接触的瞬间。而人必须由心灵来建构，心灵必须构建人类的能力，以及与这些功能相对应的运动。胚胎的身体完成了它的部分发育时，神经开始强化，颅骨骨化。这就好像人类胚胎生来就是不完整的，因为它的最终形态和功能都要等到心灵建构完成后才能实现。

小鸡从鸡蛋中被孵化出来时，只要母鸡引导它如何啄取食物，它立刻就可以像所有其他鸡一样行动。现在如此，以前也是如此，估计到将来也一直都会是如此。可对人类来说就不一样了，因为人类在学会行动之前必须完成心灵的建构。因此，他出生时是无法运动的。心灵的建构必须与人的进化相适应，要符合人所处的环境，要符合人所处的周围的条件，因为他所塑造的人，必须适应他的时代和环境。

这些运动是和心灵一起建构的，比如，心灵在建构它自身功能的同时，也发展了表达这些功能的运动，由此建构为一个适应它所处的时代和环境的人。对环境的第一个主动体验必须等到心灵功能建构完成。

根据这个事实会得出一系列的结论。一个是自出生开始，人生命中最重要的一面就是心灵生命，而不是运动，因为运动必须按照心灵生命的指引和指示来创造。智慧是人类和所有动物的区别。因此，人类生命的第一个行为就应该是建构智慧。然而，骨骼和神经系统在等待智慧建构的过程中，身体仍然处于惰性状态。他还要等待，因为在行为发展之前的并不是身体的发展。大自然已经有了预防措施，它剥夺了人类的行动能力，使其身体骨骼柔软，因为在他开始体验环境之前，他必须等到他获得巨大的心灵能力。如果心灵生命通过投入环境来建构，那么智慧必须先进行观察和研究，汇聚众多印象，就像生物胚胎在建构之前要先由众多的细胞积累形成特殊的器官一样。

生命的最初阶段被保留下来，以便从环境中收集印象，这是合乎逻辑的。如果人一出生就开始走路，他怎么能在环境中调整自己？除非他像动物一样具有固定的本能。

这是最精彩的部分。在人类生命的最初阶段，心灵活动最活跃。印象的积累是后来智力发展的基础。

另外，人类的运动朝向他所在的环境，人类出生在不同的环境、不同的历史时期，他必须适应它们。首先，心灵必须接收和积累大量的营养物质，它们是适应特定环境和个体所出生的历史时代的基础。生命的第一年呈现给我们的是一个非常活跃的阶段，吸收环境中的所有事物；生命的第二年，身体构造接近完成，运动开始形成。这清晰地呈现出自然是如何通过心灵生命决定人类的运动的。

这些更加令人印象深刻，因为在古代，人们认为那些不能动、不能说话的儿童从心理角度来讲是不存在的。多么大的变化！那时人们认为儿童没有精神生活，而现在我们知道，在生命的第一年，主要的活动就是大脑。

现在，如果我们再考虑一下新生儿，我们似乎能更好地理解为什么 1 岁婴儿的头是新生儿的两倍大。到了 3 岁时，儿童的头围尺寸已经是成人的一半。到了 4 岁时，头围尺寸已经是成人的 8/10（见图 6）。

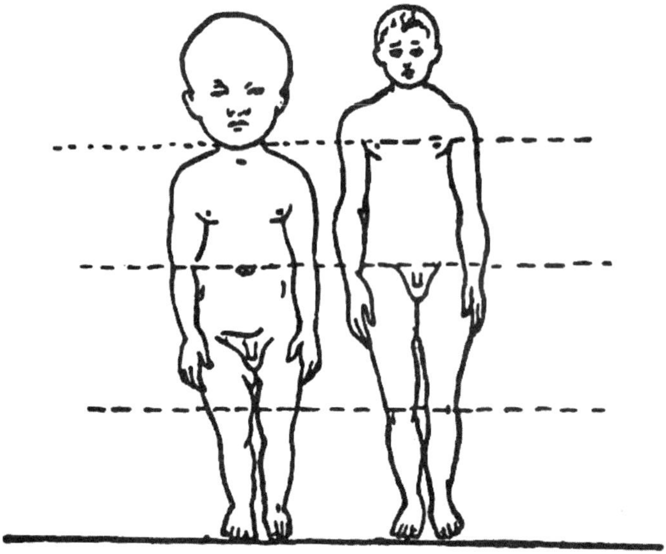

图 6　同样尺寸的新生儿和成人显示出他们身体比例的差异

人们是多么清楚地看到人类在智力、心灵生命方面的成长，而其余的成长不过是这种心灵生命的一种工具,因为它在发展自己的能力。

如果说这说明了什么的话，那就是说明了第一年对余生的重要性，说明了人类的孩子具有智力的特点。这呈现出人类和动物的巨大差异。动物只需遵守它们行为的本能，它们的心灵生命受限于此。而对于人类是另一个事实：人类智慧的创造。人类在未来做什么，我们并不知道，也无法从新生儿那里获知。儿童的智慧在现在的生命进化中发挥作用，回到数十万年前的文明，在它前面伸展出未来数百上千、数百万年的可能：一种没有限制过去或未来的现在，在当下也从不一样：它的某个方面始终是固定的，而其他方面是无限的。

人类没有受到限制。研究人类时，人类智慧应该是被考虑的核心问题。当然，这种有可能走向无限的心灵生命，这种注定要走向无限的心灵生命，一定是以某种神秘的方式开始的。它开始于出生以前，因为在新生儿的心理中我们发现能量如此强大，他们可以创造任何一种功能，从而适应任何一种环境。

人类不同的冲动都有心灵生命的基础。在我们继续之前，在我们能够理解孩子的心理发展之前，这一点必须被清楚地想象出来。还有一些其他的东西需要考虑，那就是孩子的心灵本质及其运作方式，因为在生命的第一年，他要收集环境中所有事物的印象。而他并未有意识地吸收什么。生命及其能量引导了儿童的发展。心灵生命的天性是什么？如果我们要理解儿童未来的行为，我们就必须理解这些。儿童是如何对外界事物做出反应的？

出生恐惧及其反应

今天的心理学家们被他们所称的“出生的困难冒险”所震惊，并认为婴儿在出生时肯定经历了巨大的惊吓。如今，有一个心理学的科学术语是“出生恐惧”。当然，这并不是一个意识层面的恐惧，因为如果他的意识的心理功能已经形成，他会用这样痛苦的话来说：“你们为什么将我扔到这个恐怖的世界？我能做什么？我要怎样做才能适应对我来说如此困难的生活？我以前从来没有听到过哪怕是最细微的耳语，我该如何适应如此众多的声音呢？我的母亲，您给我的这些困难的功能，我要怎么去使用呢？我要怎么消化和呼吸？我之前一直生活在您稳定、怡人、温暖的身体中，我要如何适应这个世界如此多的气候变化？”

如今，婴儿完全意识不到这些。他无法表述自己所经历的出生恐惧。但是应该有一种不同于意识的心理感觉，因为如果他有意识，他会说:“你为什么要抛弃我？我都受伤了,你还离开我。我都没有力量，你还抛弃我。你怎么竟敢这样做？”

如果他有意识，这会是他的论述，但他并没有意识。然而在潜意识层面，他非常敏感，他一定有一种与我们上面所说的非常相似的感觉。

研究生命的人必须考虑这一点。婴儿出生时受到了巨大的惊吓，因此我们要在他最初适应环境的过程中给予帮助。毫无疑问，婴儿感到害怕。

我们经常看到，如果将刚出生几个小时的婴儿放进浴缸里，他们会像一个人掉下去的时候那样做出抓握的运动。这显示出他们害怕。

天性提供了怎样的帮助？在婴儿的这个困难的适应过程中，天性确实提供了帮助。天性给予母亲保持婴儿靠近她自身的身体，保护婴儿远离光线的本能，天性让母亲自身在这个阶段变得非常无力，几乎没有什么能量留给她自身。因为自身的原因，她保持着安静，给了孩子所需要的安静。这就好像母亲的潜意识在说“这个婴儿受到了巨大的惊吓，我必须让他紧紧挨着我”。

她用自身温暖他，保护他避免接收太多印象。

人类的母亲不会像我们在其他生命类型的母亲身上看到的那样，热情地去做这件事。我们看到猫咪的母亲会将它们的幼崽藏在一些漆黑的洞中，如果有人靠近，它们会非常警觉，然而人类的母亲已经丧失了这种警觉。婴儿一出生，就会有人过来，清洗他，给他穿上衣服，将他放到光线下看等。这就是为什么人类处于危险中。指导人类的不再是天性，而是人类的推理，而这种推理是错误的，因为它并不是通过理解启发的。这种推理认为婴儿出生时并没有心理。今天通过对出生恐惧的观察发现，这比声音保护更恐怖，它会导致儿童在成长过程中形成不良人格。这个结果可能导致心理的改变，或者更确切地说，儿童没有走我们认为是正常的道路，而是走了一条错误的道路。这种人格问题不仅在儿童身上发现，在成人中也有。他们被包含在“心理退行”这个总称中。那些经历出生恐惧，形成负面反应的个体，并没有朝着生命发展的路径前进，而是固着于那些出生前就存在的某些东西。虽然有许多不同的退行特征，但他们都有相同的印象。就好像会推理的儿童这样说：“天呐！这个世界多么恐怖，我要回到我来的地方。”新生儿长时间的睡眠被认为很正常，但如果时间太长，即使是新生儿，也不正常了，这被认为是一种对世界的心理回避，也是一种寻求被地球遗忘的手段。

如果不这样呢？睡眠不就是潜意识的王国吗？如果有些不如意困扰了我们的心灵，那就睡觉吧。因为在睡眠中的是梦，不是现实，不需要去抗争。睡眠是一种回避，是要远离这个世界。另一个事实就是睡觉时的身体姿势。新生儿的自然睡姿是两个手贴着脸，两个腿贴着身子。这睡姿甚至还延续到一些成人，我们可能会说这是一种退行向产前姿势的行为。同时还有另外一个事实是退行的典型特征。当新生儿醒来时，他们会大哭，像受到了惊吓，好像他们重新经历了刚来到这个困难的世界所经历的惊恐时刻。他们还经常做噩梦。这些都构成了生命恐惧的一部分。

这种倾向的另一种表达是依恋某人，就好像害怕被单独留下一样。这种依恋并不是爱，而是一种包含着害怕的东西。婴儿处于害怕中，总想着一直靠近某人，而母亲是最合适的。他并不喜欢出门，更倾向于待在家中，与这个世界隔绝。世上那些可能让他开心的事物令他感到害怕，他对新的经历感到厌恶。环境对一个处于发展中的人来说应该是具有吸引力的，但它非但没有被证明是有吸引力的，反而是令人排斥的。如果一个儿童从最初的婴儿时代就对环境感到拒斥，而原本环境应该是他成长的手段，儿童就将不能正常成长。他本应将整个环境吸纳到他自身的,却无法征服。他仍然会这么做,但会遇到困难，也不会吸纳完整。他是“活着就是受苦”这句话的真实写照。对他来说，做一些事是违背他的本心的，即便呼吸都变得困难。这种类型的人需要更多的睡眠和休息，即便消化都变得困难。因此，你可以看到，这种类型的儿童未来的生命会是如何，因为性格不仅影响当下，也影响未来。这种类型的儿童特别易哭，经常需要别人的帮忙。他将感到懒散、忧伤、沮丧，而这些感受并不是一时的体验，在整个生命历程中都有这样的感受。即便成长为成人，他都会感觉到这个世界对他的排斥，他会对见人感到害怕，总是感到胆怯。很明显，这些人在社会生活的生存斗争中比其他人弱。这些人很难感受到快乐、勇气和幸福。

这是潜意识心理的可怕答案。我们用有意识的记忆去忘记，潜意识虽然似乎不记得，也没有感觉，但它会做一些更糟糕的事情——在记忆者身上所留下的印象，将作为个人的特征而铭刻在心。这是人类所面临的巨大危险。儿童如果得不到适当的照顾，即便社会建构了他，他仍将受到来自社会的报复。这种对待方式不会像在成人中那样激起反叛，它会使人变得更弱，不如他们应有的样子；它形成的性格将成为个人生活的障碍，而个人将成为文明进步的障碍。

第九章

征服独立

如果儿童不能在他刚出生后完成最初的适应，那么就会形成退行的特征。成人身上的某些倾向，仍然可以回溯到这个阶段。

现代的心理学家们描述退行的特征时如此表述，如果儿童没有退行的特征，就会有清晰的、强有力的独立的倾向。之后的发展过程会变得更加独立。这就像从弓上射出的一支箭，笔直而有力。儿童独立成长的道路也是如此。这是正常的发展：在通向独立的道路上呈现出不断增长和更有力的活动。征服独立的进程从生命最初的阶段就开始了。随着个体的成长，它不断自我完善，克服前进途中遇到的每一个障碍。生命的力量在个体中是活跃的，并引导它自身不断进化。这种力量被称为本能。

如果一个人非要在意识的心理领域找到一些东西来与这个本能相对应，他就必须将它与意愿的力量相比较，尽管两者之间几乎没有相似之处。意愿的力量相对较小，与个体的意识紧密相连，而本能普遍存在于生命之中，我们可能会称它为一种神秘的力量，是所有进化的促进者。进化的生命力量被描述为儿童想要表现某些特定行为的意愿。除了死亡，没有任何一种力量可以打破这种意愿。之所以称它为“意愿”，是因为没有更好的词汇来描述它，然而，它并不是意愿，因为意愿意味着意识和理性。这种潜意识的力量鼓励儿童去做某些事情。在正常成长的儿童中，这种不受阻碍的活动表现为我们所说的“生活的乐趣”。这个儿童是愉悦的，总是处于开心的状态。

这些对独立的征服通常是从被称为自然发展的不同阶段开始的。换句话说，如果我们仔细观察自然发展，我们会将之描述成一系列独立的不断征服的阶段。不仅从心理的角度，同样在生理的角度，都是如此。身体的成长趋势如此强烈，以至于除了死亡，没有什么可以将之打破。

让我们来仔细看看这个发展。新生儿从母亲的身体束缚中释放出来，出生后，他就独立于母亲的身体功能。新生儿一出生便拥有了面对环境并吸纳它的冲动。我们可以说新生儿出生便拥有“征服世界的心理”。他吸纳于自身并进行消化，形成自己的心灵体。

这是生命最初阶段的特征。很明显，如果儿童感觉到这种冲动，如果他感觉到的最初的冲动就是想要征服环境，环境就一定会对儿童产生吸引力。因此，我们用一个不太合适的词来描述这一事实，便是儿童“爱”周围的环境。

儿童身体中最先发挥功能的器官是感觉器官。所谓的感觉器官，其实是感知器官，我们通过这个工具来掌握印象，对于孩子来说，这些印象必须体现出来。

当我们注视时，我们看到什么？我们看到环境中的所有事物。一旦我们开始听，我们也会听到环境中的所有声音。我们可能会说，感知的领域非常广，几乎是整个宇宙。这就是自然的方式。人们并不会吸收所有的声音、所有的噪音、所有的事物，开始时我们吸收作为整体的所有事物。物体与物体的区别，声音与噪音的区别，声音与声音的区别，后来作为整体印象的进化的认识。

这是正常儿童的心理图像，他们先吸收世界，再分析它。

现在让我们思考另外一种类型的儿童，他们并没有像这样感受到环境不可抗拒的吸引力，他们的热爱被害怕和恐惧所损害。很明显，前一种类型的儿童和第二种类型的很不一样。

让我们继续观察 6 个月大的幼儿的发展。他们自身的一些现象呈现出正常成长的一些标志。6 个月大的幼儿身体经历了一些变化。有些肉眼可见，有些需要通过实验才能发现，比如胃开始分泌消化所必需的胃液。同样也是从 6 个月开始，幼儿开始长出第一颗牙。这是幼儿出生时并没有完成，但随着特定的成长路径，身体逐渐趋于完美的进程。这也意味着 6 个月大的幼儿可以不用依赖母乳生存，或者我们至少可以向牛奶中添加其他物质了。这是更进一步获得独立了。如果我们能意识到幼儿在这个阶段是完全依赖母乳的，因为如果他吃其他东西，是不能消化的，那么我们就会意识到幼儿此时是获得了多大程度的独立。6 个月大的幼儿可能会说“我不想依赖母亲生存。我现在已经是一个人了，我已经什么都可以吃了”。类似的现象还发生在青少年身上，他们开始认为依赖家庭是耻辱的。他们并不想依赖家庭，只想依靠自身。

大约也是在这个时期（这似乎是孩子一生的关键期），他开始说出第一个音节。这是语言这个伟大建筑的第一块石头，也是另一个伟大的一步，是征服独立的另一个伟大成就。当儿童掌握了语言，他可以自我表达，不用依赖其他人去猜他的需求。他可以自己表达需要什么，而不是别人得去猜。他可以跟所有人说“做这个，做那个”。因此他可以与人类交流了，如果没有语言，一个人要怎么去沟通呢？获得语言，能够与他人进行有智慧的沟通，这是迈向独立的巨大一步。在掌握语言之前，儿童可能被认为是聋哑人，因为他不能自我表达，也不能理解其他人在说什么。掌握语言之后，他就好像突然间获得了耳朵，并且能够像周围的其他人一样讲话。

在这之后经历很长一段时间，到 1 岁的时候，幼儿开始走路。这就好像是第二次越狱，因为此时他自己能跑了，如果你靠近他，他自己可以跑开。他可能会说“我可以自己跑了，也可以像你们一样表达自己的想法了”。

因此，人是逐步发展的，通过一连串迈向独立的步骤，他变得自由了。这并不是意志力的问题，这是独立的现象。确实，是大自然给予儿童成长的机会，给予他独立，同时引导他走向自由。

“征服走路”是非常重要的,尤其是当一个人发现,尽管非常复杂,但他在出生后的第一年就完成了,而且是和语言、方向等一起完成的。对儿童来说，走路是一项重要的对身体的征服。动物并不需要这个过程。只有人类需要经历这个长期的、精细的发展过程。在人类的成长过程中，在身体可以走路之前，甚至在可以用双腿直立站立之前，需要取得三项不同的成就，征服三项。看看那些威严的动物——牛。想象一下，一头牛到 1 岁才刚刚可以用腿站立。事实上是不可能的。它们出生就会走路。这些动物是比我们低级的，即便它们的身体构造更强壮。显然，我们人类是无力的，因为人类的构造要精细得多，因此需要更长的时间。

行走和能够用双腿站立的能力依赖于不同身体结构的全面发展。其中一项是大脑，大脑有一个部分是小脑，位于脑部的下端（见图 7）。

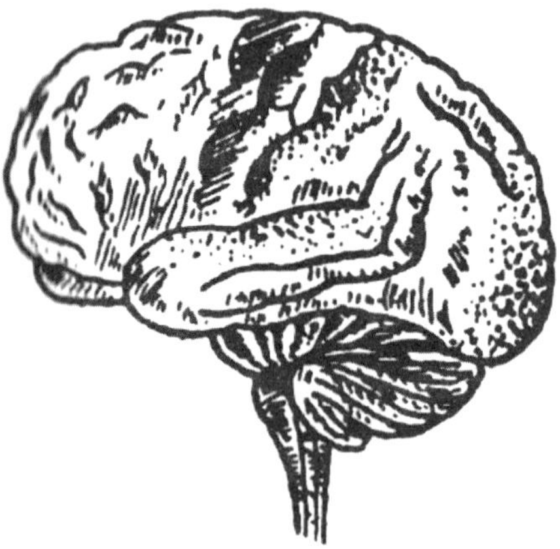

图 7　小脑位于脑部的底端

在幼儿 6 个月大的时候，小脑迅速发展，并持续以这样快速的发展一直到幼儿 14 个月或 15 个月，之后小脑的成长减缓，但仍持续成长，一直到幼儿 4 岁半。能够靠双腿站立并行走，主要依赖于小脑的发展。我们看到这两方面是一步一个脚印逐步发展的，“幼儿 6 个月开始发育，9 个月会爬，10 个月会站，12 个月到 13 个月之间会走，15 个月左右的幼儿能够安全地行走”。

这种复杂成长的第二项是由特定神经完成的。如果脊椎神经尚未发展好，就不能向肌肉传递指令，也就是在这个阶段，神经发展完成。

成长是多么复杂，在征服行走之前，有多少事项得完成协调。然而这还不是全部。还有第三项需要完成：骨骼的成长。正如我们所见，幼儿的双腿并没有完全硬化。它们还是软骨，这就是为什么它们是如此柔软。如果是这样，它们如何才能承受整个身体的重量？因此，幼儿在开始行走之前，骨骼需完成发展。另外，幼儿出生时头盖骨尚未连接闭合，只有此项完成了，幼儿跌落时碰到头才不会有危险。

在此之前，如果我们想通过教育的方式教会幼儿走路，是不可能做到的，因为要想能够走路，必须依赖于身体的一系列发展，而这些发展是自发的。如果有人想去尝试这么做，是不可能在对幼儿没有任何损伤的情况下实现的。这都是大自然的引导。所有事物都依赖于它，执行它的指令。同时，如果你阻止一个开始走和跑的幼儿，你是不可能做到的，因为在自然界中，无论何时一个器官发展了，就必须投入使用。自然界的创造并不是要创造什么东西，而是要让它发挥作用。一旦器官完成发展，就必须立刻在环境中投入使用。在现代语言中，这些功能被称为“环境的体验”。如果没有这些体验，器官就不能正常发展，因为在最初，器官并不完整，只有经过使用才能彻底发展完成。

只有通过环境的体验，幼儿才能发展，我们将这称作“工作”。一旦语言出现，幼儿就开始交流，没有人能让他安静下来，事实上，最难的事情之一就是让幼儿停止讲话。如果幼儿不能讲话或走路，他就不能正常发展。他的发展就会受限。无论幼儿是走，还是跑，还是跳，他都通过这种方式发展他的双腿。大自然先创造这些设备，之后通过环境的体验和功能的使用完成他们的发展。因此，当幼儿通过获得新的能力而增强了他的独立性时，只有让他自由活动才能正常发展。就像现代的心理学家们所描述的，发展不会自己实现，“每个人的行为通过在环境中的体验得以强化”。因此，如果我们想通过教育帮助幼儿发展，当幼儿表现出获得一定程度的发展时，我们会非常开心。我们会说“我的孩子今天讲了他人生的第一个词”，并因此感到开心。尤其当我们得知我们并不能做什么来促成此事。然而，如果我们意识到，尽管儿童的发展不能被破坏，但如果儿童并没有足够的机会在环境中体验，儿童的发展将是不完全或推迟的，那么就会出现新的问题：教育的问题。

教育的第一个问题是为孩子提供一个环境，使他能够发展大自然赋予他的各种功能。这并非是一个无关紧要的问题，这不是取悦孩子的问题，让他爱做什么就做什么的问题，这是一个与大自然的要求协作的问题，是在大自然的体验中执行相应的法则。经过第一步，儿童进入了更高一级的阶段。

如果我们观察达到这一发展水平的幼儿，就会发现他有获得进一步独立的趋势。他想要以自己的方式行动，比如，他想要自己拿东西、自己穿脱衣服、自己吃饭等。他们这么做并不是依据我们的建议。相反，他自己有这样做的强烈的、重要的冲动，我们通常需要尽力阻止他去做些什么。当我们这样做的时候，并不是针对儿童，而是出于天性。我们所阻止的并不是儿童的意愿，他只是与自然合作，服从它的法则，一步一步地，从这件事到另一件事，他从周围的人那里获得了越来越大的独立性，直到有一刻他也想获得精神上的独立。之后通过自身的经验，而非他人的经验，他逐渐发展形成了自身的心理。他开始寻求事物的起因。在这个阶段，人类个性逐渐形成。这不是一个理论，也不是一个观点。这些是清晰的自然事实，它们是被观察到的事实。当我们说我们必须使儿童完全享有自由，当我们说他的独立和他的正常功能必须得到社会的保障时，我们所说的并不是一种模糊的理想。我们这么说是因为我们观察了生命，观察了自然，而自然已经揭示了这个事实。只有通过自由和对环境适应的经验，人类才能发展。

现在我们所说的儿童的独立和自由，与理想中成人世界的独立和自由并不一样。如果让成人自我审视，给独立和自由赋予定义，他们也不会做得很精确。事实上，他们对自由有一个非常痛苦的概念。他们不像大自然那样范围广。儿童提供了大自然的宏伟愿景，给予生命自由和独立。它给予自由的是关于时间和需求的既定法则：它让自由成为生命的法则——要么自由，要么死亡。我相信大自然为我们解释社会生活提供了帮助。这就好像是孩子给我们提供了整体的画面，而我们在社交生活中只关注微小的细节。从这个意义上来说，儿童是对的，因为他所展示的东西通向现实，通向真理。因此，考虑儿童通过成长而获得的自由是很有趣的。

这种不断地征服独立的目的是什么？从哪里出现的？它产生于自身个性的形成过程，能够独立发挥作用。但在自然界，所有的生物都有这样的倾向。每个生物都是靠自己发挥作用的。所以，在这一点上，儿童也遵从了自然的计划。他实现了自由，这是一切生命的首要规则。

儿童是如何实现这一独立的？他是通过持续地行动获得的。儿童是如何意识到他的自由的？是通过持续地努力，生命并不能自我设限，不会停止，独立并非是静止，而是一个持续地征服。通过持续地工作，一个人不仅获得了自由，还获得了力量和自我完善。

让我们考虑一下儿童的第一本能：他寻求独自行动，也就是说，不需要别人的帮助。他独立的第一个意识行为就是阻止那些想要帮助自己的人。为了独自行动，他会尽更大的努力。如果像我们很多人认为的那样，最好的幸福是坐下来，什么也不做，让别人为我们工作，那么最理想的状态应该是儿童出生前的状态。儿童也应该回到母亲的身体里，因为母亲可以为儿童做所有事。如果是按我们这样想的话，为什么一个人还要学语言去和其他人交流呢？不，大自然还有其他企图。它让儿童克服困难，攻克语言，可以与其他人交流。另外，同样，如果我们将休息作为理想的生命状态，那么儿童可能会说："我从母亲那里获得甜蜜的母乳，很好吸收消化。为什么我还要其他食物呢？我只想喝母乳。为什么我还要自己去咀嚼那些非常粗糙的食物。不，不！我只要喝母乳。"或者还会说："为什么要走路？有人抱着我，我有自己的汽车。看看我要想走路，要付出多大的努力，要发展我的骨头、大脑，甚至还要完成脊髓神经。我周围有这么多富有智慧的人，他们可以给我介绍、告诉我风俗文化。我为什么要这样粗鲁、没有礼貌，硬要自己去了解呢？"但事实呈现出来的儿童并非如此。儿童呈现出大自然的教导与社会为自己创造的理想是截然不同的。儿童通过工作获得独立：身体和心灵的独立。儿童似乎在说："我不在意你知道多少，我只想自己去了解。我想通过自己的努力获得在世界的经验，你有你自己所知道的知识，我要获得我自己的。”我们必须清晰地理解什么时候要给予儿童自由和独立，给予被迫行动、只能靠工作和行动生活的自由。这是生物存在的形式，而人类也是生物，因而也有这种倾向。如果我们试图阻止它，就会造成个体的退化。

创造中的一切都是活动，在生命中更是如此。生命是活动，只有通过活动才能寻求和发现生命的完美。我们从过去几代人的经验中得到这样的社会愿望：工作时间更少，有人为我们工作，我们想闲待多久就闲待多久的理想生活……大自然显示出这些都是一个堕落儿童的特点。这些愿望正是那些退行的儿童的特点，他们在自我适应的生命早期未得到任何帮助，对环境和活动都产生了厌恶。他想要得到他人的帮助，想要有仆人服务，想要被人抱着或用车推着，睡很久，回避他人的陪伴。这些都是大自然所呈现的退行的特征。这些特征已经被发现、被分析，被描述为想要回到胚胎生命的趋势。如果一个人出生并正常成长，会走向独立，而那些不是如此发展的就是退行。

我们所面临的另一个教育问题是关于这些偏差儿童的。如何治疗退行？退行妨碍或偏离正常发展。偏差的儿童感受不到对环境的爱，因为环境提供了太多困难和拒斥。今天，偏差的儿童占据了心理学科学领域的中心，我们可以更好地称之为“心理病理学”。病理学告诉我们环境必须提供最少的拒绝。因此，我们要努力减少环境给儿童带来的可避免的障碍和阻力，并在可能的情况下完全消除这些障碍和阻力。现在我们尽力改变环境，使环境变得怡人、美丽，因为要想使一个对环境感到厌恶的人对环境产生同情和仁慈，这些努力是必要的。

营造出的环境必须尽可能吸引人，以克服羞怯和厌恶。我们必须为儿童提供愉快的活动，因为我们知道发展都是通过活动实现的。环境必须包含许多有趣的活动动机，这些活动可以邀请孩子在环境中实践自己的经验。这些是针对偏差儿童的清晰的准则，这些准则由生命、自然决定，避免那些获得退行特征的人在工作中虚度时光，避免他们对活动呆滞和迟钝，避免他们形成一种害怕的状态，转化为对一个他们永远不想离开的人的依恋，使他们有获得愉悦的自由，可以征服生命。

从惰性到工作，这是治愈的途径，正如从惰性到工作是正常儿童发展的途径一样。如果要设想一种新的教育，就必须以它为基础，因为它是由大自然制定的。

第十章

生命初期的用心对待

儿童有吸收力的心灵都来源于环境，因此精心准备环境很有必要。

我们必须记得儿童在生命发展过程中经历的不同阶段。一个是婴儿刚出生后的阶段，这个阶段非常重要，但我们并不能在如此短的书里详细地叙述它。我感觉在未来会有专门从事这类研究的人，目前研究的人还很少。

如果我们研究动物，就会发现大自然为这些哺乳动物提供了特殊的保护，在这个阶段给它们提供了特殊保护。大自然安排动物妈妈在生宝宝前与它们的其他同类隔离开，在它们回来之前，还会再隔离一段时间。对于群居动物来说，这一点非常重要。马这样做，牛这样做，大象、狼、鹿、狗，所有的哺乳动物都这样做。在这段时间，除了来自母亲的爱、悉心的引导和照顾，新生动物宝宝还有时间可以独自适应新环境。在这个阶段，动物宝宝逐渐用它的方式表达行为。在这个短暂的隔离阶段，对于环境的所有刺激，动物宝宝都会有持续的心理反应，而这种反应是根据其同类行为的特殊特征而产生的。因此，当动物妈妈回到群体中时，动物宝宝带着它已经建立起来的特殊的生活准备进入群体。从心理角度来讲，不论它是小马，还是小狼，还是小牛，都不仅是在身体上为生活做准备，更是在心理上做准备。

幼儿并没有固定的行为，但他必须适应环境，因此有必要特别照顾这个幼儿周围的环境。为了吸收环境，这种照顾是最重要的，这样幼儿会觉得自己是被吸引而不是被排斥，也不会产生退行的现象。这个幼儿成长、发展的进程依赖于他对环境的爱，因此我们要确保孩子能有兴趣去吸收。现在的科学已经开始考虑这一点了。不必讨论太多的细节，我们就可以阐明某些原则。幼儿需要与母亲尽可能多地保持联系，环境不能提供障碍，比如在幼儿出生前已经适应的温度，不能有太大的改变。也不能有太多光，太多噪音，因为幼儿来自一个完全安静和黑暗的环境。如今，在现代的育儿房里，母亲和婴儿被放在玻璃房里，这里的温度可以调控，这样幼儿就可以逐渐适应外部正常的温度。这里的玻璃是蓝色的，进入房间的光是非常柔和的，空气也是可调节的。在抱幼儿和移动幼儿的方式上也应该注意。人们已经习惯于将幼儿当作没有感觉的物体，幼儿被进行洗浴，被快速、粗鲁地穿上衣服（对待任何新生儿都这么粗鲁，就好像对待一个没有心理、生理的物体一样）。现在科学已经得出结论，新生儿应该尽量被温柔地对待，不应该穿衣服，而应该把他们放在温度适宜的房间里，以免被冻到。转移新生儿的方式也要改变：他应该被放在一个类似吊床的软床垫上，这样他就能保持水平的姿势，就像他出生前的姿势一样。就像那些需要被特别照顾的伤患人员一样，婴儿也不该被上下移动——如今病人并不会被抬起来，再抬到手推车上拖走；在床的同一高度会有担架，病人会被抬得非常小心，这样就不会有颠簸和跳跃。这些都是为成人做的。今天，对待幼儿也应施以相同的照顾和关爱，甚至要更完美和精细。这不仅仅是卫生保健护理，因为保健又是另一回事了。今天照顾幼儿的护士会戴着口罩护着口鼻，这样微生物就不会进入幼儿的环境，幼儿受到保护，就不会被感染。现在母亲和幼儿被认为是一个身体里的两个相互交流的器官。之后，对幼儿来说，对环境的适应很自然也很成功，因为母亲和幼儿之间有一种特殊的联系。这被看作一种吸引力。幼儿已经习惯了母亲体内的某些特定压力，这些为幼儿最初的艰难适应提供了必要的辅助。我们可以说幼儿改变了与母亲联系的方式，他已经不像之前那样在母亲体内，现在是在母亲身体外面，除了这点，其他都一样。他们之间仍然有着亲密的联系，而这种母亲和幼儿之间的吸引力仍然很强。这是我们现在考虑的，但在几年前，即便是在最好的产科医院，婴儿刚出生后所做的事情都是将母亲和婴儿分离，婴儿被带走、洗澡，之后才被带回母亲身边。这种对待方式是我上面所描述的科学对待孩子的“最后一句话”。大自然给予的这种特殊的照顾在整个幼儿阶段都没有必要。就像猫咪妈妈过一段时间之后，会带着它的小猫咪们出来，不再隐藏，因此过段时间，人类幼儿和母亲可以从隔离的环境中回到社会中。

通常，婴儿一出生，所有的亲戚都会过来看这个小婴儿，他们轻拍他，说到“他好漂亮！跟他父亲长得一样（或母亲或跟两个人都像）”，他们会亲吻婴儿并轻抚他。这种行为应该停止。越多的人接触，孩子会越不自在，最不开心的应该是国王的孩子。在古代，当王后生下一位皇位继承人时，国王自己会将婴儿带到阳台。婴儿被衣服包裹着，向聚集在宫殿外面广场上的人们展示。想象一下这个场景，将会给婴儿带来多大程度的退行！

有趣的是，儿童的社会问题与成人的社会问题是不一样的。我们也可以说，经济地位对儿童的影响与对成人的影响相反，因为我们发现，在成人中是那些贫困的人更加受苦，而在儿童中，却是那些富裕家庭的儿童受苦最多。在富人圈中，母亲将婴儿交给护士照料，而贫穷的母亲采用的则是最合适的方式：将婴儿带在自己身边。职业母亲的孩子通常也会从母亲那里得到更丰富的食物，因为这些母亲是健康的，也能产出更多的乳汁，比那些富家太太所产的乳汁更多也更有营养，因为富家太太不需要工作，通常也比较懒惰，因此她们的乳汁稀少也缺乏营养。这也是把婴儿交给护士照料的主要原因之一。因为母乳不适合，这些母亲也不喂婴儿，在古代，婴儿由奶妈抚养，奶妈通常是一个健康的农家妇女，有充足的乳汁。因此，贫穷和富裕并不是一个普遍的问题：在儿童的世界，事物和价值一起发生了改变。

一旦第一阶段结束，幼儿就会快乐地适应环境，没有任何反感。之后就走向了我们之前所描述的独立的道路，我们可以说，在这条路上，幼儿向环境张开了双臂，吸收环境和他所生活的环境的风俗，将它们塑造成了自身的一部分，这个发展过程中的第一个活动，我们可以称之为征服，是感官的活动。由于骨组织的成长尚未完成，婴儿还是惰性的，没有任何四肢的活动，他的活动还不能被称为是运动。他的活动纯粹是心灵接受感官印象的活动。幼儿的眼睛是活跃的，但我们内心应该非常清楚（就像现代科学所描述的），幼儿不只是被照射在眼睛上的光线所吸引，他们不是被动的。他确实接收着印象，但他在环境中也是个活跃的记录员。这是个新观点，是幼儿寻求了这些印象，幼儿并不是他所处的环境中的各种印象的被动接受者，而是他自己寻求了这些印象。

现在，如果我们转向动物种类，我们发现它们的眼睛里有一种类似于我们眼睛的器官，一种照相机器。但这些动物对它们的使用是专门化的：它们被环境中的特定事物吸引，因此不会受到整个环境的困扰。它们内心有一定的指引，使他们按照特定的路线，通过它们的眼睛，遵循特定的行为指引。它们引导自己朝向特定的方向，而它们的行为也是这样确定的。在生命最初的阶段就有一个指引，感官随之自我完善，之后总是按照这样的指引发展。猫的眼睛会在昏暗的夜色中变得完美（就像其他夜间徘徊者的眼睛一样），但是猫咪即便对黑夜感兴趣，但只会被移动的物体吸引而不会被静止的物体吸引。只要黑夜里有什么东西在移动，猫咪就会扑上去，而对于其他的环境，则不会有任何关注。因此，它们对环境并没有普遍的认知，只是对一种特定事物的本能行动。同样，昆虫们被特定颜色的花朵吸引，因为这些颜色的花朵里，它们能发现它们的食物。现在，一只刚从蛹里出来的昆虫是不可能有任何经历的，但它有一个指引它的向导，眼睛跟随这个指引。通过指引，物种的行为得以实现。因此，个体并不是感官的被动接受者，并不是感官引导了他，感官一直在，服从于主人，并跟随相应的指引。

儿童有一种特殊的能力。他的感官并不像动物那样受到限制，但仍然提供指引的服务作用。猫咪受限制于环境中移动的物体，只受这些事物吸引。儿童并没有类似的限制。儿童观察他的环境，经验显示他吸纳了所有事物。他不仅仅通过他那类似于照相机的眼睛吸收，同时还会呈现出心理的化学反应，因此这些印象形成了他心灵的内在部分。我们通过观察发现，如果一个人仅仅受到他的感官牵制，成为感官的被动接受者，那么他应该是有什么问题的——这是观察形成的印象，而并非科学论断。这个人的指引可能还在，但并没有运用，而是以某种方式关闭了起来，因此他成为感官的被动接受者。因此，每个儿童体内的这种指引需要被悉心地照料，以确保其活力，这是最重要的。

为了更清晰地理解在吸收环境的过程中发生了什么，让我来做一个类比。有些昆虫长得像树叶，有的昆虫长得像树枝。这些昆虫可以用来类比发生在儿童心灵中的事情。它们生活在树枝和树叶上，它们如此相似,已经在环境中融为一体。在儿童身上也发生了类似的事情。他吸收环境，并进行自我改变，就跟那些长得像树枝和树叶的昆虫一样。事实上这非常有趣！环境提供给他们的印象如此伟大，以至于一些生物性的、心理化学性的转变使他们变得像所生活的环境。他们变得与他们所爱的事物相似。这种吸收环境并依据它进行转变的力量如今已经在所有生命类型中被发现，有些就像前面提到的昆虫那样进行生理改变，其他动物也是如此，然而对于儿童则是心理上的改变。这被看作生命最伟大的活动。儿童与成人看待事物的方式是不一样的。我们看到一座房子会说“多么漂亮！”之后我们再看其他东西，但对之后的事物只是模糊的记忆。儿童是通过一种加深的方式来塑造自己的，尤其是在生命的最初阶段。正是在婴儿期，由于婴儿期特有的能力，儿童才获得人类独特的特征，比如语言、民族特征等。因此他建构了对环境的适应。在这环境中，他是开心的，并逐渐发展出他所吸收的风俗、语言等。他不会因为食物的说法与本国的说法不同而拒绝这食物。他建构了对每个新环境的适应。建构适应意味着什么？这意味着自我转变，从而适应他所处的环境，环境成了他自身的一部分。因此，我们观察这些事实就应该像儿童吸收环境一样。

儿童自身的发展离不开环境。接受了这一点，下一个问题就是，我们要做什么？为儿童准备什么类型的环境，才能成为他成长的辅助？这是个令人困窘的问题。如果我们面对的是 3 岁的幼儿，他可以告诉我们。我们应该在环境中布置鲜花和美的事物，应该提供成长之路所需要的活动的动力。我们会很容易地发现，为了给儿童提供功能锻炼的机会，环境中应该有特定的活动动机。当儿童为了建构适应而吸收环境时，我们应该为他提供什么类型的环境呢？只有这样唯一的答案：为儿童提供的环境应该是全世界，是世界的所有！这很重要。如果儿童要掌握语言，他必须身处那些讲话的人群中间，否则他不会讲；如果要他掌握某些能力或技能，他必须身处那些经常使用此类能力或技能的人群中间。如果儿童要吸收风俗习惯，他必须一直身处那些遵循这些风俗习惯的人群中间。这就是为什么我们发现，一个在有教养的人群中的孩子，他们所使用的词汇和得到的细微的行为的改进要比不那么幸运的孩子使用的词汇和得到的细微的改进要多。

这是一个相当革新的观点。这与之前几年的观点形成鲜明的对比，基于卫生角度的考虑，人们形成这一观点或错误的结论——儿童必须被隔离起来！从卫生的角度来说，当人们发现托儿所不够好时，医院就被当作了榜样——让儿童不受打扰，尽可能像病人一样睡觉。让我们意识到如果这是个进步，这种非常卫生的照顾就是一种社会公害。如果儿童一直被放置在就像监狱一样的托儿所里，作为他唯一的陪伴者，护士或多或少地阻碍了儿童的发展，因为他并没有真正的母亲的情感或感情的表达，对儿童的正常成长和发展会有严重的障碍；儿童会有严重的迟钝和不满，有人会说儿童是精神饥饿的，因此必然会产生有害的影响。那些与母亲生活在一起的婴幼儿,有母亲爱他们，也有持续地特殊沟通，即便是由护士照料的婴幼儿，也很难听到护士的表达，因为基于卫生习惯，她们会戴着口罩。这样的话，他怎样才能学会语言呢？同时他必须避免日晒或寒冷，所以在他的婴儿车上有一个防护罩，他只能看到护士的脸或防护罩，他与环境的其他部分是隔离的。儿童越富有，他们的命运就越糟糕，因为对他们来说，这是一种类似在监狱里的生活。他们没有漂亮的母亲，而是一些非常有经验的护士，但是又老又丑，而且家庭越贵族化，这样的照料就越正式，父母看到孩子的机会就越少。许多家庭只在一周中见他们的孩子一小会儿,因为“护士知道怎么照顾孩子”。母亲会说“我不和他打交道”。在那之后，他们又将孩子送到寄宿学校！

对待儿童的方法确实是个社会问题，我们越来越意识到必须要改变。一旦理解了这一点，人们就会像那些已经清醒地意识到儿童的这类新的照顾需求的美国人那样非常担忧。他们研究儿童应该怎样被照顾，有个逐渐增长的证据显示，儿童一旦能够出门，人们就应该把他带到自己工作的地方，让他能够尽可能地看个够。

语言的吸收呈现出一个更困难的问题，尤其是护士所处的社会环境与儿童的环境很不一样。对于这个问题又有另一面。当我们在与朋友交谈时，儿童要被带在身旁。通常，当我们要去拜访一个朋友或有朋友来拜访时，儿童会被带离，并被放回托儿所。如果我们想要帮助儿童，我们必须将他放在我们附近，这样他就能看到我们是怎么做事的，也能听到我们的对话。他并不能从意识层面记住对话，但他如果看到人们在他周围聊天、吃饭，他就从潜意识层面接受了这些印象，这将对他的成长提供帮助。同样，当我们带他出去时，他会喜欢什么呢？我们并不能说清楚，但我们能观察他。当母亲以及恰好在边上做准备的护士，看到儿童对某样东西感兴趣的时候，只要儿童喜欢，就应让他仔细检查。护士并不像他们以前那样拖着一辆装着东西的推车往前走了，而是观察着那个儿童，当儿童被什么东西吸引的时候，他的小脸就会变得饶有兴趣。然而，在任何特殊的日子，我们如何知道儿童是对什么感兴趣的？我们必须在他身边。因此，我们的整个概念都革新了，这种革新必须在成人中推广。成人世界必须认识到儿童建构了对环境的重要的适应，因此必须和环境建立完整的联系，因为如果儿童不能建构这种适应，我们将面临最初社会的秩序问题。我们今天所面临的所有的社会问题都源于某些人在某些方面缺乏适应，可能在心灵领域或其他方面。这是一个基础的问题，更是一个基础性的重要性问题。当然，这个结论指出将来对儿童的教育是最基础的，也是社会最重要的部分。

我们以前怎么可能会对这些一无所知？我们的祖父母和曾祖父母对这些并不知晓，儿童也长大了，人类也一直存在着，听到这些新说法的人经常会有这样的说法。他们说："人类是很古老的，人类都已经生存这么久了。我是自己长大的，我的孩子也已经长大，而之前我们并不知道这类理论。尽管缺乏这类准备，人们仍掌握了他们的语言，在许多国家，特定的风俗是如此强烈，甚至都已经成了某种偏见。这是如何发生的？在没有这类准备的情况下，我是如何成为自己民族的一员的？"

让我们再讨论一下这个问题。最有趣的一项研究是关于不同文化水平的群体行为研究。每个人似乎都比我们这些拥有超现代思想的西方人更聪明！在大多数其他国家，我们看到孩子们并没有像富有的、超现代的西方人那样被灾难性地对待。我们发现在多数国家，孩子到哪里都和他的母亲待在一起。母亲和孩子就像一体的一样。无论母亲去哪里都会把孩子带着。在大街上，母亲谈话时，孩子听着。母亲与商人讨价还价时，孩子也在现场。无论母亲做什么，孩子都在看、在听，这将持续多久呢？这将持续整个哺乳期。母亲要给她的孩子哺乳，因此她去工作或出去时都不能离开孩子。对她来讲，这不仅仅是哺乳孩子的问题，这是母亲和孩子之间吸引的问题。她会说"我不喜欢离开孩子，因为我爱他"。大自然安排了牛奶，爱解决了孩子适应环境的问题。因此出现了这样一幅图片：母亲和孩子是一个人被分为了两个。文明没有受损的地方，这种可能性没有被破坏，母亲爱孩子，去哪儿都带着孩子。她说得很对，“我不信任任何其他人跟我的孩子待在一起”。那么，这位母亲是狱卒吗？不！她哪儿都去，孩子也哪儿都去。孩子听到母亲以一种正常的方式和许多人交谈。她无论讲什么，孩子都在吸收。人们说母亲的话都很多，是的，因为她要帮助孩子成长，帮助孩子适应环境。如果孩子仅仅听到母亲呈现给他的话语，他不会学到很多。相反，孩子在建构中学习语言，语言并不是由互不联系的单词组成的，语言源自人们的表达。孩子能够吸收他所居住的环境的语言，这很神奇，但只有他在人群中，这才会发生。因此，我强调了将孩子带到世界的必要性。

如果我们研究不同人类群体，不同民族或国家的人，同样可以发现其他的特征：运送孩子的方式是这些特征之一。民族学进行了相关研究，人们观察这些风俗，并发现了很多有趣的事情。其中最有趣的一项是母亲们携带她们孩子的方式。她们经常将孩子放置在床上或放在包里，不会将孩子抱在怀里。在有些国家，当母亲去工作时，孩子被捆在一片木板上，放置在母亲的肩头。有些人将孩子拴在脖子上，有些人将孩子放在后背，有些人使用篮子。但每个民族都发现，随身携带孩子通常要考虑的都是呼吸的问题。孩子被抱着的时候通常是脸贴着母亲的背，考虑到窒息的危险，所以要采取预防措施。日本人经常将孩子扛在肩头，孩子的脖子超过大人的肩膀，因为这样的习惯，第一个去日本的旅行者称日本人为双头人。在印度，孩子被抱在臀部上，印度人用带子把孩子绑在背上；孩子好像在摇篮里似的，被紧紧地缚在母亲身上，背对背地捆牢，这样，孩子可以看见母亲身后的一切。每个国家都有不同的风俗习惯，但孩子从不会离开母亲。这些母亲从来不会考虑把孩子丢下，就像她永远不会丢下自己的头发一样。在非洲的某个部落里，要为女王举行加冕典礼。在场见证仪式的传教士很惊讶，因为女王一直带着她的孩子，从未想过要把孩子放在家里。这些令人好奇的另一个事实是他们的哺乳期持续非常久。有些国家持续一年，有些持续一年半，其他的达到两年。这并不是必要的，因为孩子已经掌握了吃东西的必要的方法。事实上孩子在喝母乳的同时也吃许多其他食物，这意味着母亲要一直带着孩子，以确保在这个重要时期都能够给孩子在整个社会环境中恰当的辅助。母亲什么也没对孩子说，但孩子有眼睛，还能四处走动。母亲带着孩子，他认识了街上、市场上、马车上、公交车上的人，不需要任何人告诉他，他就能看到所有这些事物。当母亲到市场上买水果还价时，如果你观察母亲所带的孩子的脸，你会惊奇地发现孩子的眼睛里充满了好奇。母亲是面无表情的，但孩子表情丰富。另一件很有趣的事是带出去的孩子从来不哭，除非他生病或受伤了。有时候孩子还会睡着，但从不会哭泣。在这些国家所拍的大量照片里，你几乎看不到一个孩子哭泣。当然，给这些母亲拍的照片是为了显示她们的风俗习惯，但我们顺便注意到，这些照片的一个特点就是孩子不哭，而在西方国家，人们总是抱怨“我的孩子总是哭泣”“孩子哭泣的时候可以做什么？”我们能做什么呢？西方国家抱怨的是哭泣的问题。如今心理学家们对这个问题的回答是：这孩子又哭又恼，他动不动就哭，脾气也很坏，因为他有精神亢奋的毛病。他在精神上营养不良。他被关在“监狱”里，有一名严密的看守人看管他。唯一的解救方式是：将孩子从“监狱”中带出来，允许他去社会。大自然向我们展示的，是许多种族在不知不觉中所遵循的对待孩子的方式。当我们运用我们的观察和智慧时，这种理解方式必须被我们所理解和有意识地应用。

第十一章

关 于 语 言

我们来探讨儿童的语言发展。为了理解语言，我们必须先反思什么是语言。它是最基础的，以至于我们都认为这是正常人类生活的基础,因为通过它人们结合在一起形成一个群体。它带来的环境的变化，我们称之为文明。

区别人类的一个核心是：人类不像动物那样可以被引导去做这个或那个固定的任务。我们永远不知道人们将要做什么，因此人们必须彼此和谐相处，否则他们将一事无成。为了达成一致，共同做出明智的决定，我们仅仅思考是不够的，即使我们大家都是天才也不行，关键是我们必须理解他人。而只有通过语言，才能实现理解他人。语言是共同思考的工具。在人类出现之前,语言在地球上并不存在。然而，它到底是什么呢？它仅仅是呼吸，把一系列的声音放在一起，甚至没有逻辑，只是放在一起而已。

声音没有逻辑，当我们说“盘子”的时候，声音的集合本身就没有逻辑。使这些声音有意义的，是人们一致认为这些特殊的声音应该代表这个特殊的想法。语言是一群人之间表达一致意见的方式，只有对这些声音达成一致，群体才能理解这些声音。其他的群体用其他的声音来代表同样的意思。语言就像一堵墙，把一群人包围起来，把他们同其他群体隔开。这就是为什么语言变得神秘起来，它是一种比民族观念更能把人们团结在一起的东西。人们通过语言团结在一起，随着人们的思想变得更加复杂，语言也变得更加复杂；它是随着人们的思想而成长的。

奇怪的是，用来组合单词的声音很少，但它们可以多种方式组合成这么多单词。这些声音的组合是多么复杂啊！有时一个声音放在另一个声音之前，有时放在另一个声音之后，有时轻柔，有时用力，紧闭嘴唇，张开嘴唇，等等。要记住所有这些词以及这些词所代表的思想，需要很强的记忆力。思维本身作为一个整体，是必须表达出来的，而表达出来的内容是通过一组词语来完成的，称作句子。这句话里的词语必须按照特殊的顺序排列，这样才能符合人的思维，而不仅仅是把环境中的一些事物串在一起。因此，要有一套规则，使听者能够完全理解说者所说的内容。如果一个人想表达一种思想，他必须在此处加上物体的名称，在附近加上形容词，在那里再加上名词。只考虑使用的字数是不够的，还必须考虑它们的位置。如果我们想要验证这一点，可以把一个意义明确的句子写下来，把书面句子分成单独的单词，然后将它们混合起来；这句话虽然有一模一样的词，但却没有意义。所以人类必须达成一致。因此，语言可以成为一种超智能的表现。乍一想，我们觉得语言是大自然赋予我们的能力，但仔细一想，我们才知道它是超越大自然的能力。它是一种超自然的创造物，由有意识的集体智慧产生。在它的周围，生长着一种不断扩展和增长的网络，这种扩展和增长没有任何限制，有一些语言如此复杂，如此难以记住，以至于已经消亡了。它们拓展得如此之远，并逐渐变得如此复杂，因而无法保留它们，于是它们解体了。如果一个人想学梵文或拉丁文，他要学八年、十年，甚至即便这么久也不能成功地将这门语言讲得完美无缺。

没有什么比下面的事实更神秘的了：为了做任何事情，人们必须团结一致，必须使用语言这一最抽象的工具。

这个问题一直困扰着人类，但它是可以被解决的，因为必须给新生儿语言。对这一问题的关注让人们意识到学习语言的人其实是孩子。这种全神贯注的实质是一种人们还没有充分考虑到的伟大而神秘的东西。这其实是一种非常深刻的状态，尤其是考虑到这种复杂的情况。然而，几千年来，人类都是肤浅地看待这个问题。

通过对语言问题的研究，人们产生了另一个想法，我们学习一种语言可能是困难和复杂的，然而，在它所属的国家里，即便是那些没有文化的人们，也未曾说过这种话。拉丁语是一门困难的语言，即便那些现代的语言都起源于拉丁语，但罗马帝国的奴隶们说的语言也是这种复杂难懂的拉丁语。那些没有文化的农民在田野里劳动时讲什么话呢？当然是这种复杂的拉丁语！罗马帝国的 3 岁孩子讲的是什么语言呢？他们讲的是这种复杂的拉丁语，也能理解跟他们沟通中的拉丁语。在印度可能也一样。很久以前，在田地里工作和在丛林里游荡的人说梵语。如今这一谜团激起了人们的好奇心，结果是儿童语言的发展受到了关注，让我们记住，这是发展，而不是教育。母亲并未教给她的孩子语言。语言自然地发展就像一个自发地创造。令人震惊的是，语言的发展遵循特定的规律，在特定的时代，发展达到一定的高度。

这对所有的孩子来说都是真的,不管他们的语言是简单的还是复杂的。直到今天，某些原始人还在说一些非常简单的语言；和他们生活在一起的孩子在他们的语言上取得了和学习较难语言的孩子一样的发展。有一段时间，所有的孩子都只说音节，之后说出单词，最后，整个句法和语法得以完美地运用。男性和女性、单数和复数、时态、前缀和后缀的差异，孩子都能运用。这种语言可能很复杂，而且规则中有很多例外，然而，吸收了这种语言的孩子可以完全学会它，并且可以像非洲孩子学习他的原始语言中的少数单词一样使用它。

如果我们来看不同的发音，也会发现它是遵循一定的规则的。所有组成单词的声音是由特定的机制而产生的。有时候鼻子要和喉咙一起发音，有时候需要控制舌头和脸颊的肌肉等。身体的不同部分共同建构了这一机制。它的结构在孩子使用的母语中是完美的。对于外语，我们成人甚至都不能听出所有的声音，只能重新创造。我们只能使用自身语言的机制。只有幼儿能够建构语言的机制,在他所处的环境中，他能讲任何几种语言。

这种结构并不是有意识地工作，而是儿童潜意识最深层的工作。他在黑暗的潜意识中开始这项工作并使其发展,最终形成永久的收获。也正是这一结构引导了学习语言的兴趣。我们成人只能从意识层面想要学一门语言，并从意识层面进行学习。然而，我们必然有另一项在意识之外的自然或超自然的机制，或一连串的机制，这很吸引人。但这一机制是如此深入，并不能被成人观察到。只有外部机制可以被看到，但如果我们能够恰当地观察，这一机制应该是非常清晰的，因为全体人类都会产生这一现象。特别让人印象深刻的是，所有声音都能经久不衰；另一个令人好奇的是无论是复杂的还是简单的都能被消化吸收。没有一个儿童对母语的学习感到疲惫，他的语言机制能够保障他学到语言的整体。

对于儿童吸收语言的方式，我想到了一组类比。我的观点与这一现象的不同因素不相干，与事实也不相干，只是提供我们另一种类似经历的画面。比如，如果我们想要画什么，需要拿铅笔或彩笔进行绘画，但我们同样可以拍照，这两种机制是不一样的。人的照片是在胶片上拍摄的。胶片并不需要做什么工作，不管是一个人需要拍照，还是一组十个人需要拍照，胶片都不需要做更多的工作，这个工作机制都是即刻发生的。如果相机足够大，给一千个人拍照也同样简单。如果我们给书的标题拍照，或给一页充满笔记或外国人物的书拍照，胶片的工作是一样的。所以胶片的工作机制保障可以拍下任何事物，不论是简单的还是复杂的，都能在一秒之内完成。然而，如果我们要画一个人，就需要很长时间，如果要画十个人，就需要更长的时间。如果要抄写书的标题，需要一点时间，如果要抄下一页充满笔记或外国人物的书，需要更长的时间。

同样，照片需要在黑暗的环境中拍摄、在黑暗中洗出来，之后同样在黑暗中稳定，最终才能到亮光中，并且变稳定。这与儿童语言的心理机制是一样的。它也是起源于黑暗的潜意识最深处，在那里发展并稳定，之后都可以看到了。当然，不知我的类比是否恰当，某种机制肯定存在，对语言的理解也能够意识得到。一旦一个人设想了这个神秘的活动，他就想要找出它是如何发生的；因此，今天人们对研究这种神秘的深层潜意识特征产生了浓厚的兴趣。

然而，这只是成人能做到的观察活动的一部分，另一部分是观察外部表现，因为只有这些外部表现才能为我们提供证据，但这种观察必须是精确的。目前有些人已经在做这项观察。从刚出生的婴儿到2岁的幼儿，观察每天都在进行：每天都发生了什么，在同样的发展水平要持续多久等。从这些观察中，某些事物就像里程碑一样突出。他们的观察显示在内部有一种神秘的、巨大的发展，而相应的外部表现变化却比较小，这也充分说明生命的内部活动和外部表现之间存在巨大的差异。在所有这些对外部表现的观察中，另一个比较突出的是，发展并不是有规律的线性发展，而是以突变的形式表现出来的。比如对于音节的征服，在特定的时间及之后的几个月里，儿童只发出音节，没有任何外在的进步。之后，他突然讲了一个单词，在之后很长一段时间他都保持在一到两个单词的状态，看起来并没有什么变化，甚至有人已经对这种缓慢的外部进展丧失了信心。看似缓慢，但行动却向我们揭示，在内在生命中，有一个持续的、巨大的进步。

这难道不也体现在社会的行动中吗？如果我们回顾历史，我们会发现，几个世纪以来，人类都生活在同样的水平上，原始、愚蠢、保守，无法进步；但这只是历史上的外部表现。内部的成长不断地进行，直到突然爆发！然后是另一段平静的时期，外部没有什么进展，之后是另一个启示。

儿童和人类语言的发展也是如此。不仅仅是逐字逐句地小而稳定地进展，同样也有心理学家所称的爆炸性现象，它们毫无理由或毫无教化地发展着，所有儿童在同样的生命阶段，突然都讲出了这些单词，也发音得很完美。3 个月后，儿童就能轻松地使用所有复杂的名词、后缀、前缀和动词。每个儿童都在 2 岁的末端掌握所有这些。因此我们必须为儿童的这一行为感到鼓舞，并耐心等待（在历史上停滞不前的时期，我们可能也希望如此；也许人类并不像他们看起来那么愚蠢，也许奇妙的事情将会发生，那将是内在生命的爆炸）。这些爆炸性现象和表情的突现一直持续到 2 岁以后，简单句和复合句的使用，动词在所有时态和句型中的使用，甚至在虚拟语气中，从句和并列从句的使用都以同样的突然爆发的方式出现。儿童所属的群体（种族、社会等级等）的语言表达也就完成了。这个由潜意识准备好的宝藏被交给了意识，而这个儿童，完全拥有了这个新的力量，说啊，说啊，说啊，直到成人说："天哪，你就不能闭嘴吗！"

在 2 岁半左右，这一巨大的变化的出现，意味着人类智力的关键期形成，语言仍然继续发展，没有爆炸式发展，但却充满了活力和自发性。这一阶段从 2 岁半持续到 4 岁半或 5 岁，此时儿童掌握了大量词汇，并能够完善句子的表达。当然，如果儿童生活在只有很少词汇或只有俚语的环境中，他就只会说这些词语，但如果他生活在一个表达文化丰富的环境中，有丰富的词汇，儿童将会很好地学会语言。环境非常重要，在任何词汇丰富的环境中都能实现。对这一事实我们有强烈的兴趣。比利时的科学家们发现 2 岁半的儿童仅仅知道两百个单词，但到 5 岁时，他已经知道并能够使用上千个词汇，而这个过程并没有教师的教导,这是一种自发的获得。当儿童已经学会了所有这些,我们允许儿童上学，并跟他说:“我来教给你字母!”

我们必须清晰地认识到有这样的双重路径：潜意识的活动准备语言，之后意识逐渐出现在生命中，从潜意识中汲取相应的知识。最终我们拥有什么呢？人类5岁的儿童已经能够将语言讲得很好，知道并使用了所有的语言规则。他并没有意识到潜意识的工作，但事实上正是人类创造了语言。儿童为他自己创造了语言。如果儿童没有这些能力，并且不能自主地掌握语言，那么人类在这个世界上就不可能有工作，也不会有文明。因此，我们看到，人类在生命的这一阶段是多么重要：他建构了所有。如果他没有这些能力，文明将不复存在，因为他独自建构了基础。因此，我们应当给予他所需要的帮助，而不是留下他独自徘徊。

第十二章

语言的呼唤

我想要呈现的是这样一个事实，恐怕很少能够引起一点同情，因为成人认为我们是生活于机制之上的，生活于抽象之中。但这些机制又是多么有趣。机制是基本的东西，他们是物质的，不仅仅是血肉之躯，还包括机理。所有人都知道在神经系统的机制中包含了感觉器官、神经、神经中枢以及运动器官。而事实是语言除了这些物质，也有相应的机制。直到上世纪末，处理言语的脑部中枢才被发现。在大脑皮层有两个特殊的中枢处理语言：一个是听取语言的中枢，听觉接受语言，另一个是产生语言的中枢，是讲出语言的部分。如果我们从生理的角度考虑这个问题，同样有两个器官中枢：一个负责听语言（耳朵），一个负责讲出语言（嘴、喉、鼻等），这两个中枢从心理和生理的角度独自发展。听觉或接收信息的中枢与心理的神秘之处相关，在那里，语言在潜意识的最深处发展，当我们说话时，运动中心的活动就会显现出来。

很明显，处理语言运动任务的第二部分发展得较慢一些，是在另一部分形成之后形成。为什么？因为儿童听到的声音激发了相应的运动，从而产生声音。这是具有逻辑性的，因为如果人类并没有建立一种预先的语言（事实上并没有，想象一下自己已经建好了），那么儿童在表达出语言之前，需要先听到他的群体所发出的语言的声音。因此，产生声音的运动必须基于心理中关于声音的底层印象，因为声音的运动依赖于已经感觉到的声音（心理中的印象）。

这很容易理解，也符合逻辑，但这不是因为逻辑，而是因为一种自然的机制。在大自然中什么是逻辑？在自然中，我们先注意到事实，看到之后，会说“他们多么富有逻辑！”“在这些事实背后肯定有一种智慧在指引它”。作为一种心理现象，这种在创造行为中的神秘智慧比那些产生不同颜色、不同形状的花朵的神秘智慧更可见。

很明显，刚出生时，听和说的行为并不存在。那当时存在的是什么呢？什么都没有，同时，所有的也都在。所存在的是两个中枢，并没有遗传什么声音，但可以吸收所有的声音，并能够为语言的表达精心设计必要的动作。这两点是语言发展整体机制的一部分。深入研究这个问题，我们会发现，感性和能力都是集中存在的。也很容易看出，语言的精细化在儿童出生后就开始了，因为它依赖于语言的听力，而出生前的儿童几乎什么都听不到。那之后必须有相应的行为。很神奇的是所有的都已经准备好，当儿童出生时，他已经能开始工作。

在研究机制的同时，我们也来研究器官。当然，这一机制的创造非常神奇，但所有的创造都很神奇。想象儿童未出生前所创造的耳朵（听的器官），这不神奇吗？在这个神奇的环境中，这个精细的复杂的装置自发形成。它的建构是多么神奇，就好像一些音乐细胞建构了它。音乐家，是的，因为耳朵的中央部分有点像竖琴，可以根据弦的长度发出不同的声音。我们耳朵中的竖琴有 64 根弦，所有都放置在其中，因为耳朵太小，就都被安置在一个蜗牛壳一般形状的器官之中。多么富有智慧！考虑到空间的限制，同时又建构了所有对于声音来讲都必需的部分。谁来弹奏这些弦呢？因为如果没有人弹奏，这个竖琴持续多年都将保持安静。我们看到在竖琴前面有一面鼓，有什么东西碰到鼓的时候，一根或多根琴弦都将振动，因此是鼓演奏竖琴，我们才能听到语言的节奏。并不是宇宙中的所有声音都靠耳朵吸收，因为只有 64 根弦，并不能演奏出特别复杂的音乐。但通过语言，因为有精确的、复杂的含义，就都能被传达。如果儿童在很神奇的出生前的生命阶段，就已经创造了这么复杂的装置，那为什么不能在出生后创造其他东西呢？比如儿童在他所处环境中所发现的语言，之后他再自己创造出来。这一现象我们可以看到。

现在让我们看看自然是多么神奇和迅速！即便新生儿在 7 个月的时候出生，所有的发育也都已经完成并准备好。自然从不迟到！这一装置是如何将它所吸收的声音通过神经传输至大脑，而收集这些特定声音的独特中枢是在哪里呢？这同样也很神奇，但这些都是自然的事实。让人感到很好奇的是，心理学家们研究发现新生儿的听觉感官发展最迟缓。他们感觉新生儿几乎是聋的。所有不同类型的噪声在新生儿周围响起，但却未引起他的任何反应。因为这些中枢是语言中枢，对单词有反应，就好像这个强大的机制只对这些特殊的声音——说的语言有反应并产生行动，这样，随着时间的推移，发出声音的运动机制就会产生，会发出这些相同的声音。

如果中枢中并没有这种特殊的隔离机制，想象一下可能产生什么样的结果？如果这一中枢可以吸收所有声音，那么生活在农场的儿童可能只对农场的声音有印象，并且可能会发出哞哞声、呼噜声、咯咯声。出生在车站附近的儿童可能只会发出火车的鸣笛和吹哨声。因为大自然建构这些中枢，但只隔离出人类所说的语言。比如曾经有狼孩的案例，狼孩因为种种原因，被遗弃在丛林中，却以某种奇妙的方式生存下来。这些儿童虽然生活在各种鸟兽的叫声、水声和落叶声中，却始终是哑的。他们从未发出什么声音，因为他们并没有听到能够激发语言表达机制的人类语言的声音。所有这些显示出语言的特殊机制。自然用这种机制区分了人类，人类拥有的是这种机制，并不是拥有语言，而是拥有创造自身语言的能力。语言是儿童精心设计的结果，但儿童自己不是一种机制，远非如此。

让我们把刚出生的自我想象成一个沉睡的自我。这个沉睡的自我突然醒来并听到愉悦的音乐。如果这个神奇的自我可以讲话，他会说："我来到这个世界了，他们用音乐欢迎我，这音乐如此直击心灵，我的整个生命，我的每一根神经都开始随之共振。没有别的声音传到我耳中，因为它传到了我的灵魂，除了这神圣的召唤，我听不到别的声音！"如果我们记住那些创造和保护生命的伟大推动力，我们就会明白这种音乐是如何创造出一种永恒不朽的东西的。现在发生在新生婴儿身上的事，将永远存在。人类的每个群体都喜欢音乐、创造自己的音乐和语言。每个群体都会对音乐反馈以身体的动作，这音乐也与词汇相联系，但那些词汇本身并没有意义，是由我们来赋予意义的。在印度有很多语言，但音乐将它们都联系了起来。对新生儿的印象也一直存在。没有任何一种动物可以制作音乐并跳舞，但所有人类都会做。

这些语言的声音被固定在潜意识中。内部发生了什么我们看不到，但外部表现给了我们指引。声音是固定的，是母语不可分割的一部分。我们可以称之为字母表。然后是音节，然后是单词，就像儿童读初级读本一样，有时不知道它们的意思。但儿童的工作是多么富有智慧！儿童体内就好像有一位老派的教师，让儿童背诵字母表，然后是音节，最后是单词。只有人类教师会在错误的时间教儿童，在他们已经掌握语言的情况下还去教。然而儿童体内的教师始终是在对的时间教，因此儿童先学会发音，之后是音节。就像语言的逻辑，这是一个逐步的建构过程。之后单词出现，再之后我们来到了语法的领域。物体的名字（名词）最先出现。这就是为什么遵循大自然的教导是如此具有启发性的原因，因为大自然是一个教师，它教儿童语言中最枯燥的部分。这是富有方法的真正的学校。它教授名词和形容词、连词和副词、动词不定式，然后是动词的变化、名词的变化，最后是前缀和后缀以及所有的例外。之后就会有考试，他显示出已经能够使用它们了。因此，我们看到了一个多么好的教师和多么勤奋的学生，因为他在考试中正确地使用了所有这些。他很聪明吧？我们应该为他鼓掌，但没有人注意到。之后我们成人会给他选择学校并送他过去，他会被授予奖章，我们会说："他拥有一位多么富有智慧的教师！"

但小婴儿才是真正的生命的奇迹！教师们应该在儿童身上看到：

儿童学习的方式是任何一个教师都不能学好的。2 岁的时候他已经学会了所有！这是一个非常神奇的事。让我们跟随儿童在这两年内的变化，因为这样会更容易了解儿童所做的。在检视这些变化时，我们看到一个逐渐觉醒的意识，然后，突然间，这个意识变得占优势，并期待掌握一切。在儿童 4 个月的时候（有人讲更早些，我也倾向于同意这一观点）发现给他深深触动的围绕他的神奇的音乐，是从人类嘴里发出的——是嘴巴（运动的双唇）发出的声音。这很少被人注意到，但如果我们观察一个儿童，会发现他非常专注地观察着小的双唇。我们已经看到意识参与了这一工作，因为意识在工作中起着推动作用。当然，运动是在无意识中准备好的，所有微小纤维的精确协调都不是在有意识的情况下实现的，但意识带来了兴趣，赋予了活力，并进行了一系列敏锐、警惕的研究。

经过两个月的对嘴巴的观察，儿童在 6 个月左右发出了他自己的声音。非常突然，这个儿童之前除了偶然发出的一些音节，某个早晨在你起床前，你突然听到他说“爸 – 爸 – 爸”“妈 – 妈 – 妈”等。他自己发出了“爸爸”“妈妈”的声音。有很长一段时间他都只发出这几个简单的音节，他也是经过了很大的努力才能够达到这个状态的。我们得记住，这是自我的力量促使他的发现，并能意识到他自己的力量，这个儿童不再是一个机制，而是使用机制的个体。这已经是 1 岁的末端了，但在那之前，在 10 个月的时候，儿童有了另一个发现：人们嘴巴里讲出的语言是有目的的，那不仅仅是音乐。当我们说：“小宝贝，你真可爱！”他意识到“这说的是我”，他开始意识到这些说他的话语是有一定的目的的。因此，到了1岁末的时候，发生了两件事：无意识的深处得到理解，意识的高度创造了语言，尽管这个阶段只是咿呀学语，只是发出重复的声音和声音的组合。

1岁的幼儿讲出了他的第一个有意义的词语。他还是那样咿呀学语，但那是有意的，而有意就意味着有意识的智力。他身上发生了什么？研究他之后我们发现，在他体内有比我们观察到的他所呈现出的更多的奇迹。儿童逐渐意识到语言和他身边的环境是相联系的，他逐渐有意识地掌握它。此时儿童体内产生了一种巨大的抗争，是意识对抗机制的抗衡。这是人类的第一次争斗，是部分之间的第一次战争！为了说明这一现象，我可以使用自己的经历来描述。例如，我知道很多事，想要描述给一个英语语系的听众，但我并没有掌握相应的语言，我只知道一点点英语，我的词语也只能是无用的咿咿呀呀；我知道我的听众非常富有智慧，我们可以交换观点，但我却只能咿咿呀呀。智慧发展出很多观点，我们知道人们可以理解，却不能用语言来表达的时候，这种戏剧性经历就类似于儿童生命的经历。这是生命中最初的失望。如果我没有翻译人员，我可以做什么？儿童能做什么？他在无意识中去了学校，他的需求激励他学习。这种意识到的想要表达自己的冲动让他想要能够尽快地掌握语言。想象一下他这个阶段对语言的关注！

一个人急切地想要表达他自己时，需要教师给他提供准确的词汇。我们是这样的教师吗？不是。我们并不会帮助他，我们几乎不会重复他自己的牙牙学语。如果他没有这个内部教师，他学不会任何东西。这个内部教师让他走向在交谈的成人，当然，这些成人并不是在跟他交流。这个冲动促使他精确地掌握语言，但我们并没有教给他。1 岁之后他真正可以上学了，这里智慧的人们与他智慧地开展交流。有些人已经理解 1 岁到 2 岁之间的儿童的困难，也意识到给儿童精确学习的机会的重要性。在我写这部分内容前几天，我收到了一封锡兰人寄来的信，上面写着："真开心！我们这里的儿童终于有学校可以去了！"他们已经意识到了这样的需求。因此，即便有人这样说："好遗憾，我们还没有大学！"还是会有很多人说："很高兴有这些学校，我们的儿童可以上学了！"我们必须意识到自从儿童掌握了语法之后，我们就能在跟他交流的时候运用语法知识，并帮助他分析句子。1 岁到 2 岁儿童的教师们应该知道语言的发展。母亲也应当知道，因为这很重要，教师们应该以科学的方式掌握它。这样儿童就不需要去寻找在谈论中的却不是跟他们交流的成人，从而就能得到他想要的帮助。我们成为大自然的仆人，自然创造，自然教导，一个完整的教学大纲和方法为我们准备好了。

如果我想要叙述很重要的内容，但只能咿咿呀呀的话，要怎么办呢？我可能不能很好地自我控制，可能会变得激动、愤怒，甚至开始哭泣。这就是发生在一两岁儿童身上的事。他想要通过一个单词告诉我们他想要让我们知道的，但他又无法实现，只能发脾气。人们可能会说："瞧瞧，人天生的任性显现出来了吧！"——（什么！这么讲 1 岁的幼儿！）我们认为，战争的起源就在这个只有 1 岁的孩子身上，他会毫无理由地变得愤怒和暴力。我们说"我们照顾他，给他穿衣服，我们为他做所有的事，然而他竟然还这么淘气”。可怜的小孩正在努力独立，可竟是这样被误解！这个可怜的小孩并没有掌握语言，所掌握的表情之一就是愤怒，但他仍有能力掌握自己的语言。愤怒仅仅是一种表达方式，在试图拼出单词时遇到了障碍，但他也确实拼出了一些单词。

另一个阶段大概是 1 岁半左右，儿童意识到另一个事实：名字，每个物体都有名字。这很神奇，因为从他所听到的所有单词里，他能够挑出一些名词。这很神奇！因为这意味着在他听到的所有词语里，他能够挑出名词，尤其是具体的名词。世界都是物体，现在这些物体都有了词汇。不幸的是，仅仅使用名词并不能表达整个含义。因此心理学家们特别注意到这些用来表达句子的词汇，他们称作黏合词或“一个词汇的句子”。想象一下儿童想要喝牛奶吃稀饭，他可能会喊“妈，饭”，意味着“妈妈，我饿了，我想要吃稀饭”。他用一个词表达了一整句话的含义。这种黏合词的另一个特征是这种儿童的强迫语言，词语本身有变化，通常会有缩写。一个西班牙儿童会用“to”代替“paletot”，表示“大衣”，用“palda”代替“espalda”，表示“肩膀”。这是一种修正，是我们所使用语言的缩写，有时儿童使用的语言如此不同，以至于我们会说儿童在使用外语。这是一种“儿童语言”，但很少有人研究它。面向这个年龄段儿童的教师应当研究这类语言，从而更好地帮助儿童，为儿童的心灵带来平静。

儿童所使用的的“to”和“palda”两个词汇反映了儿童的一种心理冲突，儿童是愤怒的、暴躁的，但很多人并不知道要怎么办。儿童的母亲把她的大衣搭在胳膊上，儿童一直不停地尖叫。最终，在我的建议下，这位母亲穿上了她的大衣，儿童的尖叫声立刻停止，也平静了下来，开心地欢呼“to palda”，意思是说“这是对的，大衣就要穿在肩膀上。”因此你看到了另一个事实，这种儿童的神奇的语言能够反映这个年龄段儿童的心理——他对秩序的渴望和需要，对混乱无序的失望。大衣并不是随意搭在胳膊上的，那是错误的位置，儿童是无法承受这样的无序的。

这里另一个例子表明1岁半的儿童能理解整个对话，并能知道其中的含义。有5个人正在讨论一本儿童故事书的优缺点。他们已经讨论了一段时间，谈话最终这样结束“这是一个愉快的结局”。在房间里的小家伙立刻大叫“Lola，lola！”人们以为他是想要他的保姆，在喊她的名字。但是，不是的！他变得更加暴躁，开始不能自已地哭泣，哭得伤心又暴躁，最终他努力拿到了这本书，指着书的封底，封底上印了关于故事中小孩的图片，他又喊到“Lola，lola！”成人们将印刷的故事结尾作为这本书的结局，但对儿童来说，这个封底上的这幅图才是真正的结局，而这幅图里的小孩是在哭的。“他们怎么能说这个故事是愉快的结局呢？”他听了整个谈话，知道他们谈论的是关于这本书，理解了书中讲的是什么，并意识到这些成人犯了一个错误。他的理解是完整并附有细节的，但他的表达并不充分。他甚至不能发出哭泣的正确发音，用西班牙语来讲是“llora”，所以他说“lola”。他用这个词告诉成人“你们错了，这并不是愉快的结局：他在哭”。

这体现了我为什么说1岁和1岁半的儿童需要有特殊的学校。母亲和普遍社会都应当给儿童特殊的关照，让他们经常经历才能掌握最好的语言。我们拜访朋友时，让儿童跟着我们，同样当我们参加会议时，尤其是人们发音清晰、抑扬顿挫时，更该把儿童带在身边。

第十三章

障碍和后果

现在我想谈一谈儿童某些内在的感觉，以便我们可以了解儿童隐藏的倾向。我们可以将这个比作对儿童可视心理的一种心理分析。第一个爆发期是词语的爆发，其次是思维的爆发。

我们应当有为此所做的准备。它是隐藏的秘密，但尽管它是秘密的，它不是一个假设，因为结果显示出了努力。我们可以意识到儿童为了表达他的想法所付出的巨大努力。因为成人经常理解不了儿童想要表达什么，正如我前面所提到的，在这个阶段，儿童经常表现得愤怒、暴躁。这种躁动是儿童生活中不可分割的一部分。儿童付出了所有努力，如果不能成功地表达，他们将会产生躁动的状态。聋哑人爱吵架，这是众所周知的事实。这是因为他们不能表达他们的想法。有一种内在的财富试图找到表达，它是这样作用于普通的孩子，但存在巨大的困难。

有一个富有困难的阶段我们必须考虑，即由环境和孩子自身的限制形成的困难。这是适应的第二个困难阶段，第一个阶段是儿童刚出生的时候，儿童突然被要求自理，他们的母亲也一直在为他操劳。之后我们看到，除非表现出极大的关心和理解，出生时的恐惧会影响孩子并导致孩子的退行。有些儿童比其他儿童强壮，有些儿童有一个更有利的环境，这些儿童不会退行，他们会径直走向独立，走上正常发展的道路。在这一时期也出现了类似的情况。对语言的征服是一种迈向更大独立的艰苦征服，它以语言的自由而告终，但也有退行的风险。

我们还需记住这个创造性阶段的另一个特点，比如这个阶段的印象和结果有永久保持下去的趋势。对于发音和语法来说确实如此。孩子们现在学习的知识将伴随他们一辈子；因此，如果在这一时期存在障碍，它们的影响将永远存在。这是每个创造阶段的特征。挣扎、恐惧或其他障碍可能产生的影响会持续一生，因为对这些障碍的反应就像发展过程中其他一切事物一样会被吸收。同样地，如果我们上面提到的胶片上有一个光点，那么胶片上的所有印刷品都会显示出这个光点。因此，在这个阶段，我们不仅有性格的发展，而且也有某些偏离的心理特征的发展，这些特征将随着儿童长大而显现出来。母语的知识以及走路的技能都是在儿童生命的这个阶段获得的，在 2 岁半之后的创造性的阶段，之后就没那么强烈。这两种功能是这时候获得的，但他们之后是继续成长和发展的。现在获得的任何缺陷和障碍也是如此；它们存在并成长，成人身上的许多缺陷都归咎于他们生命中那个遥远的时代。

阻碍正常发展的困难包括在“压抑”这个术语中（这个术语主要用于精神分析，但也用于一般心理）。这些目前被普遍大众所熟知的压力，与童年的这个阶段有关。尽管与其他人类活动有联系，这些压抑的例子可能更与语言本身有联系。大量爆发的词语必须有释放的自由。同样，当语句的爆发出现时，儿童的思想要有规则的形式，必须有表达自己想法的自由。自由表达受到了很大的重视，因为这不仅与发展机制有联系，也与个体的未来生命相关。有些特定的案例显示了某个阶段应当出现语言爆发的时候，却什么都没发生，3 岁或 3 岁半以后，有些儿童仍然使用与很久之前差不多的词汇，就像是哑的儿童一样，尽管他的发音器官完全正常。这称作“心理缄默症”，这有一种纯粹的心理原因，这是一种心理疾病。这个阶段是精神疾病的起源，也是精神分析（医学的某一个分支）所研究的阶段。有时候心理缄默症就像奇迹一眼突然消失，儿童突然讲话了，讲得很好很完整，完全掌握了语言，就好像他内心早已做好了准备，只是由于某些障碍，表达受阻了。我们学校有许多三四岁的儿童，之前一直不讲话，某一天突然就讲话了。他们就像哑巴一样，从来没讲过 2 岁儿童所讲的词语，之后某一天突然就讲话了。通过给他们活动的自由，并给予相应的环境刺激，他们突然就掌握了这股力量。这种现象为什么会发生呢？因为不管是巨大的惊吓或者是持续的反对，都可能会阻碍儿童表达他丰富的语言。

有许多成人也会出现表达困难的情况，他们要付出巨大的努力却无法确定要说什么仍然很犹豫。这种犹豫有许多不同的原因。

（a）他们没有说话的勇气。

（b）他们没有发音的勇气。

（c）他们使用句子存在困难。

（d）他们比一般人讲话更慢，会经常说“额、嗯、啊”等。

他们发现自身存在的致命的、终身存在的困难，这是一个人永久的劣势状态。

另外，还有一些心理因素阻止成人清楚地表达出词语，比如结巴和口吃。这种疾病出现在相应的机制形成阶段。因此在这些不同的阶段有不同的语言获得机制和对应的退化可能会出现。

第一阶段：词语获得机制，对应的退化——结巴。

第二阶段：句子获得机制（思维的表达），对应的退化——思维形成的犹豫。

这些退化与幼儿的敏感相关，就像他为了产生相应的语言，非常敏感地接收一样，他同样对那些高强度的障碍也很敏感。这种敏感所导致的弱势将持续影响儿童的一生。这是因为儿童身上的这种敏感比我们所能想象的任何事物都强烈。

让我们来研究这些障碍。儿童的这些反常是由成人所导致的，是由对儿童表现得非常暴力的成人所导致的。非暴力必须要扩大，因为对成人来说不算暴力的行为对儿童来说经常就是暴力。我们经常意识不到对儿童的暴力，因此我们必须研究我们自身。对于教育的准备是对自身的研究，对生命产生帮助的教师的准备不仅仅是智慧的准备，更是性格和精神的准备。

儿童的敏感表现在不同的方面，但有很多是比较普遍的。在这个阶段有一种是对冲击的敏感。另外一种常见的特征，是儿童对成人冷静甚至冷酷地阻止其某些行为的敏感“你不可以这么做！”“还没做好。”那些“有幸”请到这些训练有素的护士照料他们的孩子的人，应当特别注意这些护士身上所具有的这种倾向，她们通常都有这种特质。这就是为什么这种类型的障碍在贵族中出现得较为普遍，他们并不缺乏身体上的勇气，但当他们讲话时，他们就变得口吃、结巴。我想要强化下暴力的问题，必须要从儿童的角度去理解，我们必须清晰地理解我们的行为。哪些对儿童来说是暴力的，我已经在我的一本书中举了例子[①]。有一名儿童把他在户外穿的一双鞋子放在了他床上漂亮的丝质被单上。我非常坚决地把鞋子拿下来，放到了地板上，并用双手用力地清理被单，表明这里并不是放鞋子的地方。两三个月之后，这名儿童不管什么时候发现一双鞋子，都会把鞋子换个位置，之后去找丝质的床单或坐垫清理。儿童给我过于激烈（暴力）的一课的反应，并不是粗鲁的、叛逆的心灵。他并没有说：不要讲，我就要把我的鞋子放在我喜欢的地方！”而是一种反常的发展。儿童的反应通常都是非暴力的。我希望他不是如此，因为反抗总比走上错误的反常之路要好。发脾气的儿童已经知道如何保护自己，之后有可能会正常发展，但如果大小改变了他的性格，这将影响他的一生。然而人们几乎都没有注意到这一点，他们只担心儿童的坏脾气！

另一个例子：我们在成人身上所发现的无谓的恐惧和“紧张”的习惯可以追踪到儿童对暴力的敏感。有些无谓的恐惧是针对动物的，比如猫和母鸡等；有些是对密闭空间的恐惧，等等。任何理由和任何劝说都无法帮助这些经受恐惧的受害者。我曾经有一个来访者，是一名意大利大学的教育学教授，她已经 45 岁了。有一天她来找我说：“你是一名医生，也会理解我。每次我看到母鸡都会非常害怕。我要尽全

① 《童年的秘密》

力才能不让自己吓得发抖。我从未告诉任何人，他们会嘲笑我。”或许，作为一个 2 岁半的小女孩，她去抚弄一只毛茸茸的小鸡，却遇到了警觉的母鸡突然烦躁不安地乱扑。这只母鸡所导致的害怕和惊吓一直存在。这些不合理的恐惧被称为恐惧症，有些很常见，也有特定的名称，比如幽闭恐惧症（害怕关门，害怕密闭空间）。如果到医学领域，我们可以看到更多的案例，我提到这些只是为了说明这个年龄段的儿童心理的形成。

我们的行为并不仅仅在可爱的或淘气的儿童身上反应出来，同样也可以在由儿童长大的成人身上反应出来。因此，我要再次重申，儿童生命的这个阶段对他整个人生和人类都很重要。这项研究非常重要，但现在几乎还没有。我们很有必要走上这条探索的道路。对于儿童心理的探索非常重要，就像心理分析会探索成人的无意识一样。这很困难，因为我们经常并不能理解他们的语言，或者，即便我们理解了，但我们也不理解他们所使用的词语表达的含义。有时候也有必要知道儿童余生的情况；这是一种研究工作或一种侦探性的工作。但这项研究工作非常有用，因为通过它我们给这个困难时期带来了和平。我们需要一个翻译者，能够为儿童和他的语言做出解释，这种解释能够帮助我们理解儿童的心理状态。我自己正以这样的觉悟在工作，并试图成为儿童的翻译者，我们能看到儿童是如何跑向他的翻译者的，这很有趣，因为他们意识到这是能帮助他们的人。儿童的这种需求与那些被照料、被爱抚的儿童的爱是完全不同的。这个翻译者对儿童来说是一个巨大的希望，能够帮助他们打开发现的大门，而这个世界却是对他们紧闭这扇门的。这位帮助者被带入了最亲密的关系，一种比爱更重要的关系，因为他们不仅给予了安慰，还给予了帮助。

之前在我居住和工作的家庭里，我通常起得很早，在这家人还没起床之前就开始了工作。有一天，这户人家不到 1 岁半的儿童在清晨很早的时间过来找我。我想他可能是饿了，想吃东西，就起床了，所以我问:“你想要什么？” 他说:“我想要虫子。”我有点震惊,问道:“虫子？虫子？”这个儿童意识到我并没有理解，但极力想让我理解，给了我一些帮助，他又说：“鸡蛋。”我想：“他想要的肯定不是早餐，他到底想要的是什么呢？” 之后他又加了另一个词“Nena,鸡蛋,虫子”。我脑中闪过一道光，记起来一件事（这就是为什么我说你必须知道儿童生活的环境中所发生的事）——前一天，他的小姐姐 Nena 用彩色铅笔画画，填充椭圆形的图形。这个小家伙想要彩色铅笔画画，他的姐姐护着东西，并让他走开。现在（知道了儿童的想法），他并没有反抗他的姐姐，一直等待他的机会，多么有耐心和决心啊。我给他铅笔和图画。儿童的脸上闪着光芒，但他不会画“鸡蛋”，因此我给他画了出来。当我画完椭圆，他用波浪线填满了它。他的姐姐用的都是直线,但他认为他知道更好的画法,所以他画了波浪线,就是“虫子”。他一直等，知道除了他的翻译者，其他所有人都在睡觉，他便向他的翻译者求助，因为他知道她会帮助他的。并不是发怒或暴力的反应，而是耐心，才是所有儿童在这个阶段所具备的真正的特点，等待他们机会的耐心。暴力反应或发怒是一种愤怒状态的表达，当他无法实现表达的时候才会出现。

语言的翻译者能给我们光明，以理解儿童的心灵。从上面的例子中，我们可以看到幼儿尽力执行年长儿童所规定的行为。如果一个人给 3 岁的儿童介绍一项活动，1 岁半的儿童也会想玩。他可能会被阻止做这个活动，但他会尝试。我们房间里有一个儿童想跟他 3 岁的姐姐一样学跳舞。这个教师很想知道怎么教这么小的儿童跳芭蕾的。我们说："放心，你试试看，她学不学不重要，你都会拿到报酬。"得知我们正在做帮助儿童的工作，她同意尝试。这个 1 岁半的儿童立刻说："我也要学！"教师说："几乎不可能。"当我们说"试试看"，她说教 1 岁半的儿童跳芭蕾有损她做教师的尊严。我们建议她收起她的尊严，当她最终来到家中时，她是有点不高兴的，将她的帽子就扔在沙发上，开始演奏进行曲。小家伙立刻大发雷霆，尖叫着不肯动。教师说："你看吧，这么小的孩子没法教的。"但儿童并不是对跳舞感到痛苦，他是跟帽子争论，怒气冲冲地对这它讲话。他并未使用帽子本身的名字，也没用教师的名字，他只是使用两个词，一直不停地重复"帽架！大厅！"意思"这帽子不能放在沙发上，要放在大厅的帽架上！"他已经忘记了跳舞和生命的乐趣，他有责任要先让无序变成有序。当帽子放回到帽架上时，他的愤怒消失了，也准备好跳舞了。此时对秩序的基本需求已经超过了其他所有。因此这项研究能够让我们深入儿童的心理，达到心理学家们都无法达到的高度。第一个例子中儿童的耐心和第二个例子中对秩序的热衷呈现出我们很难意识到并很难理解的图像。如果我们关注这些现象，再加上我前面提到的那个儿童，他听懂了整个对话，却不同意故事的圆满结局，我们看到，有一种完整的精神生活，一幅完整的心灵图景，通常由于我们自己的盲目而对我们隐藏起来。

在这个年龄阶段，儿童的每一次心灵发现都必须被告知，是为了帮助儿童适应他所身处的环境，而不是作为我们自己获得的知识，比如梵语知识。我们必须一直都对生命提供帮助，即便这意味着我们要花很大的精力作为翻译者。儿童的教师的任务非常重要。这属于未来发展的科学，帮助心理发展和个性的成长。最重要的是我们必须实行这种教育，这样儿童就可以避免那些使其不如其他人的缺陷。我们必须记住，至少我们必须意识到：

（1）在整个生命中，前两年的教育很重要。

（2）儿童被赋予了看不见的巨大智慧。

（3）儿童有一种极端的敏感，在任何一种暴力下，这种敏感不仅会产生相应的反应，同时可能会导致他人格的缺陷。

第十四章

运动和整体的发展

以一个全新的观点来看待运动是非常必要的。由于存在某些误解，运动并未受到应有的重视，尤其是儿童的运动。很遗憾，在教育中，整个运动都是被忽视的，人们所关注的重点只是大脑。只有直到最近还处于劣势地位的体育课才考虑到运动，尽管它与智力无关。

让我们从复杂的角度考虑神经系统的组成。首先，我们拥有了大脑；其次，获取图像的感官就需要将这些信息传递给大脑；再次，我们有神经。但神经的目标是什么？它们去往哪里？它们的目的是向肌肉（肉体）提供能量、运动。因此，这个复杂的器官包含了三个部分：①大脑（中枢）；②感官；③肌肉。运动是神经系统的目的和结果。没有运动的话，我们压根无法谈论一个人。如果我们想到一个伟大的哲学家，他谈到他的想法，或写关于想法的文章，他必须要用到他的肌肉。如果肌肉对于他的沉思毫无用处，它们又有何用呢？事实上，如果没有肌肉，他的想法根本没办法表达出来。

如果我们考虑动物，它们的行为仅通过运动来表达，因此，如果我们考虑人类的行为，我们必须要考虑人类的运动。肌肉是神经系统的一部分。

整个神经系统将人类与他所处的环境建立联系，这就是为什么它也被称作联系的系统。它使人与无生命的世界和有生命的世界建立了联系，因此也就与其他个体建立了联系；如果没有这个系统，个体与他所处的环境就无法建立联系。

身体的其他有组织的系统就目标而言，是自私的，因为他们只服务于个体的身体本身，而不服务其他。他们仅保障一个人的生存，或者就像我们说的成长，因此它们被称为保障生命吸收营养的系统或器官。因此，这就存在了差异。

营养系统仅仅帮助个体成长；

神经系统帮助个体建立与他人的联系，类似于某种外交部长。

营养系统帮助个体最大限度地享受舒适和纯洁的身体和健康；因此我们会选择去空气凉爽的地方、好的酒店等。如果我们以类似的观点看待神经系统，那就会犯错，即便我们认为它只想留下最美的印象、纯洁的思想，并不断提高它们的水平。同样，保持在这一领域的纯净是很美好的，但将神经系统的水平降低到仅仅是维持生命成长的水平就大错特错了。如果我们坚持这种纯粹的纯洁并提升个人的水准，那么个体就会变成精神上的自私。这是一个人所能犯的最大的错。动物的行为在运动方面并不仅仅是优美和优雅的，它还有更深层的目的。同样，人类的目的不仅仅是为了比他人更纯洁、更美好。当然，人可以、也应当是美丽的，并且在最崇高的层次追求最美好的事物，但如果这是他唯一的目标，他的生命将变得无用。那么这些大脑或肌肉的作用是什么呢？

在这个世界上没有任何东西不是一个普遍经济的组成部分；如果

我们有精神上的丰富性，审美上的伟大性，那不是为了我们自己，而是为了精神上的、普遍经济的一部分，并且必须在整个宇宙发挥作用。精神的力量是财富，但不是个人的财富；它们必须实现流通，让其余的人可以享用；它们必须被表达、使用，并以这种方式完成关系的循环。如果我满足于成为纯洁的自己，以便我可以去天堂，我可能会死。我应当放下一些我生命中最重要的部分以及生命中最重要的目标。如果一个人相信转世，可能会说“如果我现在活得好，下次我就会活得更好”，这是自私的。这是将我们的精神降低到了生长的水平。我们总是想着我们自己，永远都是我们自己。我们永远都是以自我为中心的。另一种观点不应当只是在生活实践中被考虑到，在教育中也应当被考虑到。必须有功能的完整性。大自然赋予我们各种功能，因此，我们必须在实践中使用它们。

让我们来做个对比。我们有肺、胃、心脏，为了保障安全，这些器官需要正常发挥功能。为什么神经系统不能使用相同的规则？我们的大脑、感官和运动的器官也都需要发挥功能，如果我们不能锻炼每一个器官，我们甚至都不能理解它们。即便我们想要提升自己，比如想要让我们的大脑变得更好，我们也并不能做到如此，除非我们使用了所有部分。或许运动是完成这个循环的最后一部分。换句话说，我们可以通过行动实现精神的提升。这就是从运动的角度考虑，它是神经系统的一部分，不能被丢弃。这个神经系统虽然有三个部分，但它们是一个整体。为了变得更好，它需要作为一个整体进行锻炼。

现代有一个错误，是将运动与更高的功能分离看待。人们认为为了保持身体更加健康，需要经常锻炼肌肉。为了保持健康或作为娱乐，我们打网球。如果我们这么做了，就可以深呼吸。多好的主意！或者我们出去散步，以确保更好地消化和睡眠。这种错误在教育中渗透着。从生理学上讲，这就好像是一个伟大的王子被用来服侍一个牧羊人。这位伟大的王子——肌肉系统——已经成为调节营养系统的杠杆。这是个巨大的错误。这导致了分离：物质生活在一边，精神生活在另一边。结论就是，既然孩子的身心都要发展，我们就必须包括体育锻炼、游戏等。精神生活和物质生活有什么关系？并没有关系。然而，我们不能把自然组合在一起的两样东西分开。如果我们把物质生活和精神生活各放一边，我们就打破了关系的循环，人类的行为就与大脑分离了。人的运动是用来帮助更好地进食和呼吸，而真正的目的是使运动服务于整个生命和普遍的、精神的、经济的世界。

人类的运动必须与大脑中枢协调，被放在正确的位置，这是基础。心理和行为是同一个循环的两个部分，而且，运动是更高层次的表达。否则，我们让一个人锻炼了大量肌肉，却没有大脑的功能发挥，有些部分，比如断了的骨头、四肢就不再发挥作用了。人类之后就是类似植物人的生活，运动部分和大脑的联系断开了。大脑部分的自我运作与运动、肌肉分离。这不是独立，而是为了断开大自然运用她的智慧拼凑起来的东西。如果谈到智力发展，人们会说："运动？没有必要运动；我们说的是心理成长！"当他们想到心理发展时，他们所能想到的是坐着不动。但是心理发展必须与运动建立联系，并依赖于运动。这是必须引入教育理论和实践的新的观点。

直至今天，多数教育家仍然认为运动和肌肉是帮助呼吸和循环系统的，或者说，经常运动的话，是为了获得更强的肌肉力量。这仍然只是体育教育的一部分。个体应该怎么做呢?

一旦大脑被放置在相对中心的位置，我们的新观点强调了运动作为大脑的辅助作用。心理发展甚至精神成长都可以、应当受到运动的帮助。没有运动就没有成长，也没有健康（从心理角度来讲）。这个基础性的事实应当被充分考虑到。

可能我会被要求提供这些事实，但这些并不是观点，甚至也不是个人经验。无论何时我们观察自然时，都会发现这些事实，这些观察的准确性来自对儿童成长的观察。通过观察儿童，我们可以发现他的心理通过运动得以发展。比如，语言的发展，显示了随着肌肉的使用，儿童的理解能力也得到了提高。除了这个，通过科学的观察，儿童身上其他的例子也显示出儿童的智力通过运动得以发展。全世界的观察都发现儿童的运动帮助了其心理发展，这种发展也通过更进一步的运动和行为呈现出来。因此，这是一个循环，因为心理和运动属于同一个整体。感官同样也起到帮助。如果没有感官运动的机会，儿童的智力会下降。这就是为什么儿童的发展测试对整个教育都起到了巨大的帮助。

肌肉的活动由大脑控制，称为随意肌，这意味着他们是受个人意志的影响的。这种意志是心理的一种最重要的表达。没有这种能量，精神生活就不存在。因此，既然随意肌是依赖意志的肌肉，它们就是一种精神器官。

肌肉是身体的主要构成。如果将哺乳动物的肌肉去除，还剩下什么呢？骨骼，骨头。它们是什么作用呢？支持肌肉，因此它们属于这一个部分。将它们再拿走，还剩下什么呢？几乎没有了。自然生长的主要部分都被取走了。如果我们看到一个人，并且感叹他多么好看，或者相反，我们所赞赏的部分是由附在骨头上的肌肉所赋予的。所有被赋予内在骨骼的动物都归功于随意肌，当我们看到傲慢轻蔑的骆驼、优雅地行走的女士或玩耍的儿童时，我们看到的只是每一种动物的肌肉所赋予的形体。研究这些肌肉的形式和数量非常有趣。他们的数量是非常巨大的。学习医学的人说那些学生在记住它们之前要忘记几次，并且后面仍然会忘记！有些小巧，有些笨重，有些短，有些长，它们有不同的功能。一个有趣的事实是，如果一块肌肉朝一个方向发挥作用，总有另一块肌肉朝相反的方向发挥作用，这种相反力量的发挥越有活力、越精细，由此产生的运动就越精细。一个人为了获得更和谐的运动而进行的练习，是在对立中放置更多和谐的练习。所以重要的不是达成一致，而是达成一致的对立。

儿童或成人意识不到这种对立，但无论如何，这种方式的运动感都在发生。动物的完美运动是自然产生的。老虎的猛扑和松鼠的上下奔跑之所以优雅，是因为为了达到这种和谐，肌肉进行了大量的对抗，就像一个运转良好的复杂机器，一个转动着相反方向齿轮的手表，当整个机器运转顺利时，我们就得到了正确的时间。因此运动的机制是非常复杂的，比人们想象得还要精细。在人类中，这种机制不是在出生之前就预先建立起来的，因此它必须在环境中通过实践经验创造出来。人体内的肌肉数量是如此之多，以至于他可以完成任何一种运动，所以我们不说运动的锻炼，而是说运动的协调。这种协调性不是被赋予的，它必须由心灵创造和实现。换句话说，儿童创造了他自己的动作，并且这样做了之后，完善了它们。儿童在这项工作中有一个创造性的部分，然后通过一系列的锻炼实现了他所创造的发展。

人类的运动并不限定和固定，但人类又能够控制这些运动，这很神奇。许多动物都有攀爬或奔跑的特性，这些都不是人类特有的动作，但人类也能做得很好。某些动物具有在地下挖洞的特殊技能，这不是人类的特性，但人类却能比任何一种动物挖得更深。因此人类的特性是能够做所有的运动，并且能够比任何一种动物拓展得更深远，能够将它们的一部分变成自己的。所以我们可以说，他的特点是普遍的多样性，但有一个条件：他必须自己构建它们。他必须根据自己的意志去工作和创造，并为了达到目的而下意识地、自愿地重复这些锻炼。所以人类征服了所有。然而，事实是没有一个个体能够征服所有的肌肉，但它们都在那里。人类就像非常富裕的人，他如此富裕以至于只能使用他的一部分财富，日常，他选择其中的某一部分。如果一个人是职业体操运动员，那他并不是被赋予了特殊的肌肉能力；舞者也不是天生就有适合跳舞的精致肌肉；他或她都是通过意志来培养的。任何人，无论他想做什么，他都被赋予了丰富的肌肉，他可以从中找到他需要的东西，他的精神可以指导和创造任何发展。没有什么是确定的，但只要一个人的精神能够给予适当的引导，那么一切皆有可能。

人类不会像动物那样，同一类动物都做同样标准化的事情。即便有些人做的是同样的事，也是以不同的方式。我们都写字，但每个人都有他自己的笔迹。每个人都有他自己的道路。

我们在个人的发展工作中看到运动，而个人的工作是为了表达他的精神生活——它是精神生活本身。人类体内拥有大量的运动，在中枢部分，比如在精神生活的指引下，运动得以发展。如果一个人并没有发展他的所有的肌肉，只是发展了其中的一部分，那只是为了粗糙地工作。因此，人的精神生活是有限的，因为他的肌肉只能发展为粗糙的行动，而不是精细的行动。同时也会受到所能实现或选择的工作类型的限制。那些不工作的人的精神生活处于巨大的危险之中。我们可能会说，即便不是所有的肌肉都能参与运动，但低于一定数量的肌肉运动，对于精神生活来说都是危险的。如果使用中的肌肉数量并不充分，整个生命都会有弱点，这就是为什么在教育中引入体操、游戏等，太多的肌肉总是被搁置于一旁。

精神生活必须使用更多的肌肉，否则我们也要走普通教育的双重道路，身心活动交替进行。使用这些肌肉的目的并不是学习特定的事物。现代的很多形式的教育都是服务于特定的社会生活的目的，比如一名儿童必须将字写得很好，因为他要成为一名教师，而另一位想要当采煤工，因此他必须学好铲煤。这种狭隘的、直接的训练并不能达到运动的真正目的。我们的目的是人类能够发展出精神生活所必须的协调运动，以丰富精神生活的实践和操作方面。否则，大脑的发展就脱离了运动所应该实现的发展，就不能实现它对运动的指导作用，只能给世界带来革命和灾难。运动将自主工作，并不受到精神的引导，这将带来毁灭。由于运动对于人类生活与环境、其他人的关系是如此必要，运动必须在这个层次上发展，服务于整体。在一个人的艺术或职业中，这不是第一份工作。

今天的原则和理念很多都指向自我完善、自我实现。如果我们理解运动的真正目的，这种自我中心便不复存在，必须拓展到更广阔的空间。简而言之，我们必须记住什么可能会被称作“运动的哲学”。运动将生命与无生命区分开来。然而，生命的运动并不是随意的，它是有目的、有规律的。为了理解这一事实，让我们想象一下，如果没有运动，一切都是静止的，世界将会是什么样。想象一下，如果所有的植物停止生长，所有植物内部的运动都停止，将会是什么样，世上将不再有水果、花朵。空气中有毒气体的比例将会提升，并带来灾难。如果所有的运动都停止，所有的鸟都停止在树枝上，或者所有的昆虫都停止在地面上，丛林中所有的野兽都停止捕食，或者所有的鱼类都在海洋中停止游泳，世界将会变得多么恐怖！

静止不动是不可能的，如果运动停止，或者生物没有目的地运动，世界就会变得一片混乱。自然赋予每种生物有用的目的。每个个体根据他自己固有的目的，都有他自己特色的运动。这个世界的创造是所有特定目的的活动之间的和谐协调。

想象一下如果没有运动，社会中的人会变成什么样！人类的运动显示了个性的智慧。想象一下如果所有人都停止活动，即使只有一周时间，会发生什么。所有人都会死。工作和运动是一个问题，运动的问题是一个社会问题。这并不只是个体的体操运动的问题。如果全世界的、整个社会的人除了做一些身体的锻炼，其他什么都不做，人类将会在短时间内死亡。所有的能量都将白白被消耗。

社会由许多复杂的个体组成，每个个体都遵循着他们自己的目的，与他人都不一样。个体为了实现这一目的而活动。社会的基础就是由有用的运动组成的。当我们提到“行为”——人类和动物的行为，我们是指他们的有目的的活动。这种行为是他们实际生活的中心。这里所谓的实际生活并不仅限于在房子里打扫卫生、洗衣服等。当然，这很重要，但世界上的每一个人都应当朝着更伟大的目标活动，每个人都不应当只是为他自己工作，同时也要为他人工作。奇怪的是，人类的工作一定也是为他人服务的工作。如果不是这样，他的工作就和体操运动一样，没有其他意义。所有工作同时都是为他人的工作。跳舞可能是众多个体运动中的一种，但即便是跳舞，如果没有观众，没有社会的或超越的目的，同样变得毫无意义。那些极力追求动作完美的舞者遇到如此多的困难，同样也是为他人跳舞。花费一生时间都在缝纫的裁缝，不可能会穿自己所做的所有的衣服。然而，裁缝就像体操运动员一样，需要许多训练有素的动作。

如果我们有一个宇宙计划的愿景，认同世界上的每一种生命形式都是基于有目的的运动，他们的目的不只是在于他们自己，我们将能够更好地理解和指导儿童的工作。

第十五章

智 慧 和 手

研究运动发展的机制被认为非常重要，因为这是一个复杂的机器，每个部分都具有很大的价值。这就是为什么儿童运动的研究受到了极大的关注，因为没什么隐藏的，所有的操作都可以通过外部表现观察到，可以很清晰地遵循。

所有动物的四肢都是一起发展的，但是对于人类而言，上肢和下肢的发展并不一样。这显示出它们的功能是不一样的。腿部的功能和上臂的功能很不相同。另一个事实是走路和平衡的发展在所有的人身上都是固定不变的，我们可以称之为生物学上的事实。我们可以说，每个人出生后都会走路，几乎所有人的脚部发展都是一致的，但我们无法预知一个人会怎样使用他的双手。我们不知道他的双手可能从事哪项特殊活动，或者曾经从事什么活动，手部的功能并不是固定的。因此谈到手部和双足的运动类型，它们的含义是不一样的。

可以肯定，双足的功能是生物学的，但仍然与大脑的内部发展相联系。只有人类是靠双足行走,而所有的哺乳动物都是靠四肢行走的。一旦人类掌握了双足行走的艺术，他就只会持续用双足行走，并持续保持这种直立平衡的困难状态。这种平衡是很难实现的，这是一项真正的征服。这需要一个人将他的整个足部放置在地面上，尽管多数动物都是靠脚趾行走，因为用四肢行走时，很小的一部分力量就足够了。用于行走的脚可以从物理学、生物学和解剖学的角度进行研究；它与所有这些都有联系。

如果手的发展并非受生物学的指引，因为手的行为并非是固定的，那么与之相联系的究竟是什么呢？如果不是与生物学、物理学相关，那一定是与心理学有联系。手的发展依赖于心理的发展，不仅是个体自我的心理发展，同时与不同时代精神生活的发展相关。我们发现，手部的发展与人类的智慧发展相关，并且，如果我们回顾历史，会发现手部的发展与文明的发展也相联系。我们可以说，人在思考的时候，是用手来思考和行动的。几乎从人出现在地球上开始，就留下了用手制作工具的痕迹。在伟大的古代文明中，总有一些手工作品的标本。在印度，我们可以找到非常好的作品，它们几乎不可被模仿，在古埃及也有非常精细的作品痕迹。如果文明是一种不那么精致的类型，那么遗留下来的手工制品也是相对比较粗糙的类型。

因此，手的发展与智慧的发展几乎同步。当然精细的手工需要智慧的注意和引导才能完成。在中世纪的欧洲，许多伟大的知识分子觉醒，他们撰写了很多美好的作品，用文字传达着新思想。即使是精神生命，似乎是离地球和地球上的事物如此遥远，也受到了影响，因为我们可以在人们崇拜的庙宇中看到这种影响，只要有精神生命，就可以看到这样的结果。

阿西西的圣弗朗西斯，他的精神也许是最简单和最纯洁的，他曾说过“你看到的这些山，是我们的教堂，我们必须从中寻找灵感”。然而，当他和他那些贫穷的弟兄们被要求建造一座教堂时，他们却使用了便捷的粗糙的石头。他们用这些石头建造了教堂，这是为什么？因为如果有一个自由的灵魂需要在某种工作中具体化，手就必须发挥作用。所有地方都可以看到人类手工劳作的痕迹，从这些痕迹中，我们可以读出人类的精神以及他所处时代的思想。

如果我们讨论基督教，可能很难展示出它的影响，但当我们看到城市到处都有教堂、有艺术品、有不同种类的漂亮布匹、有医院、有教育机构时，我们可以意识到它在精神上和文化上的影响。

如果我们回顾那些连骨头都没有留下的模糊的过去，是什么让我们了解这些民族和他们的时代？是他们的艺术品。当我们审视这些史前时代，我们看到的是以力量为基础的粗犷文明：雕像和艺术品都是由巨大的石块砌成的，我们很好奇它们是如何到达那里的。在其他地方，我们看到更精致的艺术品，我们会说："这是一个更精致的种族。"我们是怎么知道的呢？他们已全都不在了，所以不是他们的人告诉我们，而是他们的作品告诉我们的。因此，我们可以看到，手跟随了智慧、精神和情感，触摸了这一切，给我们留下了人类的痕迹。即便我们并未从心理学的角度去看，可我们仍然看到了人类依靠双手所带来的环境的改变。真的，拥有智慧的目的几乎和拥有双手一样，这将是很有意义的，因为如果人类的智慧仅仅是为了和别人交流而建立起他的口语，那么当这一种族的人类离世，就不会留下任何东西。他们仅能通过呼吸表达他们的智慧。正是因为有了手，文明才得以建立起来。因此，我们可以很好地说，手是赋予人类巨大财富的器官。

因此，手与精神生活联系在一起。事实上，那些关于手的研究显示，有一种直觉倾向于认为人类的历史是印在手上的，它是一种心灵器官。因此，关于儿童心理发展的研究应当与手部发展的研究紧密相连。儿童清晰地呈现出他的发展与手紧密联系，反映了他所处的心理阶段。我们可以这样表达：儿童如果不使用手，他的智慧将停留在某个特定的水平，使用手的情况下可以达到一个更高的水平，那些使用手的儿童也有更坚强的性格。因此我们可以看到，即便是性格的发展，看起来完全是心理领域的，如果没有机会在环境中使用手进行练习，同样也只能处于较低的发展水平。儿童已经向我们清晰地呈现出，如果他不能在他所处的环境中使用手，他的性格就始终处于一个较低的水平，不能服从、不会主动，懒惰、忧伤，而能够使用双手工作的儿童显示出性格的不断发展性，趋于坚定。这让我们想起了埃及文明中一个有趣的现象，当时手工工作无处不在，无论是在艺术、建筑还是宗教领域；如果我们读到当时墓葬上的铭文，称赞墓主人是一个有个性的人，那是最高的赞美。对他们来说，个性的发展是非常重要的，而他们是靠双手完成伟大事业的人。这更进一步说明了手部的活动遵循了历史上个性和文明的发展。这显示了手与个性是如何联系在一起的。如果我们再研究一下所有这些人是如何行走的，当然，我们会发现，他们都是靠两条腿站立、平衡、行走。可能他们跳舞、跑步有一点不一样，但他们平时走路都是用两条腿。

因此，我们可以清晰地发现，运动的发展具有两方面功能：一方面是生物功能；另一方面，虽然使用的是肌肉，但仍然与内在生命相关。如果我们研究儿童就会发现有两方面的发展：手部的发展，以及平衡和行走的发展。此时当儿童想要搬运较重的东西时，他的双腿必须提供帮助，否则这之间就没有联系。双足可以行走，可以将他带到地球上的任意地方，他可以到那些地方用双手进行工作。一个人不停地行走，他的足迹逐渐覆盖了地球的表面，在不停地行走中他存在并死去，但他通过双手做的工作，留下了他存在的痕迹。

当我们研究语言时，我们会发现语言与听力是联系在一起的，而在运动的发展过程中，我们发现语言和视觉是联系在一起的；首先，因为我们必须通过眼睛观察在哪里放置我们的双足，当我们用双手工作时，我们必须观察我我们在做什么。这两种感觉与发展联系紧密：听力和视力。儿童发展的是对环境的观察，因为他必须知道他要活动的环境是怎样的。这种观察在他可以活动前就进行了，之后他将自己安置在里面；因此，在环境中的定位和运动都与心理发展有关。这就是为什么新生儿最初不能活动，当他活动时，他遵循着心理的引导。

运动最初的发展是抓握的发展，一旦手抓住某样东西，意识就会注意到能够这样做的手。抓握一开始是无意识的，之后是有意识的。手能够唤起意识的注意，而双足却无法实现。当意识关注到这一事实时，理解就发展了，由此，一开始是本能的抓握变成了主动的抓握，6 个月的儿童就展示了这方面的发展。到 10 个月大的时候，对环境的观察唤起了儿童的兴趣，他想要抓住某样东西；有意的理解伴随着欲望，单纯的理解停止了。在这之后，就开始了手的锻炼，他想要改变物体的位置。对环境进行观察之后，就有了需要，手就开始在环境中做些什么。1 岁之前，儿童运用双手可以做出许多行为，可以做出不同类型的工作。他开关门、开关抽屉，将塞子塞进瓶子里，把东西放在一边，然后再放回去，等等。通过这些锻炼，儿童掌握了技能。

在双足上发生了什么呢？不管是智慧还是意识都没有被唤起。然而有一些却是自动发生的：小脑迅速发展，主导平衡。就好像铃声响了，让内部身体赶紧起来，获得平衡。环境与此无关，小脑发出指令，儿童通过努力和帮助坐起来，之后又能自己站起来。心理学家们说，人类经过四个阶段站起来。幼儿翻过身，开始用四肢爬行，如果当他开始爬行的阶段，你给他两个手指，他会让脚一个一个地逐步向前，但用的是脚趾。在这之前，即便有了两个手指的帮助，他还是不会走路，不是环境，而是小脑还没准备好。

最终儿童能够自己站立，他依靠自己的双足站立在地面上，他能够达到一个人正常的直立位置,并能够通过抓握些东西（妈妈的裙子）行走。不久之后,他可以独立行走。此时会有一个这样的趋势“再见，我有自己的双腿，我要走了!”另一个独立的阶段实现了，因为独立的获得是能够自己做些事情。这些发展步骤的哲学告诉我们，人类的发展和独立都是通过努力获得的。能够没有他人的帮助自己就做到独立，这并不舒服。如果儿童能够独立，那么他们的进步会非常快；如果没有它，进展会非常缓慢。因此，如果我们能记住这一点，我们就会知道如何对待儿童，这是一个有用的指引。我们总被教育不要帮助他，然而我们总是想要帮助他。已经学会自己走路的儿童应当自己走路，因为所有的发展都是通过锻炼得以强化，所有获得的技能都是通过锻炼得以稳固。就像我经常看到的，3 岁的儿童还被抱着，他的发展并未得到帮助，而是受到了阻碍。儿童已经获得了独立，成人却继续帮助的，成为儿童发展的障碍。因此，我们不应当再抱着孩子，而是鼓励他自己行走，如果他想要双手工作，我们应当给他智力活动的动力。儿童的行为能够获得更多的独立。

人们已经注意到儿童 1 岁半时，手和脚的发育有一个非常重要和明显的因素，那就是力量。儿童已经掌握了敏捷和能力，现在是一个强壮的人。他的第一个冲动就是用他最大的力量做些事，不仅仅是锻炼，而是要用最大的努力（与成人不同）。这是大自然给我们带来的，它似乎在告诫我们："你有行动的可能性和敏捷性，现在要变得强壮，否则就毫无用处。"现在双手和平衡的联系发生了。我们看到了什么呢？儿童不仅仅喜欢行走，还喜欢走得远远的，拿着重重的东西。人类不仅仅需要走路，还要负重。已经学会抓握的手需要通过负重和拿东西锻炼。因此，我们可以看到 1 岁半的儿童拿着一大壶水，适应着他的平衡、缓慢地行走。也存在着打破和克服万有引力定律的趋势。已经学会走路了，为什么不能满足于走路？不！他要爬，并且需要用手抓住一些东西，将自己拉上去。此时儿童不再只是想要抓握，而是想要抓着东西向上。这是力量的锻炼，是持续整个阶段的力量的锻炼。之后是什么呢？这个已经会行走的儿童，有了力量，看到了他周围人的行为，想要去模仿他们。对他来说，大自然的第一个任务就是吸收，吸收他这个阶段的人的行为。因此有一个模仿的阶段，儿童会模仿他周围的行为，不是有人告诉他这么做，而是受他的内部驱动。只有当儿童可以自由行动时，我们可以看到这种模仿。我们可以看到自然的逻辑。

（1）让他直立站立。

（2）让他四处行走，获得力量。

（3）让他学会周围人的行为。

在行动之前有一个准备阶段。首先，他自己以及相应的设备必须准备好，之后他要变得强壮，再看看其他人，开始做些事情。当他这样做的时候，大自然也告诉他通过一些体育运动做准备，比如爬椅子、爬台阶。其次当他想要自己做一些事的时候就来到了下一阶段。“我已经准备好了，现在我想要自由，谢谢你!”尚未有心理学家对儿童想要成为伟大的行走者，想要走很远的路，进行充分的思考。通常，我们抱着他，或把他放在婴儿车里，可怜的孩子就只能在想象中行走了。

他不会走，我们抱着他；他不会工作，我们帮他做——在生命的最初阶段，我们就给了他一种自卑情结。

第十六章

发展和模仿

在上一章中，我们提到了 1 岁半的儿童，这个年龄是兴趣的中心，并被认为是教育中最重要的阶段。这个阶段看起来如此重要，这可能很奇怪，但我们必须记住这是上肢和下肢协调准备的时机。而且，如果我们考虑到那个时期的儿童正处在他成年的前夕，两年之后，他在语言爆发中达到了一个完满的点，这似乎是很自然的。在这一事件的前夕，1 岁半的时候，他已经在努力表达他的内心。这是一个努力的阶段，也是一个建构的阶段。

一旦发现了重要的东西，所有人会立刻开始工作。人类是宽宏大量的，但却是无知的，所以当他们学某样东西时，往往会专注其中，投入非常多的热情，在这个事例中也是如此。哲学家、心理学家、社会学家以及其他人都将他们的注意力集中到了 1 岁半到 2 岁之间的儿童身上。

这是一个发展的重要阶段，需要有特殊的照料，从而不会破坏生命的成长趋势。如果大自然给予我们清晰的指示，那就是这个阶段需要最大限度地努力，而我们必须支持这种努力。这是一种较为笼统的表述，但是观察者提供了更加精确的细节。他们说，在这个时期，儿童开始表现出模仿的本能。这本身并不是一个新的发现，因为人们一直都在说儿童模仿，但到目前为止，这只是一种肤浅的表述。现在人们意识到儿童在模仿之前必须理解，这是具有逻辑的，但以前人们并不知道。以前的观点认为我们只需要行动，儿童就会模仿，成人就几乎不再有责任了。当然，我们也被要求做好的榜样。这就强调了所有成人的重要性，尤其是教师。如果想要成为好人，他们必须做好的示范。母亲尤其包含在内。这让人感觉儿童有坏的榜样就会变坏。因此，成人会为了重视孩子，他必须做一个好的榜样，而真正的责任却落在了孩子周围的领头人身上，如果他们没有从慷慨的成人所提供的良好榜样中获益，那就是他们的错。结果就是到处都会有不快，因为尽管成人应当成为完美的榜样，但他们远远不会是完美的。我们常想要完美的人类，并认为通过模仿我们，就能成为完美的人类，但我们自身就是不完美的，这真让人困惑！大自然的推理方式与我们不同，它是用另一种方式推理，并不为成人的完美而烦恼。重要的是为了模仿，儿童需要准备好。而真正重要的是这种准备，这依赖于儿童自身的努力。榜样提供了模仿的动力，而不是目标。发展的是为模仿所做的努力，而不是达到榜样的样子。事实上，儿童一旦开始这方面的努力，往往在完美和精确度方面都会超越榜样，这是一种激励。

有些人这么想："如果想要让我的孩子成为钢琴家，那么我首先（或者教师）成为钢琴家，儿童就会模仿了。"但事实并不是这么简单的。我们许多人都知道，儿童必须准备好他的双手，以获得必要的灵活性，使他可以在钢琴上做任何事情。然而，我们在高级别的事物上也遵循这种简单的推理。我们给儿童讲关于英雄、圣人的故事，认为儿童会模仿。这并不是如此简单，他的精神必须准备好。一个人并不会通过模仿变得伟大。榜样可能会激发动力和兴趣，模仿的本能会激发努力，但即便这样，一个人也要做好准备才能去实现。在教育中，大自然已经呈现出来了，没有准备好，任何模仿都是不可能的。努力的目标并不是模仿，是让自己创造成有实现模仿可能的状态，可以将自己变成想要成为的样子。因此要强调间接的准备在所有事物中的价值。大自然不仅仅提供了模仿的力量，同时能够让一个人成为榜样所呈现的样子。如果我们教育者相信可以帮助生命，我们必须意识到什么是我们必须去帮助的。

如果一个人观察这个年龄的儿童，将会发现儿童会做一些特定的活动。对我们来说，它们看起来很荒唐，但没关系。儿童必须要完成它们。人们有强烈的欲望去实现某些事情，如果这种欲望的循环被打破，结果就是偏离和缺乏目标。如今这种能够将行动的循环完成的可能性被认为很重要，就像间接的准备很重要一样，这就是一种间接的准备。即便是整个生命历程，我们都是间接地为未来做准备。那些在世上已经做出一些成就的人，通常在成功之前有一个阶段都是在做准备；虽然它可能和最后的工作不在一条线上，但需要在其他线上先做充分的努力，做好精神的准备，这种努力必须充分展开，这个循环必须完成。因此，如果我们看到了儿童的任何具有智慧的行为，即便对我们来说，看起来很荒唐，或者并未遵循我们的期待（当然只要不会危及生命和四肢），我们也不要去干预，因为儿童必须完成他行动的循环。这个年龄的儿童呈现出实施这一行动循环的许多有趣的形式；

有人会看到不到 2 岁的儿童拿着远超他的力量的大大的重物，并没有特别的原因。在我一个朋友的家里，有许多重的脚凳，有个 1 岁半的儿童花了巨大的力气将所有这些脚凳从房间的一角搬到另一角。孩子们会帮忙摆桌子，把大块的面包放在面前，抱着面包他们甚至都看不到自己的脚。但他们会持续做这些行为，将东西搬到这又搬到那，直到他们累了。成人的反应通常是同情孩子所付出的努力，他们过去帮忙，并帮助儿童把重物拿走，但心理学家们认为这种所谓的“帮助”，其实阻碍了儿童所选择的行为的循环，对他的年龄来说，这是一种巨大的压抑。许多“困难”儿童的偏离都可以追溯到这个行动的循环被打破的阶段。另一个努力是爬台阶，对我们来说爬上一个困难的台阶就是目标，但对儿童来说并不是如此。他并不满足于爬完台阶，他需要返回到起点，完成整个循环，他们还会反复做很多次。我们在儿童游乐场所看到的木质的、混凝土所做的滑梯，为儿童这些活动提供了机会，对儿童而言，重要的并不是滑下来，重要的是爬上去的喜悦，努力的喜悦。

要找到不打岔的人是如此困难，以至于所有的心理学家都要求可以为儿童提供不间断地工作的地方，因此一所面向儿童的学校非常重要，而最重要的就是那些面向 1 岁半儿童的学校。在这些学校里，准备了所有种类的事物：建在树上的小房子，有楼梯可以爬上爬下。这个小房子并不是为了居住或休息，只是为儿童提供了一个可以向上或向下爬的点：努力是目的，但房子提供了乐趣的中心。根据我们自己的素材，我们注意到：如果儿童想搬东西，他总是选择棕色楼梯或圆柱积木，因为它们很重。同样的，在儿童身上很明显的攀爬本能，仅仅是把自己向上拉的一种努力，他会在环境中寻找困难的东西来攀爬，比如椅子。但爬楼梯却是一种极大的乐趣，因为儿童有向上爬的倾向。我曾经看到一名儿童从一栋房子的一层爬到另一层，台阶很陡，有儿童半人高，他只能用双手支撑着爬上去，再使出浑身的力气将双腿绕上去，但他持续不停地爬到了顶端，45 步。然后他回头看了看自己取得了什么成就，失去了平衡，头朝下摔下了楼梯，幸好地上铺了厚厚的地毯，当他走到最后一个台阶，又走到最底端的时候，他面朝房间里。我们以为他会哭，但他却笑了，好像在说：爬上去真艰难，下来真容易，这就是我想要的！

有时这些努力是注意力和动作的良好协调的努力，而不仅仅是力量的努力。我认识的一名 1 岁半的儿童，可以在房间里自由行走，他来到了一个有 12 块大餐巾的储藏室，这些餐巾已经上浆熨好了，等着收拾。这名儿童双手捧起最上面的那块，高兴地看到它从那堆餐中上面掉下来。他沿着走廊把它放在最远角落的地板上。做完之后，他又折回来拿另一块，放到了同样的位置，12 块餐巾，他重复做着同样的事，每次拿一块，嘴上说着“一个”。把它们都放到角落之后，从我们的角度看，这项工作已经完成了，但是并没有！当最后一块放到角落之后，他又从那里开始，将所有的餐巾以同样的方式拿了回来，同时说着“一个”，每次都把它们放在他进来看到它们的地方。儿童在整个过程中所表现出来的专注和紧张的神情令人惊奇，当他终于离开去处理他自己的事情时，他脸上露出了愉快的表情。

这些行动循环的事例在他们自身并没有外在的目的，但是这个儿童正在做的练习，可以让他自己的动作很好地协调起来，他还做了些什么呢？他自己准备好可以模仿的一些事。在这些练习中肯定有一个目的，但这个目的并不是真正的目标；他们遵从内心的驱动。当他自己准备好时，就可以模仿了，环境提供了灵感。当他看到地板上的灰尘或面包的制作已经完成时，他就会有灵感去做同样的事情。

行走和探索

让我们来看看 2 岁的儿童对行走的需求，这方面内容是多数心理学家没有考虑到的。儿童表现出行走的倾向是很自然的，他是在为成人做准备，人类所有的基本能力都在建构中。2 岁的儿童可以走一英里或两英里，如果他想要攀爬，也能做得更好。在行走中困难的地方是那些兴趣点。我们必须意识到对儿童来说行走意味着什么；这和我们的观点是不一样的。我们认为他不能走远是因为我们希望他按照我们的速度去行走。这就像我们把自己拴在一匹马上，当我们累了要跟上它的时候，它会说“没关系，到我后背上来吧，我们一起到那里去”。而儿童并不想“到那儿”，他想要行走，但他的腿和我们的不成比例，和他自己的身体也不成比例，因此我们不应该让儿童跟随我们，应该是我们跟随儿童。“跟着孩子走”的必要性在这里得到了明确的体现，但我们必须记住，这是所有领域，所有儿童教育的准则。儿童有他自己的成长规律，如果我们想要帮助他成长，我们必须跟随他，而不是将我们自己强加在他身上。儿童在行走中使用双腿的同时也在使用他的眼睛，是环境中有趣的事情让他走下去。他行走的过程中看到了一只小羊在吃东西，他很感兴趣，就坐在小羊旁边看；之后他起身继续走，他看到了一朵花，就坐在花的边上闻了闻；之后他看到了一棵树，他走上前，绕着这棵树转，四圈或五圈之后坐下来看它。以这种方式，他走了几英里，他们的行走中充满了休息的时间，同时又充满了有趣的信息。如果路上有像巨石一样困难的东西，那也是他幸福的高度。水是另一个具有吸引力的东西。有时他会开心地坐下来，说“水”，而你所能看到的只是细小的水流，一滴一滴地往下流。因此，儿童概念中的行走和照顾他的护士的概念是不一样的，护士只想尽快地到达某个点。她将儿童带到公园行走，或者放在婴儿车里所谓的“透气”，却把罩子放下来，儿童几乎看不到什么东西。

儿童的习惯就像地球上原始部落的习惯一样。他们不会说“让我们去巴黎”，因为他们的认知中，巴黎并不存在，他们也不会说“让我们乘坐火车去……”，他们的认知也不存在火车。因此他们的兴趣就是去行走，直到他们发现有趣的、吸引他们的东西，一个可以提供木材的森林，一个可以播种庄稼的地方，等等。这就是儿童前进的方式，这是一种自然的方式。在环境中移动的本能，从一种具有吸引力的事物到另一种具有吸引力的事物，形成了自然本身和教育的一部分。教育应当将行走的人看作探险家。这是童子军的原则，现在已经得到了从教育中解脱出来的放松，但这应当是教育的一部分，并且在生活中更早的时候就开始了。所有儿童都应该以这样的方式行走，受到吸引力的引导；教育也可以通过这种方式帮助儿童，在学校里给儿童这些准备，比如，介绍给儿童不同树叶的颜色、形状、结构，昆虫和其他动物的习惯等。当儿童外出时，所有这些都可以为他们提供兴趣点。他学习得越多，走得就越多。他应该探索，这意味着要受到我们必须给予的知识、兴趣的引导。富有智慧的兴趣引导人行走并四处走动。

行走是一种完全的锻炼，并不需要额外的体育运动。他能够更好地呼吸、消化，并拥有我们对运动所需求的所有的点。通过行走，身材更好，如果你发现有趣的东西想要去捡起来并分类，或要挖一个洞，或要拣些树枝生火，这些伴随着走路的行为既拉伸了胳膊，又弯曲了身体，你的整体都得到了锻炼。当一个人研究得越多，就会有更多的兴趣呼唤他，他的知识、兴趣增加了他的身体活动。如果儿童能够跟随这些兴趣，他会发现他从不知道的东西，他的知识、兴趣也增长了。教育的路径需要跟随进化的路径；四处行走可以让人看到更多的东西，因此儿童的生命应当不断得到拓展。

这必须成为教育的一部分，特别是今天，人们不走路，都是坐车，有瘫痪和懒惰的倾向。将生命分成两半，通过运动活动四肢，通过读书运动头部，这是不好的；生命必须是一个整体，尤其是早期阶段，儿童必须跟随发展的计划和规律建构他自己。

第十七章

从无意识创造到有意识工作

我们一直在研究儿童发展的一部分，并将其与胚胎部分进行比较。这种类型的发展一直持续到 3 岁。它充满了事件，因为这是一个创造性的时期。然而，尽管这是一个发生最多事件的时期，它仍然可能被称为生命中被遗忘的时期。就好像大自然做了一个分割线，在这一半什么事都记不住，在另一半，记忆开始了。被遗忘的时期是生命中的心理胚胎期，可以比作出生前没有任何人记得的生理胚胎期。

在这个心理胚胎期，有许多各自独立的发展，比如语言、胳膊的运动、双腿的运动等，也有一些感官的发展，就像眼睛的发展，这些并不需要肌肉。就像最初的生理胚胎期，器官逐个形成，各自独立，同样在这个心理胚胎期，各项功能也是独立发展，我们也什么都不记得。这是因为人格还未形成整体。所有事物都在发展，一个接着一个，还没有统一，这些可以在完整的整体中出现。

达到 3 岁时，仿佛生命又重新开始了，因为那时意识的生命就开始了，完整而清晰。这两个阶段——无意识的心理胚胎期和之后意识发展起来的时期就好像被一个非常清晰的分割线分离了。意识的记忆功能在前一阶段并没有发展，只有当意识出现后，人格完整了，才出现了记忆。

从心理学角度讲，3 岁前是建构和创造的阶段（就像出生前的生理胚胎期），3 岁之后这些创造好的功能得到发展。这条边界线被比作希腊神话中的遗忘之河。当然，要记住 3 岁以前发生了什么是很困难的，2 岁以前就更困难了。精神分析学试图用各种方法把个体的意识带回它自己的历史，带到最初阶段，但是没有一个个体能正常而可靠地记住比 3 岁更早的时间。这很神奇，因为在前一个阶段所有事物从无到有被创造出来，而完成这些的个体却无法回忆出任何相关信息，甚至连创造的产物本身，这个成人也都没有相关的记忆。

这个潜意识和无意识的创造物——被遗忘的儿童——似乎从人的记忆中被抹掉，这个 3 岁来到我们身边的儿童似乎是一个很难以理解的个体。我们与他之间的沟通好像被大自然夺走了，所以我们要么去了解这个阶段本身，要么就要去理解自然本身。

如果我们不考虑发展的自然法则，如果儿童采取了一种背离其早期阶段的生活方式，成人就必须了解之前的生命，否则成人可能会有破坏自然原本造就的生活的危险。如果这样发展，人类因为社会的发展或文明的方式而放弃生命的自然路径，或将面临巨大的危险，因为天然的供给被取走了。文明的发展对人类仅仅是生理的保护，并没有保护到人类的心理部分，儿童觉得他自己就像在监狱里一样。如果文明没有被给予关于精神发展的自然规律的必要光线，儿童很可能生活在一个充满正常表达障碍的环境中。必须记住的是，在这段时间里，儿童完全是由成人照顾的，因为他还不能养活自己，我们成人如果不是受到自然或科学的智慧的启迪，将会给儿童的生命带来最大的阻碍。

在这一阶段之后，儿童已经获得了某些特殊的能力，这些能力使他能够为自己辩护，因为他可以为自己说话。如果他感到大人的压迫，他可以逃跑或发脾气。然而，儿童的目的不是保护自己，而是征服环境，并在环境中获得发展。在这个后期阶段，他必须通过在环境中锻炼来发展，但是他到底必须发展什么呢？是他在前一时期所创造的。所以从3岁到6岁这段时间是一个有意识建构的时期，儿童有意识地从环境中吸收。他已经忘记了3岁前的事情和事件，但是，利用他当时创造的能力，他现在可以记得了。他所创造的力量是由儿童在环境中有意识地的体验带来的。这些体验不仅仅是游戏，也不是偶然的，它们是由工作有意识地带来的。例如，手在智慧的指引下做着某种工作。如果在第一阶段，儿童是一种沉思的精神存在，以明显的被动状态观察环境，然后从环境中获取他构建所需的东西，也就是说，在第二阶段，他就会跟随他自己的意愿，构建他存在的元素。最初就好像是外在的压力引导他，现在是儿童内在的自我引导他，显示了手部的活动。这就好像这个以前通过他无意识的智慧接受着这个世界，现在他用他自己的双手把握了这个世界。因此有了另一种发展：完善之前的所得。比如语言的发展会自发地持续到4岁半，但我们已经看到，在2岁半的时候，语言的所有细节都已经完成了。现在他获得了充实和完美。

然而，虽然这是一个完美的时期，儿童仍然保留了胚胎的能力，吸收心灵而不疲劳。心灵的吸收一直在持续，但现在他的手和他的经验帮助他进一步发展和丰富他的所获。双手成为智慧的直接理解器官，因此儿童之前只能吸收世界，现在仅仅通过走出去，就可以发展他的智慧，他现在需要通过手的工作进一步发展，心理的发展也是如此。他的生存不仅仅因为他有生命，同样还需要学会表达他工作的环境。如果我们观察一位处于这个年龄的儿童，就会发现他乐于使用他的双手不停地工作，令他非常开心。这被称作“游戏的幸福时代”！成人都注意到了这一点，尽管到最近才有相关的科学研究。在欧洲和美国，文明发展的趋势已经将人类远离自然，社会为儿童的活动提供了众多的玩具，但儿童仅仅被给予众多无用的玩具，而不是创造智慧的方法。在这个年龄,他有想要触摸所有东西的趋势，成人会允许他触摸一些东西，其他东西禁止。他们能够真正让儿童触摸的只有沙子，全世界的儿童都可以玩沙子。在没有沙子的地方，富有同情心的人会把沙子带给富家子弟。如果没有沙子或者只有一点点，可以用水，但不会太多，因为儿童会弄湿，水和沙子都会弄脏，大人还要清洗。

玩具和现实

当儿童玩腻了沙子，就会得到大人所使用的东西的仿真玩具：玩具厨房、玩具房子、玩具钢琴等，但这些东西的形式对儿童来说毫无用处。成人说“儿童想要它们，他们看到我们工作，所以他们想要做相同的事”。但他们给儿童工作的东西是毫无用处的，仿真水果是石头水果，儿童并不能去准备果盘或吃它们。这是无稽之谈。儿童是孤独的，所以大人给了儿童像人类的玩具——洋娃娃。这些洋娃娃比爸爸和妈妈更真实，它们可以有各种各样的礼物，如衣服、珠宝，等等。我们知道儿童到 4 岁半的时候，语言已经完善了，但此时他能够自由对话的却只有他的玩偶，而玩偶却不能回答他。

在西方，玩具变得如此重要，以至于人们认为玩具可以帮助智慧的发展。当然有比没有要好，但如果我们观察儿童，就会发现他总是会要新玩具，他会破坏玩具，变得紧张，会有抱怨。那些研究儿童表面的人会说，他破坏玩具，看起来是从破坏和毁坏事物中获得快感。但这是一种人为培养出来的性格，是由于环境剥夺了儿童应有的东西，他甚至不能安静地与玩具待在一起，或者不能待几分钟。护士会将玩具放在婴儿车里，带儿童出去的时候会带着它们一起。当他们到达公园的时候，儿童对这些玩具通常并不感兴趣。他们经常会不高兴地看一眼这些玩具，就把它们推到了地上。那些研究现象而不研究起因的心理学家们会说儿童有破坏的本能，他们会从另一些表面的观察发现儿童并不能将注意力集中在这些玩具上。这两种对儿童的批评都是正确的，但都是表面的，对这些行为的起因他们并没有研究。真正的问题是儿童对这些事物并不感兴趣，它们都不具有真实性。正是大人的误解导致了儿童在这种生活中缺乏关注；这些无用的生活，是仿真、虚假的生活而不是真正的生活。儿童并不能锻炼自然所给予他的能量，从而完善他自己，长此以往他们的能量被浪费了，甚至比浪费还糟糕。因此，这就导致了儿童不能正常的发展，他在充满玩具的环境里待得越久，他越难适应真正的环境，而他的性格也逐渐扭曲。此时此地，他在认真而有意识地试图通过模仿他的长辈们来完善自己。他的意识是在生活的经历中发展起来的，如果这些是他所不能被满足的，他当然是畸形的。

在那些并不发达的国家，这些玩具文明还没拓展开，你会发现这些儿童与西方国家的儿童很不一样。他们会更冷静、健康、热情。他们会从自己身边所看到的活动中受到激发。他们都是普通人，会使用成人所使用的工具。当母亲盥洗或做面包或做糕饼时，儿童也跟着做，只要有合适的东西。这就像模仿，但这是智慧的、有选择的模仿，儿童能在他周围的人身上找到真正的灵感；他正在为他所生活的环境做准备。

在早期发展中明显有两个阶段。

第一个阶段：0 ~ 3 岁，儿童吸收环境。

第二个阶段：3 ~ 6 岁，儿童通过双手的工作认识环境。

这一事实毋庸置疑，儿童做事情必须有自己的目的。就像最近在西方，玩具是按孩子的比例制作的，这样他就能像成人一样活跃，儿童就会改变他的性格，变得平静、安详和专心。这显示出儿童几乎不是为了玩，但是智力上是活跃的。然而，这些活动的开展是为了满足儿童的心理需求，而不是满足环境的需求。这种活动从表面上是为了满足模仿的本能，事实上不止这些。有人发现儿童并不会使用那些不常在他环境中出现的东西。为什么呢？因为儿童的工作是为了建构适应他自己环境的个体。

一旦这被理解了，我们就不会说让孩子玩沙子，也不会说模仿是儿童性格建构的必要，就好像把儿童当作猴子看待。这种模仿只是一种学习环境中的东西的手段，而大自然希望儿童在实现特殊事物的过程中获得快乐。如今的新趋势不是给儿童玩具，而是为他们提供一个充满事物的环境，在这个环境中，他们可以像他们种族和社区的成人一样做同样的事情。为了满足活动的动机，我们为儿童提供与他们的力量和身体成比例的物体；因为我们通常在家或在土地上工作，所以儿童有自己的家和自己的土地是很有必要的。不仅要为儿童准备玩具，还要准备房子；不是给儿童准备玩具，而是要给他们提供可以带着工具开展工作的土地；不是为儿童准备玩具，而是为他创建一个有其他儿童的社会生活；在这个环境里，儿童不只是坐在椅子上一动不动地看教师表演，他自己也表演；在这个环境里，他可以表演、交流，并找到智慧、创造性的活动所需要的所有的工具。所有这些取代了过去的玩具。

当这个现在正占据公众想象力的想法第一次被表达出来时，引起了人们的震惊。美国著名教育家杜威教授被这一观点所说服，开始寻找与儿童比例相称的物体。他自己尽管是一位大学教授，也在纽约的所有商店里寻找着小扫帚、椅子、桌子、盘子等。他什么都没找到，甚至都没发现人们有制造它们的想法。那里有数不清的各种玩具，但都是些小尺寸的房子、马车，都是家具，儿童都用不到。然而这些成倍增长的玩具只做一件事。玩具从非常小的尺寸一直增长，直到跟儿童差不多大，随着玩具的增大，玩具身上的东西也在增大，它们变得越来越大，但从未达到足以让儿童真正使用的程度。儿童几乎要被满足了，但这个门还未关上。成人为了让他开心，花了很多钱，但最终给儿童的都还只是昂贵的玩具。我们说“将所有这些东西做得大一些，这样儿童能够根据他们的需要使用它们”。于是我们迈出了新的一步，一个新世界的曙光出现了；儿童可以有真实的房子和实物使用，以完善前三年的准备工作。一旦结果被看到，这些物品就会被到处制造，一种新的工业和新的财富来源就产生了。

杜威教授很确定，在纽约他可以找到他正在寻找的东西，但他到处找不到,他说“儿童被遗忘了”,我说“这就是一个发现”！然而,哎，儿童在其他方面也被遗忘了。儿童是一个被遗忘的公民，生活在一个万物皆有，唯独他自己除外的世界里；成人提供给他的只有玩具、沙子。他漫无目的地游荡着，发脾气地哭着，破坏别人给他的玩具，只是在寻找能够满足他心灵的东西。而站在他面前的成人并不能看到这个儿童的真正状态。

一旦这种障碍被打破，虚幻的面纱被撕开，一旦儿童获得了真实的东西，我们就期待着幸福，随时准备与这些东西互动，但这并不是唯一发生的事情。我们发现儿童显示出完全不同的个性。第一个结果是独立的行为，就好像他在说“我想要自我满足，不要你的援助”。这是自由的儿童所给予的启示之一。儿童在玩玩具时，并不会因为得到更大的玩具而感到更富有，他变成了一个追求独立的人。所有他身边的人，护士、母亲、教师，对此都很惊讶。他拒绝帮助，想要独自一人。没有人想象得到他的第一个行为竟然是拒绝帮助，在他工作的时候，护士和母亲都只能是观察者。

这种环境不仅是按比例建造的，而且他还成了其中的主人。社会生活和性格的发展是同步发生的。我们的目标不是让儿童获得幸福，而是让他成为人类的缔造者、功能独立的人、环境的创造者和主人。

这是个体意识生活的开端所照耀出来的光。

第十八章

新　教　师

乡村教育所面临的问题，这样的工作开始的原始环境可能与我开始工作时发生的事情相似，会让所有人都感到非常惊讶。我相信，如果不是某些特定的环境，我们有幸目睹的这些事实是不会发生的。世界上的其他人也不会注意到它们，因为，比如说，如果杜威教授在纽约找到了他所寻找的那些东西，能够为儿童的活动创建一个小房子，那么什么都不会发生，就像在那些捐赠丰厚的学校里，什么都没有发生。如果物品都很充足，那么什么都不会发生。重要的不仅仅是缺少物品，还有一些特定的东西阻碍了儿童真正的个性发展。我们无法预计会发生什么，因为儿童所需要的是自由而不是财富，而那样的自由除非我们真正经历了，否则是无法理解的。若不是在我的实验中创造了必要的情境，那么没有人能够看到这些。它们是：

（1）极度贫困和极度困苦的社会情境。

我们工作的群体不是劳动阶级，他们比我这里的儿童的父母更富有。这种极端贫困是一种有利情境。极端贫困家庭的儿童可能会缺少食物，但他会生活在自然的情境中。既然我们已经知道儿童的发展主要由自然法则引导，我们就会发现那些更多生活在自然环境中的儿童，比那些生活在富裕的、人造的环境中的儿童，有更多的机会去展示他的内在财富。

（2）这些儿童的父母不识字，因此不能在学习方面给他们的孩子以帮助。

（3）这些教师并不是教师。

如果他们是真正的教师，就不一定能得到这些结果了。在美国，他们从来没有如此成功，因为他们寻找的是最好的教师。什么样的教师是好教师呢？这意味着这个人已经学习了所有对儿童没有帮助的内容，这样的教师对儿童充满偏见和固有观念，这些会阻碍儿童的自由。就像在案例中，一个“好”护士认为她应该帮助儿童做所有事，因此这些教师认为他们必须帮助儿童的心智发展。正是这种教育，这种教师的定位，阻碍了儿童的发展。

谁会想到采用上述的三种情境，却保障了实验的顺利完成呢？一般情况下想到的都会是提供相反的情境。

我们取得的巨大成功是在印度类似尝试和实验的良好预兆，因为人们抱怨的一个问题是缺乏优秀的教师。我们要善于使用普通人。在印度的村庄，父母也可能是文盲，对儿童来说反而更好。至于贫困，它是公认的发展精神品质的首要条件。我们很难让所有人都放弃他们的财富，这可能行不通，但所有国家的宗教领袖都放弃了世界，寻求贫困。我们不需要推崇贫穷，但也不应使我们害怕，因为如果我们接受贫穷，这是我们所能找到的精神发展的最有利条件。如果我们想要开展为儿童提供自由的实验，贫困地区是最好的。如果想要简单的试验，确保成功，那就应在贫困儿童中进行。我们将为他们提供物品以及他们从未拥有的环境。科学创造的物品提供给什么都没有的儿童，将会唤起他们强烈的兴趣，让他们精神集中和冥想。42 年前这一事实引起了巨大的震惊。3 岁儿童的专注力从来没有被发现过，但它却是一个基本因素，因为它意味着紧紧抓住环境，一个项目、一个项目地探索，并关注每一个项目。在通常不满意的情境中，孩子的注意力会从一样转移到另一样，不会专注于任何东西，但这并不是他的特性，因为这是不满意的环境强加给他的。

同样，在 3 岁儿童体内，那位激发他工作的神奇的教师仍然在激励他，当我们提到一个自由的儿童（内在自由），我们所说的是儿童能够自由地遵循他内在的天性指引。这些引导是非常智慧的，引导儿童寻求精确的、所有的成就。遵循自然指引的儿童能够关注到所有的细节（比如掸去桌子的表面、边上、底端以及所有的细槽里的灰尘）。这是我们所想要的成功的教育。但所有的教师希望的，是儿童能够将全部的注意力都关注到教师所做的，因此儿童才能够精确地执行相应的指导，并能够完整地完成。这是任意一位教师所能想到的实现成功的最大可能。但当儿童自由时，他们天性的行为给我们的启示是相当令人震惊的。儿童在没有教师的干扰下，有充分的自由时，能够全神贯注地、完整地完成工作。在 3 岁的年龄段，他并不会接受别人的东西，因为他正在自我建构。许多教师都倾向于在儿童面前放置很多东西，不断地打扰他、指导他，而不是让这些儿童自己去锻炼。因此，遵循自然的引导、通过自己的工作发展的 3 岁儿童，并不是以教师的教育这样的方式发展。而且，教师的目标是成功（这里的成功是指儿童做教师认为重要的事，服从他 / 她），并认为儿童应该从易到难，从简单到复杂，逐步发展，如果儿童从难到简单，或跨大步，这样的情况下教师就不会帮助儿童，而多数教师都会这样，因为他们就是这样被训练的。这样，教师和儿童之间就会有不可避免的冲突。这些教师的另一个偏见是关于疲劳的。如果儿童对一件事感兴趣，他会一直持续做，不会感到疲劳。然而教师会让他隔几分钟停歇一下，去“休息”，教师认为会感到疲劳。就像体育活动的完整周期会给幼小的儿童增加力量，同样，对于年长一点的儿童来说，心理活动也是如此。

这些偏见在受过普通培训院校训练的教师中根深蒂固，要想消除它们，太难了。没有一种心理的新观点能够消除他们。社会中同样也有类似的偏见，只有血腥的革命才会对此有所改变。现在的多数学院仍然都持有这样的偏见，认为静心设计的教学计划都应该每隔 45 分钟或半个小时休息，而且休息是必须的。这导致受教育的人群都是被一样地对待，会产生极度的冷漠。兴趣和热情能产生有价值的东西，而这些东西会自动被扼杀。现代教育学是以一种肤浅而错误的观点来看待事物的，因为它没有注意到内在生命。对心理活动的引导完全被忽视了。而且教育世界（或者它所引导的）所遵循的是人类逻辑，然而人类逻辑是一回事，自然逻辑又是另一回事。人类逻辑认为我们必须将心理活动和体育活动区分开，思维工作的时候，我们必须安静地坐在教室里，而体育活动时心理功能都是不需要的。这将儿童分成了两半。当他思考时，他不会用到他的双手，而他使用双手工作时，大脑是不参与的。这样就会出现有时是有头没有身体，有时又是有身体没有头的状态。对于教师来说，这些造成了多种问题和困扰。但大自然显示儿童并不能在没有双手劳动的情况下思考，双手是智慧的器官。物品必须使用到双手并且唤起思维的兴趣。我们的经验告诉我，当儿童思考时，他一直在活动。的确，伟人往往会在散步、沉思时给我们留下他们的思想。从事哲学研究的人会怎么做？他们会去修道院，独自在树下散步数小时，冥想。在 3 岁到 6 岁的阶段，我们已经清楚地发现，动作和思维是相伴而生的；然而，许多人认为，让儿童在学校里学习并不停地走动是不可能的。

由此我们可以认识到，一个准备充分的教师（在通常意义上）是孩子最糟糕的教师。在我们的教学方法中，最大的努力就是试着让教师从他或她可能拥有的偏见中解放出来，而最大的成功也是让教师把自己从这些偏见中解放出来。因此，如果教育的量很大，而教师的数量短缺，我们所能说的是“谢天谢地！”这是最好的情境之一。

在普通百姓中找到的新教师必须懂得某些基本知识，然而这些并不难。在我的第一个实验中，我让“教师”（公寓看门人的女儿）拿一些东西，以某种方式呈现给儿童，然后让儿童单独和它们在一起，不要干预。尽管她没有受过教育，她却能做到这一点。一个羽翼丰满的教师可能做不到这一点。首先，他可能会认为这低于他的智力，而且，即使他这么做了，他也不会这么简单地做到。他会对课堂上的解释展开冗长的攻击，而任何超出必要和充分的解释都会导致注意力分散和混乱。我那没受过教育的教师完全按照教师说的去做了，令她和我都感到惊讶的是，儿童不断地摆弄这些物品，并取得了惊人的效果，她非常惊讶，以为是天使或一些神灵在工作。她没教儿童怎么写字，儿童却一窝蜂地开始写作，当访问者过来问这些儿童“是谁教你们写字的”，她会敬畏地补充一句“不是我教他们写字的”。她会来问我，有点震惊地说“夫人，这个儿童昨天两点开始写字的!”她不明白他怎么能在两点钟的时候写字，怎么能用漂亮的笔迹写出完美的句子，而他以前从未写过任何东西，甚至到一点的时候还没写过。我们给他们的是草书，我们考虑是不是给他们印刷体的字母，他们可能会阅读得更容易，但在我们准备好这些字母之前，儿童已经在阅读了，不需要它们了。现在，42 年过去了，我们知道了这些爆发期的发生，也能理解它们发生的原因。然而这些事件是在我们理解它们产生的原因之前出现的。现在我们知道，儿童天生具有从环境中汲取知识的吸收能力，因此，如果适当地准备和介绍文化，就可以轻而易举地把它当作母语。唯一需要做的就是建构一种素材，科学精确地让儿童可以掌握。之后，很多文化项目可以追溯到 3 岁到 6 岁的阶段。

经验显示，教师应当做得越来越少，因此那些训练这些教师的人员的任务就很简单。只需告诉他们“什么都不要做，仅仅需要为儿童准备好，他们自己会做”。这将一个伟大的真理变成事实——“舍己能够带来真理”。我们的任务就是教这些教师什么情况下也不需要干预。我们将这部分工作称作“不干预的方法”。教师必须衡量什么是需要做的，什么是被限制做的，就像一位服务员为顾客准备喝的，他会让顾客自己完成相应的事情，比如喝掉它。他不会强迫顾客去喝，这不是他的业务。他的工作只是准备。这也是教师应当为儿童所做的。

让教师跟随好的服务员去学习，可能会比较好，这样他们会学会谦恭；他们便不会强迫儿童，能够一直比较谨慎地为儿童准备好一切，放在儿童周围，让他自己去做。

负责管理这个年龄段儿童的人应当为儿童的心理需求服务。并不需要太科学地理解。如果我们对一位母亲说“将 1 岁的婴儿一直带在身上，这样他就能看到这个世界，将他带到人们交流的地方，这样他就能听到自己的母语”,这位母亲能够理解,教师也能很容易地去解释。同样，教师也要能告诉母亲，当儿童足够大，已经可以自己走路的时候，就不要再抱着他了，如果儿童自己想拿重物，不要担心，放心让他自己拿。在没有偏见的情况下，所有这些都是非常容易理解的。

想要理解这些行为背后的心理原因可能会有点难，但实践本身并不难理解，就像将种子放进土里，照料植物成长，这些并不需要像在大学里学习蔬菜生物学。我们必须区分自然的实践，和人类围绕这种实践建立起来的科学。实践是简单的。一切了不起的成绩总是来自儿童自主的精力消耗，而这种精力在普通学校里通常是受到阻碍的。

让我们来看看父母是文盲的情况，文盲会带来其他的忽视情境，因此当儿童回到家，展示他如何自己洗手时，他的母亲会想：“他多聪明啊！”儿童会感觉受到了鼓舞。如果儿童的父母都不会写字，当他写下第一个单词时，他们羡慕的状态也会给儿童鼓舞，然而那些富裕家庭的父母可能会说：“哦！啊！是的！但是，他们在学校里教你绘画了吗？”儿童会萎靡并失去兴趣。或者，如果儿童在擦拭灰尘，那些身处较高阶级的母亲会扼杀儿童的乐趣，因为她会说这是清洁工的工作，她送儿童去学校不是学这个的。或者如果他学了数学，她会担心儿童的脑袋会发烧，并希望他停止相应的工作。因此，儿童要么形成自卑情结，要么形成优越情结，因为他认为他没必要做某些事情。真正的问题在于那些受过教育、有教养的父母，如果他们自己是教育者，那就更糟糕了，因为他们会认为自己对教育了如指掌。

一个社会问题的解决

因此，我们所认为对实验较差的情境，恰恰是好的情境。成功并不会对儿童设限，但是会影响父母。在我的第一个“儿童之家”的实验中，当她们开始真实生活的实践锻炼时，她们对细节非常感兴趣，她们会回家告诉他们的妈妈，不能将她们的裙子弄脏，也不能泼水。“你是这样做的”，因此母亲们会细心打理她们的裙子和容貌。这显示了儿童对环境的感染力。可能也只有儿童才会引导那些文盲群体进行自我教育。我第一个“儿童之家”的父母来找我学习如何阅读和写字，因为他们的孩子已经会了。与这个年龄段的儿童打交道，就好像手握影响社会生活的魔法棒。首先是儿童自身的变化令人惊叹；其次是令人感动的奇迹（它激发了情绪），儿童能够比人们所期望的做得更多，这在成年人的心灵上引起了一种对儿童心灵的敬畏，因此这实现了一种转变和成人的教育。

如果一个人设想一个大规模的社会改革，并按照旧的方法计划，那么他必须制订一个持续多年的计划（“萨金特计划”为期 40 年）。

如果一个人想要让全世界所有这些有心理偏见的教师做好准备，我们可以预计要持续多长时间才能够将他们训练好。这些教师从儿童 7 岁开始教育他们，此时的儿童已经度过了敏感期，面对这种沉重的负担（这些儿童不再具备小孩子对同样事情天生的热情），他们一再强迫，而儿童也感觉越来越无聊。这个儿童之前至少还有一点自由，现在发现他自己一直被教师压迫着，告诉他做这个、做那个，还有其他的。这将需要四十年、八十年、一百年、或许两个世纪才能完成这项工作。相反，如果我们认为这些心理事实是很容易去实践的，那么事情就不会这么难，因为我们依赖并使用自然的力量，这些力量一直存在。我们只需要理解不同年龄段的儿童，实践就会完成了。例如，小孩子的记忆力比大孩子的好，这样的事实使事情变得相当简单。

我们发现儿童比使用以前的方法学得更好，整个教育都向下移，从 8 岁到 4 岁。因此，这么多年都节省下来了，在这个年龄段的人具有吸收知识的头脑和敏感，这意味着他们对所有事情都充满兴趣和热情，继续下去的愿望是存在的，不需要强制教育。

教师做什么呢？当儿童这么做的时候，他需要持续很长的时间陪着儿童一起工作，但却以一种非常不同的方式。一旦教师以这种状态成为一名好教师，他是开心的。有一次，一位美国的记者去看望他的表姐，一位蒙台梭利教师，发现她躺在躺椅上，以为她在度假。她让他保持安静，不要打扰到孩子们。他没看到或听到任何一个儿童的声音，通过窗户看过去，他发现他们都在开心地工作，没有一点噪音。通过这种方式教育儿童，将会非常有效，即便教师迟到或离开都没有关系。以这种方式进行大规模改革的可能性要快得多，也容易得多。

在我的第一个实验中，我曾经会每周给这些教师一些指导，十个月之后，有了写字的热潮。今天我们的观察并不能让我们了解这些奇迹是如何发生的，当它们出现时，我们并不知道原因，也不需要知道。如果我们将植物种进泥土里，我们必须知道需要多少土、多少水，之后经常浇水。之后某一天，我们会看到它开花。我们并不需要知道花的解剖结构或土壤的酸度等。我们只需要耐心地等待，静待花开。因此对于儿童的教育而言，所需要的只是简单而善良的成人。

在所有儿童以简单而自然的方式生活的国家，也就是所谓的落后国家，教育似乎是最大的问题，然而我们早期实验的伟大奇迹将很容易重复，一个重大而紧迫的问题将得到解决。简单的教师可能比其他人更好，所有这些儿童将领导世界上的其他人。那些已经受到这项工作吸引的人，一定不要害怕这项任务：必须牢记的是，困难的不是我们所给出的理论，而是在这些理论发展起来，那些最初的实验设想。

第十九章

基于文化和想象力的创造

3 岁到 6 岁的阶段是最有趣的，这个阶段紧跟在心理胚胎期之后（0 ~ 3 岁）。这两个阶段之间并没有明显的断裂。通常人们只考虑一个阶段，即 0 ~ 6 岁的阶段，但它确实被分成了两个部分。第一阶段与精神生活的创造相关，第二阶段是一个完美或固定的阶段。在第一阶段发展出的特定的功能已经形成了。同样在第一阶段有无意识的部分，而第二阶段是意识引导发展。因此，这并不只是一个固定的阶段，更是一个趋于完美的阶段。我们不再有婴儿，而是一个不断完善他自己的人。第二阶段显示了一种特殊形式的活动，因为意识依赖于对世界的掌握，在这种掌握和征服中，之前不清晰的变得清晰而完美。儿童不只是从环境中吸收，还意识到他自己。在这个阶段，有意识的个体自发建构起来了。这同样也是个创造的阶段，来自成人心理上的外部影响,试图强压或直接转移到儿童身上。因此，儿童不能以世界上平常的方式被教师教育，而应当遵循自然的基础。这个年龄段的发展的自然法则要求儿童能够在环境中使用双手，不仅在文化方面，同时也在其他方面。这是从虚无到生命的过渡。直至最近这才被知晓，之前孩子的整个精神生活都被埋葬在人类对他的冷漠之下。现在那些不知道它的人突然知道了。

最先引起公众注意儿童精神生活的是书写的爆发。不仅仅是书写的爆发，书写就像是从管道中喷出的烟，真正爆发的是儿童内在的自己。真正的爆发被比作一座坚固耸立的，看起来没什么不同的山，但其中却隐藏着火。某一天，它爆发了，火喷了出来。这些爆发出来的火、烟以及其他不知道的物质，经过一些人的研究，能够告诉我们地球到底包含了一些什么。我们这些爆发是相似的，它发生的原因，正如我前面章节中所揭示的，显然是最不利于展示出来的。这些展示也是基于许多“不存在”的基础上。贫穷和忽视、缺乏合适的教师、制度和规则都是最基本的“不存在”。我们发现正因为什么都没有，心灵才能自己膨胀。那些障碍被移出了，但（那时候）没有人知道什么是障碍。这很好理解，因为在儿童身上蕴藏着一种巨大的能量，一种潜在的宇宙能量。对于我们来说，知晓这一点非常重要，因为如果我们知道存在这样的能量，我们就会等它自己发光，于是我们就在成功的路上了。并不是教育的方法导致了这些爆发，因为当这些爆发的时候，并不存在什么方法。后续的心理学以及创建的方法都是基于儿童身上火山爆发似的展示而提出来的。这些爆发是发现的结果，并不是什么教育方法的结果。媒体从一开始就把它说成是对人类灵魂的一种发现。由此产生了一门新科学，由儿童的展示而受到启发。

我将稍微解释一下这些现象。它们是事实，不应归因于直觉，而应归因于感知。我所描述的是我看到的。新学科的基础是这些被观察到的事实，这些事实可以在我之前的书里找到。

在这些启示中有两组事实很重要，一个是儿童的心灵能够在某一阶段掌握文化，而没人认为这个阶段可能会做到的，但儿童可以通过他自己的活动掌握。文化并不能从他人那里获得，只能通过自己的工作逐渐被意识到。现在，我们意识到3岁到6岁的儿童具有吸收力的心灵的力量，我们知道了很年幼的儿童就有吸收文化的可能。另一组重要的事实与性格的发展相关。性格的发展一直是教育的重点，但所有的教育者都认为，3岁到6岁不是系统地影响性格的年龄。没有人会考虑为这么小的儿童制定真正的规则，在这之后才会考虑规则的执行。同样，人们认为儿童的性格应该是受到成人的影响，而改恶为善是一个永恒的问题。其实这种观点是错误的：3岁到6岁是一个发展性格的时间段，儿童必须遵循成长的法则发展他自己的性格。我们已经看了大量的关于心灵是如何形成的讨论，讨论的具体内容以及针对这个阶段的心灵进行的工作非常有趣，在另一章节我们将探讨性格的形成。

儿童尤其对这些事情感兴趣或关注在这些事情上的时候，他就已经在心灵方面做好准备了，他在前一阶段已经吸收了，对于已经被征服的事物有一种保留的倾向，并对它念念不忘。正因如此，比如，书写的爆发是源于特殊的感觉，以及对语言的征服。在5岁半到6岁的时候，这种感觉停止了，因此能够快乐地享受书写只能在这个年龄之前实现，而大一些的儿童，6岁或7岁的儿童就不能这么做了，即便书写，也不会有相同的愉悦感。因此，我们的方法是基于对儿童的观察，基于观察的事实。我们发现儿童已经在之前准备好了书写的必要器官，所以，间接地准备被作为这种方法的一部分。因此，这种方法的特定基础已经形成。我们知道大自然在胚胎期就做了间接做准备，只有当它知道个体拥有服从的器官时，它才会发出命令。这就是为什么儿童除了模仿和服从，其他什么也做不了；自然应当也提供儿童必须服从的手段。这些观察的事实对心灵和性格都有帮助。以前人们认为成人的榜样和儿童的善意就是所需的，但是成人却缺乏自然所拥有的智慧，也就是说必须为服从命令做好准备，而这不是直接做的。频繁地接受指令并不会创造服从，服从只有在内部做好准备时才能被间接获得。服从成人的任意指令并不会获得成长。儿童自身就有这样一个智慧的源泉来引导他，很明显，成人频繁地、毫无根据地干预不会对他的发展有帮助，反而会阻碍他的发展。为儿童提供一个有准备的、组织良好的环境，并能够让儿童自由地扩展心灵，这样的必要性现在非常明显。

正如我们所发现的那样，如果儿童为了在第二阶段中加以阐述，而重新开始第一个阶段的征服，那么第一阶段就可以为第二阶段提供一个指导，这个指导遵循同样的发展方法。以语言举例，在第一阶段我们发现儿童遵循的方法多数是语法的——他先后吸收和使用声音、音节、名词、形容词、副词、连词、动词、介词等。我们便知道了在第二阶段也要遵循相同的语法方法来帮助儿童。最先教的就是语法。以我们通常的思维方式来看，从 3 岁就开始教语法，在一个人还不知道如何读或写之前，学习语法，这些似乎很荒谬。然而，如果我们不这么想，如果语言建构的基础不是语法，那又会是什么呢？当我们（包括儿童）讲话时，我们都是有语法的。因此，如果在 4 岁时给儿童语法方面的帮助，他会在他的语言结构以及词汇量方面更加完善，我们提供了真正的帮助。通过教授语法，我们允许他更完美地吸收周围的语言。经验显示当儿童对语法感兴趣的时候，就是教给他语法的最佳时机。在第一阶段（0 ~ 3岁）这种获得几乎是无意识的，现在通过有意识的锻炼，已经有意识地更加完善了。我们注意到的另一件事，便是这个年龄的儿童掌握了大量的单词，他们对词语有独特的敏感度和兴趣，他会自己吸收许多新单词。许多实验的开展都发现，所有儿童都会在这个年龄段拓展他们的词汇。儿童所掌握的词汇当然是所在的环境中经常使用的，因此有文化的环境会给孩子学会更多单词的机会，但是在任何一种环境中，本能都是希望能吸收最大量的词汇，儿童在寻求词汇。在有文化的环境中，儿童可以学会成千上万的词语。在他这个年龄给他很多是一种帮助。如果没有他人的帮助，他会在没有命令的情况下努力吸收，帮助包括减少努力和下达命令。

另外一个根据观察所创造的方法，就是教授他们许多单词。在我们最初的实验中，那些没有文化的“教师”注意到这一事实，他们已经给儿童尽可能多地写下他们所知道的单词，但他们后来对我说，他们已经给出了有关衣服、房子、街道、树木名称等的所有单词，但儿童还想要更多的单词！因此我们考虑，为何不给这个年龄的儿童一些文化所必需的词语，如他们在感觉器官中接触过的所有几何图形的名称，多边形、梯形、平行四边形等。不出意料，这些儿童在一天内就都学会了！所以我们又告诉他们如科学仪器、温度计、气压计等单词。之后又告诉它们植物学中的名字，如萼片、花瓣、雄蕊、雌蕊等。他们全都愉快地学会了。“你们没有其他词汇了吗？”他们问。教师们带着儿童散步回来时会抱怨，儿童知道所有汽车的牌子，而我们却都不知道。对文字的渴望是无止境的，获取文字的力量是无穷无尽的，但在接下来的阶段，情况并非如此。那时儿童发展了其他功能，在后一个阶段记住一些奇怪的词汇变得困难。我们发现如果儿童早期有机会学习这些词汇，他们之后在学校里，8 岁或 9 岁，甚至 12 岁或 14 岁，再看到这些单词的时候，会很容易就回忆起来，而如果在后期第一次学习这些词汇，就会很难记住它们。因此可以得出结论，如果想要学习科学词汇，最好在 3 岁到 6 岁这个年龄段学习。当然，这些单词并不是被机械地提供的，而是有特定准备的，因此儿童学习这些词汇是基于理解和经验的。对我们来说，外国人的名字又长又复杂，很难记住，而那些外国儿童会很轻易地就说出了他们自己的名字。对于其他国家的人而言，意大利语里有很多奇怪的名字，但对于意大利儿童而言，这些词语就像三角形一样，和其他词语并没有多大差异。为了满足儿童对词汇的强烈需求，我们为他们提供了植物学、动物学、地理学等各学科中不同分类的词，如叶子的不同部位、花的不同部位、地理特征等。它们都很容易在环境中表现出来，并且很明显。他们学习起来没有任何困难，真正遇到困难的是不认识这些单词的教师，他们很难记住哪个是哪个。

在科代卡纳尔，我曾经看到一群在普通学校学习的 14 岁的孩子，他们对一朵花的某个部分名字感到很困惑，一个 3 岁的小男孩说“雌蕊”，就跑去玩了。这个年龄段的儿童不会把文字当作普通的、容易的东西来看待；这就像一盏灯照亮了这个儿童，他对此非常感兴趣。我们给七八岁大的儿童看植物学书上的树根分类，一名儿童进来问一名大一点的孩子墙上的新图表是什么，并被告知了相应的内容。后来我们发现花园里的一些植物被拔了出来，因为儿童对这些小植物非常感兴趣，想看看这些植物有什么样的根。当我们看到他们感兴趣时，便告诉了他们这些知识，之后家长们抱怨说，儿童把花园里的植物都拔了出来，洗了洗，说他们想看植物的根。

儿童学习词汇的限制是多少？我不知道！那么儿童的思维是否会受到他所能看到的物品和事实的限制？答案是不会的，儿童有一种超越具体限制的思维——想象的力量。这种能够看到并不在眼前呈现的事物的能力反映了一种更高级的思维能力。去了解我能看到的东西会比较简单，但如果我要自己想象就变得很难。如果人类的思维仅仅局限于能够看到的东西，那么将会受到很大的限制。人类能够不用看而看到；文化并不是由所有看见的知识组成的。以地理学为例。如果我们没见过湖或雪，我们需要想象，想象必须发挥作用。儿童能够想象到什么程度？我们并不知道，因此我们面向 6 岁的儿童开展了一些实验。我们发现他们并不像我们想象得那样。我们以为他们会对大的事物感兴趣，但他们却对细节感兴趣。我们拿了个地球仪；他们知道世界，他们已经听了很多。“世界”是一个没有感官图像对应的短语，但儿童却形成了它是什么的概念，这显示出他拥有想象抽象事物的能力。我们准备了一些特殊的小地球仪。我们用“尘土”覆盖了土地，用深蓝色和明亮的蓝色覆盖了海洋。儿童开始说“这是土地”“这是水”“这是美国”“这是印度”。他们都非常喜欢地球仪，地球仪成了班级里最受欢迎的物品。3 岁到 6 岁儿童的思维不仅仅是与具体事物的智慧功能相关，也与想象力、直觉力相关。这意味着这个年龄的智力必须具有一种巨大而生动的能力，而不仅仅是通过感官的吸收。这种更高级的想象的力量，能够让个体“看到”他看不到的东西。与这个年龄的儿童相比，这似乎有点夸张，但如果我们想一想，我们就会意识到这并不是那么夸张，因为心理学家总是说这是一个想象的时期。即使是最无知的人也会给儿童讲童话故事，而且儿童都很爱听，好像他们急于运用这种强大的想象力似的。他们称桌子为房子，称凳子为马，等等。所有人都意识到儿童喜欢想象，但他们仅有故事和玩具的帮助。如果儿童能实现一个童话，想象一个童话世界，他就不难想象美国等。一个具有美国大致形状的地图，而不只是模模糊糊地听到有关美国的情况，会对他的想象力有具体的帮助。想象力在努力寻找事物的真相，而事实往往被遗忘。如果在儿童的环境中，“美国”或“世界”的词汇从未被任何人提及，那么儿童很难对它感兴趣，正因为他经常听到这些词汇，他知道了它们，才能更容易想象。心灵不是你想象的那种被动的实体，人的心灵是火焰，吞噬一切的火焰，它永远不会静止，它总是活跃的。

当 6 岁的儿童正拿着地球仪讨论的时候，一个 3 岁半的儿童进来说：“让我看看！这就是地球？”“是的。”大孩子们回答。3 岁半的儿童有点惊讶地说：“现在我知道了，因为我有个叔叔已经绕了地球三圈了？怎么会是圆的？他怎么走的？现在我知道了。”同时他也理解了这只是一个模型，真正的地球很大，他已经从周围人的谈话中理解这些了。

我们曾经看到一个 4 岁半的小孩子紧盯着地球仪看，还问那些大孩子一些问题。那些大孩子们正在讨论美国，并没有注意到他。突然，这个小孩子打断了他们："纽约在哪里？"这些大孩子有点惊讶，指给他看，之后他又问："荷兰在哪里？"他们更惊讶了，也指给了他看。之后，他摸了摸蓝色的区域，说："那这是大海。"这些大孩子们很好奇，小孩子说，我爸爸每年都要去两次美国，他待在纽约。每次他出发后，妈妈会说"爸爸在大海上"，过几天她又会说"爸爸在纽约"，再过段时间，她说"爸爸又在大海上了"，之后某一天她说"现在爸爸在荷兰，我们去阿姆斯特丹见他吧"。他听了很多关于美国的事情，当这些大孩子们在讨论美国时，他就非常想知道，他在想"我想要看看美国"。这对他来说一定是一种休息，因为他一直努力在精神环境中找到一个方向，就像他过去在物质环境中所做的那样。为了展示他这个年龄的精神世界，他不得不听取成人的言语，并想象成画面。这是事实。

玩玩具以及通过童话故事想象，反映了这个特殊生命阶段的两种需求：一种是将自己与环境建立直接的联系，掌握环境，通过这种活动，儿童的心理得到了较大的发展。另一种反映了想象力的增强，他便转移到他的玩具上。如果我们提供给他们真实的想象的东西，这将为他提供帮助，这也会使他与他的环境建立更加密切的联系。

在这个年龄段，儿童经常想要知道各种信息。为了知道更多事物的事实，他们会问很多问题。我们都知道儿童是好奇的，经常问各种问题。如果所有的这些问题累加起来，就意味着儿童需要知识。如果你不认为儿童所提的问题是讨厌的东西，而是一种寻求信息的心灵的表达，你会发现儿童所提的问题同样也很有趣。这个年龄段的儿童不理解很长的解释，所以我们并不会向他非常冗长地解释什么是地球，而会给他地球仪。但通常，人们会很疲惫地解释。一个儿童有一次问他的父亲，为什么叶子是绿色的。这位父亲觉得他的孩子很聪明，因此他对叶绿体、叶绿素和太阳的蓝光等做了长篇解释。不一会儿，他听见孩子在喃喃自语，他听到孩子说："哎，我为什么要问爸爸呢？我想知道叶子为什么是绿色的，不是所有这些叶绿体和太阳！"

玩、想象和问问题是这个年龄的三大特征，所有人都知道这三点，但也都误解了。有时候，这些问题很难回答，比如，"妈妈，我从哪里来的？"但这个儿童已经提出了这个问题。有位智慧的女士之前就猜到她的孩子在将来的某天会问这个问题，她决定告诉他事实，当他4岁的孩子问起这个问题的时候，她回答"孩子，我创造了你"。这个回答很简洁、简短，孩子立刻安静了。差不多一年之后，她跟他说"我现在创造了另一个孩子"，当她去护士之家的时候，她说会带着她创造的另一个孩子回来。当她回家的时候，她说："这是你的弟弟，就像我创造了你一样，我也创造了他。"此时这个孩子已经6岁了，他说："你为什么不能真正地告诉我们是怎么来到这个世界的？我现在长大了，为什么不告诉我真相？上次你告诉我你在创造小孩的时候，我一直看着你，你什么都没做。"可见，即便是讲述事实也不是那么容易的事，这需要家长和教师的特殊智慧，帮助孩子发挥他们的想象力。

教师需要做特殊的准备，因为我们的逻辑并不能解决问题。在我们触及的任何一点上，我们的逻辑都没有帮助，我们必须了解孩子的发展，摆脱我们先入为主的想法。对于一个 3 岁到 6 岁的儿童来说，必须要非常机智、体贴地照顾他们的心灵，然而成人却很少有这种能力。庆幸的是，相比于教师，儿童从环境中吸收得更多。我们必须知道儿童的心理，好在我们能帮助他们的地方为他们服务。

第二十章

幼儿的个性和不足

性格教育是以前教育学中最重要的内容之一，这是它的主要目标。然而关于什么是性格，却并没有清晰的定义，也没说如何去教育。老的教育学仅仅说心智教育不充分，实践教育不足，性格是需要的，但这是未知的内容—— X。这些古老的教育家对此有一些直觉，因为他们真正的意思是实现人的价值，但当你去看这些价值时，它们又不是很清楚。就像在许多教育领域的其他方面，都是空白的。某些方面被赋予了价值，比如美德：勇气、恒心，比如对应该做的事情的确定性，与邻居的道德关系。在性格问题中，道德教育发挥着重要作用。

我们发现全世界在这方面都是空白的。这个问题应当从另一个角度去看，相比于性格的教育，我们更应当说性格的建构，通过个体的努力实现性格的成长。我的第一所学校的孩子们展示了这种积极创造性格的表现，而不是从外部教育它。让我来说明这种结构的一些要点，给教育提供一种新观念。

从生命的角度来看，我们可以将性格的一切都看作人的内部行为。就像我之前所提到的，0 ~ 18 岁的个体生命可以被分成三个阶段：0 ~ 6 岁（本书所涉及的内容），6 ~ 12 岁，以及最后一个阶段 12 ~ 18 岁，每个阶段又被分成两个子阶段。在考虑这些群体时，每个人所代表的心理类型是如此不同，以至于他们可能看起来属于不同的人。

正如我们所看到的，第一个阶段是创造的阶段，可以发现性格的根基，尽管儿童出生时还未拥有性格，因此 0 ~ 6 岁是与性格相关的最重要的阶段，因为性格是此时形成的。所有人都意识到在这个年龄段，无法通过外部榜样或压力给儿童施加影响，因此应该是儿童内部的天性形成了性格的基础。这个年龄段的儿童并不理解也不感兴趣什么是好的还是坏的，他生活在我们的道德视角之外。我们意识到这一点，是因为我们从不会称这个年龄段的儿童坏或者恶，只会说他淘气，表明这些行为是幼稚的，因此在这本书里我们不会说道德方面的善或者恶，因为这些词语在这个年龄有其他的含义。我提到这一点，因为人们会提出各种各样的问题，比如前人的好榜样的作用、爱国主义的作用等。这些很重要，但它们和这个年龄并不相关。在第二个阶段（6 ~ 12 岁），儿童出现了关于善还是恶的问题的意识，不仅仅是他自己的行为，还包括其他人的行为。关于善和恶的问题出现在儿童的意识之中是这个年龄段的独特的特征，此时，道德意识开始形成，之后会形成社会意识。在第三个阶段（12 ~ 18 岁），儿童会有爱国主义的感觉，属于一个群体的感觉和这个群体的荣誉感。我提这些只是为了说明这些都与 0 ~ 6 岁的儿童无关。

尽管我前面也提到了每个阶段的性格都很不一样，就好像属于不同的人，然而每个阶段都为下一个阶段做准备。为了下一个阶段正常发展，人类在前一个阶段必须很好地生活。就像毛毛虫和蝴蝶，这两者看起来非常不同，它们的习性也如此不同，但完美的蝴蝶是通过毛毛虫蜕变过来的，而不是通过模仿其他蝴蝶形成的。因此为了更好的将来，必须过好当下。就需要而言，人在这个阶段过得越充实，下一个阶段才会越成功。

生命从个体的受孕开始，如果怀孕是由两个纯粹的个体带来的，而不是由酗酒者或吸毒者等带来的，那么由此产生的个体将免除一些遗传问题。胚胎的正常成长依赖于受孕。至于其他方面儿童可以受到的影响，只能是受到环境的影响，即在怀孕期间受到母亲的影响。如果环境有利，这就会是一个强壮、健康的胎儿。值得探讨的事实是怀孕和妊娠对儿童的神经系统都有影响（这就是如果发生休克或意外，他可能会变成白痴的原因）。所以出生后的情况很大程度上取决于怀孕期。因此生命最初最重要的事情是受孕，然后是妊娠，最后是分娩。我们已经提到出生时所带来的巨大的震撼，可能会导致儿童退行；退行的症状比较严重，但还都不如酒精中毒或遗传性疾病（如癫痫等）严重。这显示出，随着个体的成长，障碍的威胁越来越小，但性格一直是精神方面的。它们会在退行的方面或独立的方面对个体产生影响。

出生之后就是我们所研究的最重要的三年。这两到三年里的影响可以改变一个儿童，改变他今后生活的性格，例如，如果儿童在这段时间里受到了一些惊吓或遇到了太大的障碍，可能会产生恐惧症，或者我们可能会有一个胆小或胆大的儿童。因此，在这一时期，性格的发展与障碍或从障碍中获得的自由相关。如果在受孕、妊娠、分娩的这段时间内，儿童都得到了科学的对待，那么在他 3 岁时，儿童应该是一个模范个体。但是这种完美的个体是永远都不可能实现的，由于其他原因，儿童在成长中会遇到很多事故。在三年中，我们遇到了五十万或一百万个有着不同特征的儿童。不同的经历产生不同的结果，而这些不同的性格根据经验的严重性而具有不同的重要性。如果这种性格是因为出生后遇到的困难导致的，它们没有那些妊娠期的严重，而这些妊娠期的问题反过来又没有受孕期的严重。如果是产后的，在3岁到6岁之间就可以治愈，因为那时缺陷得到调整，可以达到完美。然而，如果这些缺陷是由于出生时或出生之前的休克引起的，那么它们就很难被纠正。因此，可能会出现某些缺陷，但如果有一个积极的完善期，某些先天的缺陷是可能被消除的，但那些可能是遗传问题导致的白痴、癫痫、瘫痪等，是无法通过任何帮助来治愈的。有趣的是，我们知道所有这些器官方面的困难是可以治愈的，但如果这些在0～3岁之间形成的缺陷，不能及时得到纠正、治疗，那么到3～6岁时，它们不仅会存在，还会因为3～6岁的错误治疗导致问题加剧。之后，到6岁的时候，儿童在3岁以内形成的缺陷得到了加强，同时还新增了3～6岁遇到的新困难。这些反过来又会对第二阶段以及善恶良知的发展产生影响。

所有这些缺陷都会对心灵和智慧产生影响。如果儿童在前一阶段没有能够很好地发展的条件，那么他们将很难学习。因此，一个6岁的儿童的性格是累积的，这些性格可能不是他自己的，而是在环境的影响下获得的。如果一个儿童在3岁至6岁时被忽视，他可能没有7岁至12岁时发展起来的道德良知，也可能没有正常的智力。然后我们就有了一个没有品德、没有学习能力的儿童，更多的麻烦接踵而来，他是一个因经历过困难而伤痕累累的人。

在我们的学校（还有许多其他现代学校），我们保存每个儿童的生物学方面的细节记录，以便了解如何对待儿童。如果我们知道了他们在不同时期所遇到的麻烦，我们就可以明白他们的问题有多严重，学会如何对待他们。因此，我们询问父母是否有遗传病，我们询问父母在儿童出生时的年龄，巧妙地询问母亲在怀孕期间的生活情况，她是否跌倒，等等。如果是正常分娩，婴儿是否健康或窒息。还有一些问题是关于儿童的家庭生活的，父母是否严厉或者儿童是否受过打击。如果我们有问题儿童或顽皮的儿童，我们会从儿童之前的生活中寻找原因。当他们在三年后来到我们这里时，几乎所有的人都表现出一些奇怪的特征，但他们是可以被治愈的。我们可以简要地考虑一下这些偏差的常见类型。

所有这些错误的、不正常的表现，都进入了通常称为性格的领域。所有的儿童都是不一样的，一般会认为每个儿童都需要有一个不同的治疗来治愈他的缺陷，但我们主要区分为两组性格缺陷，一组属于坚强型的，儿童会抗争并克服障碍，另一组相对较脆弱，儿童会屈服于不利的环境。

坚强型儿童的缺陷

他们会暴力地发脾气、愤怒，有反抗和攻击的行为。其中一个最常见的特征是不服从，另一个是破坏性。还有对财产的需求；会产生自私和嫉妒（后者不是被动地表现出来的，而是试图拥有其他孩子所拥有的）；反复无常（在儿童中很常见）；注意力不集中；无法协调双手的动作，因此会掉落或打碎东西；混乱的头脑和强大的想象力。他们还经常大喊、尖叫、制造巨大的噪音；他们打断、戏弄、折磨他人，常常对弱者和动物很残忍。他们也常常是贪吃鬼。这是他们的一些问题。

脆弱型儿童的缺陷

他们属于被动型，具有懒惰、惰性、哭求东西、要求别人为其做事等消极缺陷；他们想要被逗乐，很容易感到无聊。他们对所有的事物都感到害怕并依附于成人。他们也有说谎（一种被动的防御形式）和偷窃（一种被动的抢夺他人财产的形式）的过错，以及很多其他方面的过错。

伴随这些困难而来的还有某些生理特征，也就是说，这些生理缺陷有心理根源，但容易与真正的生理疾病相混淆。其中有一种是拒绝进食和食欲不振；相反的缺陷是暴饮暴食导致的消化不良；两者都是精神性的。还有噩梦，害怕黑暗，焦虑不安的睡眠，这些反过来影响身体健康，然后导致贫血。某些形式的贫血和肝病是由心理因素引起的，也有神经症。所有这些都有一个精神性的根源，因为没有药物可以治愈它们。

所有这些特征都涉及所谓的道德问题和行为。很多这样的儿童

（尤其是坚强型的）在家庭中不被认为是一种福气，父母试图摆脱他们，把他们交给护士或学校，虽然父母健在，但他们却成了孤儿。虽然身体健康，但他们却生病了。这导致了他们对生命的沮丧，被称为"淘气"，他们有问题，他们的父母想要知道怎么做。有些人提问，有些人尽力解决他们自己的问题。一些人坚信如果立刻制止他们，他们就会被治愈，他们认为尽快检查出这些缺陷，问题就不会再发展。所有的手段都使用了：扇耳光、责骂、让他们不吃东西睡觉。但是结果却发现他们变得更凶猛，更坏，或者发展成被动的、类似的缺陷。然后，我们会尝试说服他们，我们会利用他们的感情，问他们"你为什么要伤害妈妈"，或者不关注整件事，不管他们。讨论开始了："我姐姐的孩子做他们喜欢做的事，看看他们什么样！""你的孩子怎么这样？""哦，我告诉他们的父亲，谁打他们了。""他们好吗？""哦，不，他们就和他们的父亲一模一样！"

还有一些人不去管他们的孩子。这些孩子通常属于被动型，他们什么都不做，而母亲认为她的孩子又乖又听话，当他缠着她时，她说他有多爱她；他非常爱她，没有她他就睡不着觉。但不知怎么的，她发现他行动迟缓，说话迟钝，走路也很虚弱。"他是健康的，但他有时如此地敏感，他害怕所有事情！他还不想吃东西；他是一个注重精神的孩子，因为为了让他吃饭，还得给他讲故事，他应当是个圣人或诗人！" 最终她认为他生病了，医生被喊去开药。这些精神疾病让这个医生赚了一大笔。

如果我们了解人格建构所必需的活动周期，所有这些问题都可以被理解和解决；如果我们意识到儿童需要倾听人的声音，看到人的行动，并实践他们自己的经验。我们知道这些问题都是前期处理不当造成的；他们在精神上受到了惊吓，他们的头脑是空虚的，因为他们没有办法构建它。这些缺陷的主要原因是缺乏思维（心理学现在非常关注这一点），另一个原因是缺乏由我们已经研究过的儿童的建设性冲动引导的自发活动。几乎没有任何儿童能够找到充分发展所必需的条件。他们被隔离在人群之外，整天被强迫睡觉；成人为他们做了一切；他们无法不被干扰地完成整个活动周期。他们无法观察物体，因为当他们拿起物体时，物体就被拿走了；他们只是看着它们，却无法持有它们，这让他们想要拥有它们，所以当他们真的抓住一朵花或一只昆虫时，他们就把它们扯开，因为不知道该怎么处理它们。而被动的儿童则形成了惰性。

恐惧也可以追溯到早期。如果当一个小孩从楼梯上摔下来时，大人们都冲过去帮助他并大惊小怪（他们通常都会这样做），他会感到害怕，而不是大笑。我们的行为往往是导致孩子们恐惧的原因。

我们学校引人注目的一个重要事实就是让这些缺陷消失。这归因于一件事：这些儿童可以在环境中自己实践，而这些实践滋养了他们的心灵，这就是为什么这些常见的缺陷消失了。围绕对活动的兴趣，他们会反复实践，并能从专注的一个阶段移到下一个阶段。当儿童达到这个阶段，能够集中精力，围绕着一种兴趣工作时，缺陷就消失了；无序者变成有序者，被动者变成主动者，捣乱者变成帮助者。这是一个不可思议的事实，这些缺陷的消失使我们明白，它们是后天习得的，而不是真正的特征。儿童没有什么不同，一个说谎，另一个不听话。所有的麻烦都来自同一个原因：儿童缺乏必要的精神生活手段。

那么，我们能给母亲们什么建议呢？告诉他们要给儿童工作和有趣的事情；不要在不必要时帮助他们，如果他们已经开始采取任何具有智慧的行动，也不要打断他们。甜，苦，药都不起作用。儿童正遭受精神饥饿。如果有人遭受肉体上的饥饿，我们不说他愚蠢，不打他，不为他感伤；那样做没有什么好处；他需要的是吃东西。这个问题也是如此，无论是强硬还是温和，都不能解决问题。人天生是智力动物，他需要的精神食粮几乎超过物质食粮。与动物不同，人类必须建构自己的行为，而生命就是为了这种需要而存在的。所以，如果在这条路上，他能够构建生命赋予他的行为，那么一切都会很好。身体疾病消失，噩梦消失，没有暴食，消化正常。因为心理正常，他变得正常了。

这并不是道德教育的问题，而是和性格的发展相关。缺乏性格，错误的性格在不需要说教或以成人为榜样的情况下就会消失。并不需要威胁或承诺，只需要生活的情境。

第二十一章

儿童的社会贡献：标准化

上一章节所描述的所有的性格特征都可以从坚强型和脆弱型儿童的行为中显示出来，但大众并不认为这些是恶的行为，有些还被认为是优点。那些表现出被动性格和依附于母亲的儿童被认为是好的。其他的品质仍然被认为是优越的标志；儿童总是忙忙碌碌，非常健康，想象力丰富。他们的思维经常从一件事转移到另一件事，但父母认为儿童很聪明。

因此我们可以认为世界上有三种类型的儿童。

（1）需要纠正的儿童。

（2）作为榜样的好的（被动的）儿童。

（3）超常儿童。

后两种类型的儿童被认为是优秀的，父母也为他们自豪，即便当他们跟儿童（最后一种类型的儿童）在一起的时候感到不舒服，他们仍然会引以为豪。

我曾经专注于这一点以及上述分类，所有这些特点在最近几百年来都受到了关注，除了这些特点，人们并没有关注到其他。然而在我最初的学校以及其他学校里，一旦儿童对他手里的工作感兴趣并专注其中，所有这些特点就都消失了。所谓的优点、缺点或是超常之处，都消失了，只剩下一种类型的儿童，没有上述我所描述的任何一种特点。这意味着迄今为止，世界上并没有关于好的、坏的、优越的标准，我们所认为的，其实并非如此。这使我想起一句这样的话："上帝啊，除了你，没有什么是对的；其余的都是错误的。"在我们学校里的儿童展示出儿童真正的目标是不停地工作，而这一点以前从来没见过。就连这种自发选择的工作，没有教师的引导，也从未见过。这些儿童遵循内部的引导，从事不同的工作（每个人都不相同），每个人都冷静而开心，之后在儿童的小组里出现了以前从未出现的自由的规则。这给人们带来的震惊远超书写的爆发。这种自由的规则看起来解决了之前从未解决的问题。解决方法是：掌握规则，给予自由。这些儿童寻找自由的工作，每个人都专注于一项工作中，而整个小组呈现了完美的规则。我们将回到儿童最终获得的真正的天性问题上，但同时我们将描述发生在儿童身上的变化。

所有的儿童，如果都处在允许有序活动的环境中，都会出现这一新的现象，因此在所有人中都有一种心理类型，迄今为止都被外部特征所掩盖了。儿童身上的这种变化，让他们看起来就像是一个整体，并不是逐渐出现的，而是突然出现的。这种变化经常出现在儿童专注于一项活动时，因此如果是一个慵懒的儿童，我们不鼓励他工作。我们只是在准备好的环境中促进了与发展方法的接触。一旦他找到工作，所有的困难就消失了。和儿童讲道理是起不到帮助的；而是儿童自身的某种东西在起作用。

人类个体（尤其处于建构阶段的）是一个整体，同时也在建构整体，当手在工作时，心灵在引导。我发现如果手和心灵没有结合，个体就不是一个整体，就会出现人们看到的“坏的”“好的”“优越的”。这个结论是基于我对儿童的观察得出的，而并不是我的先验想法。这是人们所认识到的一个新观点，而且可能是最难以理解的，这可能是因为我们生活在一个充满美德和缺陷（这种美德和缺陷会受到奖赏或惩罚）的世界里，因为他们没有机会表达其他任何东西，所以他们总是表现出上述特征。不需要成人的指导或成人作为指导者，只需要给儿童提供工作的机会，而这一点之前一直是没有做到的。

从表面的到正常的特征通常需要手和心灵共同协作出具有智慧的活动才能实现。在图 8 的一边用射线表示了我们通常所知道的儿童的所有不同的特征，数量众多。中间粗的垂直线象征着集中在一点上，这是一条正常的线。当儿童能够集中注意力时，中间这条线右边的所有线都消失了，只显示出左边的线所代表的特征。所有表面特征的丧失不是由成人实现的，而是由儿童带着他的整个人格沿着功能的主线传承下去的，然后达到正常状态。

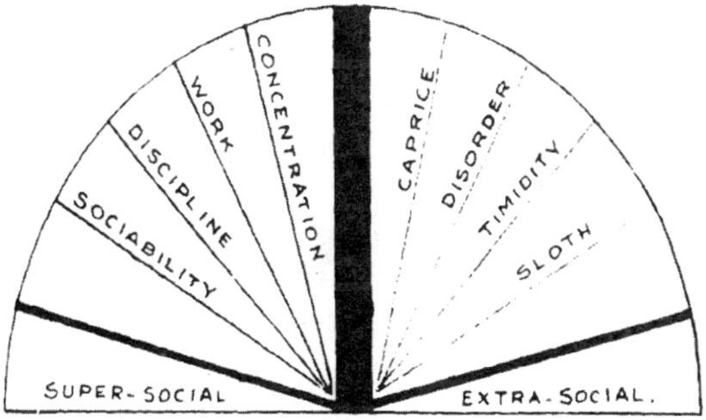

图 8　儿童性格中正常和偏离的特征

我将给出一些在非常见情境的最初学校里发生的例子。来自世界各地的人们都来上我的课，当他们回去之后，在他们自己的城市创建了学校。这些学校多数都是面向富家子弟的，他们有更多的缺陷，因为他们有许多仆人，他们恢复正常功能的机会更少。我从学生那里收到的最初的信件都是很沮丧的，信里有大量的缺陷，他们很详细地描述了所有常见的缺陷，包括：

（1）一名儿童将手中的材料当作飞机或者火车来玩，他大声地讲话、开玩笑，并打扰其他小孩（原始的表面类型）。

（2）另一个儿童比较势利，对设备有优越感，也很懒惰。

（3）有一名儿童依附于他的哥哥，哥哥拿什么他就拿什么，哥哥起床他就起床，等等。

（4）其他儿童多数都有恐惧症，比如怕水等，有一个 3 岁半的儿童还不会讲话。

有许多儿童都像这样，他们给教师带来了极大的困扰。有一位教师说他们把布料扔在地上，在上面跳舞。那些以为儿童是降临的小天使的教师们，感到非常失望。

过了几个月之后，这些信件的表述开始发生改变。我们称之为“常态化”的转变已经发生了。那些互相之间并没有联系的教师（有些在新西兰，有些在罗马、法国、美国或英国），所有人都在讲述同样的事“这些孩子都找到了工作，他们自己产生了改变”。那名到处都跟着他哥哥的儿童，有一天自己拿了一块粉色的毛巾，并把注意力全部集中在上面。当他哥哥到另一间房间的时候，这名儿童并没有跟着他，他哥哥非常震惊，甚至用一点惊奇的语调问：“这是什么？我在隔壁房间画画的时候，你在玩这个粉毛巾？”这名儿童发现了他自身的价值，不再需要他哥哥的精神支持。另外一个孩子没有妈妈的陪伴就不肯来学校，也不肯待在学校，这位母亲要一直待在学校的某个角落，并答应孩子不会离开，否则一旦她尝试溜走，孩子立刻大哭。某天，这个孩子对洗桌子非常感兴趣，妈妈想这是一个很好的溜走的机会，但她犹豫了，如果不事先告诉孩子，他之后发现她不在那里时，孩子会尖叫起来的。因此，她跟孩子说“我走了”。结果，这个孩子说“好的，妈妈再见”。从此再也没有需要他妈妈陪他来学校或者待在学校里。这些依附于他们母亲或哥哥的儿童，还没有获得独立或自由，因此他们自己不能独自做一些事，而需要有些人一直帮助他们完成相应的功能。一旦他对工作感兴趣，并且心灵可以引导手的动作，他们就会实现自身的独立，并能够自己实现相应的功能。

那位将物品当作火车和飞机的嬉闹的儿童，对几何插图产生了兴趣；他绕着那些形状和框框，闭着眼睛也能把它们填对。他的那些胡乱的思想消失了。他会说“这是发动机”“这是架飞机”，等等，他还会说“这是一个四边形”“这是一个八边形”，等等。他现在与现实相联系，而不是幻想；他的双手之前会扔掉所有东西，现在工作起来变得非常小心、精细。他变得冷静，并对所有的材料都很认真。如果有人验证这些，可能会说这个生活在幻想世界里的儿童，之前并没有物品真正能够吸引他的注意力，所以他只能依靠手边所能找到的东西；他的双手没有任何机会抓住什么或有什么真正的目的。心灵之前只能幻想，手上没有东西可以操作，如今，双手可以操作真实的东西，心灵可以为之引导，就突然出现了整合的个体，这项真实的工作反过来也滋养了心灵。

那名怕水的儿童，尤其害怕倒水（很可能因为玩水而受到过粗暴的责骂），最终对重量板很感兴趣。她非常开心，当她完成的时候，她又做了一些其他工作。之后她突然意识到她不再害怕泼水了，当她看到一些儿童在玩有颜色的水时，她感到很开心，她立刻跑过去帮他们把小罐子都装满了水，并认为这是她的一项特殊任务。

有一名儿童有个特点，从来不坐，即便很累也不肯坐。我们尝试找出在她早期生命中发生了什么事件，导致出现了这一现象。她的母亲说，她从来都没有因为她坐下来而责备过她，之后她的父亲回忆起来一件事。在这名儿童大概 1 岁半的时候，她穿了一件新裙子，坐在了一个刚油漆过的工具上，她母亲突然吼起来："小心！不要坐在那！看看你弄得一团糟!"这就是她害怕坐的原因,问题是怎么治愈她。我说"不要关注她，让她自己找到她的兴趣"。过了一段时间，她对某些工作产生了兴趣，并带着极大的兴趣不停地重复相应的活动。为了继续玩，她无意之中拽了一张椅子坐了下来。从此以后，她不再害怕坐下来了。

有一名 3 岁半的儿童一直不说话，家人带她去看医生，医生没有检查出什么器质性的问题阻碍她讲话的。经过电击治疗也没有用。她到学校来之后转了几圈，什么也没做，当然也没讲话。最后她对某项工作产生了兴趣，我们可以看到她的脸都在放光。当她完成工作的时候，她跑到教师边上说“来看看我做的”，她说出了她最初的词汇。

此外，消化不良、噩梦和其他问题也消失了，儿童在家里也变得平静了。有一名儿童经常怕黑，但对学校里的工作产生了兴趣，某天晚上在家里，当她妈妈需要从昏暗的屋外拿点东西时，她说“妈妈，我去取吧”。她不再怕黑了。

过度顺从、被动的儿童也发生了变化，通过集中的自发活动，被动和过度顺从都消失了。

我们必须重申，这不是一种偶发现象。这在全世界的所有我们的学校里都发生了，因此我们意识到这种冷静、安详、无所畏惧的儿童是真正的、正常的儿童，呈现了儿童时代的真正的行为和特点。之后我才完全理解这究竟意味着什么，那便是儿童必须自己建构心理，就像我在之前的章节以及我们其他书中所描述的。如果环境不允许，正常化就会消失，但是一旦环境能够建构相应的心理，正常的类型就出现了。因此我们称这些在我们学校里成长的儿童为“标准化”的儿童，而其他儿童为偏离的儿童。其中有一个最重要和最有趣的因素是标准化儿童的特殊规则,每个儿童都在自己选择的工作中从事自己的工作。记者说“如果这是真的，那真是不可思议，但它是令人难以置信的”。所有参观这些学校的人都尝试寻找我使用的是什么手段，他们确定这应当是个圈套。有人说这应该是我使用了催眠术导致的结果，但我说“这在纽约发生的，而我当时在罗马”。其他人认为儿童提前接受了教师的安排，教师们会通过眼神表示同意或不同意，但谁会费这么大的劲去证明一些以前从未见过的东西呢？

在巴拿马运河开放的时候，在旧金山举行的世界博览会也证明了这些现象的真实性。在教育展览中，建造了一个小的玻璃幕墙的蒙台梭利教室，这样公众可以从外面观看，而不会打扰孩子们的工作。道尔顿计划后来的发起人海伦·帕克赫斯特当时还是一名教师。晚上，教室的门是锁着的，钥匙留给看门人。有一天，看门人出了意外没有来，所以人都在外面等着，孩子和他们的教师也一起等着。教师说：“我们今天不能进去工作了。”但一个孩子看到了一扇开着的窗户，便说：“把我们举起来，我们可以通过窗户进去工作。”窗户的大小正好适合孩子们，所以教师说：“你们可以进去，但我进不去。”孩子们回答说：“没关系，反正你也都不工作的，你可以和其他人一起坐在外面看我们。”我所倡导的不是一种理论原则，而是全世界所见证的事实。

曾经在意大利发生了一场地震，破坏了墨西拿这座城市，地震发生之后，许多儿童都失去了父母，他们经历了重大的创伤，很明显需要政府的帮助。他们被送到了一所孤儿院，其中六十位最沮丧、年龄适宜的儿童被挑选了出来，采用这种新方法给儿童一些特殊的安慰。很显然他们是最难照顾的，因此为了帮助他们独立，我们创造了一个特殊的环境。这是一个非常漂亮、明亮的环境，可以开展许多实践生活的练习。几个月后，他们在花园里摆桌子准备吃午饭时，高兴得蹦蹦跳跳。外面的人很疑惑发生了什么。实际情况是这样的：在实践生活的练习中，许多复杂的因素结合在一起，并且有非常精确的细节。在帮助他们的人当中有贵族，他们教给儿童许多在贵族圈子之外不为人知的社会礼仪的细节，这些细节和精确要求引起了儿童的兴趣，他们开始了新生活。外面的人说这些儿童不仅是完美的绅士和女士，还是完美的仆人，正是细节的数量和准确性引起了人们的注意；在一个粗鄙的行为上，心灵是不会停留的，它必须停留在精确的细节上。一位美国女作家多萝西·坎菲尔德–费雪去看望这些孩子，之后她写了《蒙台梭利的母亲》，这本书至今仍在印刷。对这些儿童来说，他们的抑郁症得到了治愈；由于儿童受到过打击，生活已经到了最低点，现在生活再次熠熠生辉。

根据这些我们可以得出结论，儿童最初的心理需求是要根据他自己的心理法则生活。活动带来的个人的标准化行为，因为这不仅是像成人那样的普通活动，这也是生命的需求。儿童应当不断成长、生动地趋向独立，心理与手是联系在一起的。如果没有遵从自然的法则，无数的困难就会出现，如果遵循了自然的法则，困难就会消失。因此，如果能够在一个准备好的环境中，双手能够根据自由选择拓展第一阶段的活动，并不断地完善，在 3 岁到 6 岁的时候，所有困难可能都会被克服。这些事实很简单，但它们是生命的事实，世界各地在之前的四十年里都观察到了这一现象。基于这些事实，新的特点出现了，新的学校组织建成了；在这些学校里，儿童是主动的，而教师大多是被动的，通过环境间接地发挥作用。

这种性格的变化并不会在所有的儿童身上发生。出生前所形成的特定的器官损伤或疾病的状态，我们没办法帮助或治愈。在前面图中左边角度呈现的就是这些。他们是先天的、精神上的和道德上的缺陷，长大后他们会成为我们社会中的白痴和罪犯。他们是人类群体中一个很小比例的群体，但是现在，这些罪犯、白痴和疯子的比例却增长了，因为那些在 6 岁前本可以被治愈的儿童，并没有得到帮助。因此我们开始有点理解社会的问题。比如，在美国，统计数字显示，每年精神病院的新入院人数为十万；每一个人都疯了至少十年，你就会明白在美国有多少疯狂的人，还有多少人正在疯狂。这是不自然的，大部分都是可以被帮助的，但只能在 6 岁之前。监狱也满员，因此还专门为年轻人建造监狱，这是另一个悲剧。

图 8 右边的小角度也代表了那些我们不帮助的人；他们是社会上的圣人和天才，不需要我们。标准化适用于大多数人，而不适用于任何一方的少数例外，那些圣人和天才因为有伟大的人格而不需要规范化，也有些人因为先天缺陷而无法得到帮助。我们希望通过理解，可以帮助很多人，这样精神病和罪犯的数量就可以大大减少，但学校和社会生活必须改变，因为他们要为大部分的麻烦负责。因此，我的第一个学校是重要的，我们要感谢这第一批儿童，因为没有他们做例子，我们不可能了解这一切。

儿童是伟大的公民，他向我们展示了改善社会的道路，简单和独特的道路都是儿童的贡献。只有通过工作，重组才能实现，但必须是给予人欢乐的工作，而不是强加于人于生活法则之外的工作。

第二十二章

性格：征服而非防御

在前一章节中我们提到，如果儿童在6岁之前有适当的环境，出生后产生的缺陷就会消失。这些缺陷的消失并不是由于被逐个攻击的普遍做法；而是当儿童的兴趣集中在一项活动上时，它们都突然以同样的方式消失了。之后出现了一系列连续的现象。所有正常儿童的行为方式都是统一的，比如他们会专注于一些事，安静地工作。这在当时是令人惊讶的，因为以前从未在儿童身上发现过。他们还表现出一种在成人和儿童身上从未见过的特殊特征：他们以最大的努力在工作，并继续活动，直到任务完全准确地完成。即使是成人，能准确地完成一项任务的情况也是罕见的；儿童做到了极限，因为他们曾经已经完美地完成了自己的工作，他们重复了很多次，以至于在我们看来通常很荒谬。他们会磨光铜器数十次以上，或者重复四十次，甚至二百次。很显然，儿童的工作并不是根据外部目标，因为他们所拥有的目标不是外部的，而是由天性支配的。这些重复和集中的活动通常具有同一个特征，那便是思维和手是一起工作的。我们必须认识到这一点，并尝试理解它。这些儿童正在建构作为人的特征，他们在培养作为一个被人欣赏的人的内在品质：果断、持之以恒。这些品质并不是在受引导或根据榜样发展起来的。我们必须以一个积极的角度研究这种特质：性格是通过多年的持久地、不断地练习才能获得。这是在 3 岁到 6 岁的阶段形成的，这种品格的创建是沿着自然为人类性格的形成所建立的路线进行的。在 0 ~ 3 岁之间，那些习得的东西是精细的（例如语言），所以在这里，精细性格的创建是按照自然的指导来实现的。儿童 0 ~ 3 岁所有的获得都是通过有吸收力的心灵实现的，仅仅通过与他人生活在一起，就能够吸收语言等，但 3 ~ 6 岁的儿童必须以一种积极的方式建构他的性格。性格的建构与工作联系在一起，因此到 6 岁时，心理品质和性格的建构已经基本完成了。如果我们认真思考这一问题，就会发现我们并不能教育性格的建构，也不能在 3 岁到 6 岁正常儿童建构他性格的时候干扰他。如果我们进行了不必要的干扰，就会打断这种建构过程。因此对这个年龄段儿童的教育并不是引导他们，帮助这种性格自发发展的方法只有一个，那就是为他们的发展准备好环境，然后尊重他们的智力活动，不打扰他们。我们并不需要为他们树立榜样，一个原因是他们可能会比这些榜样做得更好，另外引导他们也是没必要的,这就像对牛弹琴。即便是普通人也理解这一点，这就是为什么他们打儿童，是因为他们知道跟儿童说话是没有用的。

儿童的启示为我们指明了一条道路，就是要把这一部分教育建立在科学的基础上。在以后的年龄段，我们可以直接接近儿童的思想，我们可以通过说教和劝勉进行干预。只有在 6 岁之后，人们才能掌握儿童的道德；在 6 岁到 12 岁之间，儿童意识觉醒，能够看到什么是对的，什么是错的。还有更多的成功可以在儿童的 12 岁到 18 岁之间实现，此时儿童开始感受到诸如爱国主义和社会观念等方面的理想。然后我们可以成为儿童和成人的教育家。宣讲的教育活动通常是在成人中进行的，所以我们有充足的时间来进行宣教工作。唯一的问题是，在6岁以后，儿童不能自发地发展品格，而教育家自身也不完美，他们的困难在于他们只能尝试对烟而不是火采取行动。教育家们哀叹说，他们可以教授科学、文学等，但是这些年轻人没有性格，如果没有性格，就缺乏生活的推动力。只有那些经历了环境所带来的风暴和错误，仍然能够挽救部分或全部这些特征的人，才有性格。错误在于，在他们6岁之前，我们没有给他们机会，让他们可以通过正常的、不受我们干扰的活动来塑造自己的性格。如果这些年轻人缺乏集中注意力的能力，我们就无法让他们集中注意力。如果我们告诉他们要坚持不懈地工作，并且全神贯注，但是若他们没有这方面的能力，又怎么能做到呢？这就好像有人说“直走”，而我们并没有腿可以走路。这些能力只能通过锻炼获得而不是通过要求实现。即便是被要求或期待完成，我也不会弹钢琴或维纳琴，因为我并没有这方面的能力，所以已经丧失了机会。在儿童创造性的阶段丢失的东西也不会被再创造。我们又能做什么呢？社会普遍会说“要对年轻人保持耐心，我们要尽己所能和发挥榜样的力量”，我们耐心地思考，时间会给我们带来收获。但我们什么也得不到，并且随着时间的流逝，我们变得越来越老，但我们什么仍没创造出来。仅仅依靠时间和耐心，是不会有收获的；如果你在创造性的阶段不能把握好、运用好那些机会，你就永远只能耐心地等待。

如果我们看看人类，就会明白另外一点，人类其实是一群拥有未开发的、混乱的头脑的人。每个人都会说“所有人都是不相同的”，但是这些不同的个体可以被分类成不同类别。如果我们能成为精神之鹰，从高出俯看它们，我们就会看到这些类别。似乎就像孩子一样，这些成人有不同的缺陷，但都有一些深刻而内在的东西，他们都有共同之处，但却深藏不露。在所有的人身上，都存在着一种精神，即追求自我完善的趋向，虽然这种趋向有时是模糊的，是下意识的。的确，这些针对性格缺陷的行为，后来会对性格产生刺激性的改善。个体和社会的共性就是不停地努力。这是个事实，无论是从外部还是从内部来说，就是在人类的潜意识里有一盏小灯，指引人类走向美好。换句话说，人的行为不像其他动物那样固定不变，而是可以进步的。因此，人有这种进步的冲动是很自然的。

在图 9 中，我们看到图中心是一个红色的圆圈，这是一个完美的中心，在它周围是一个蓝色的圆圈，代表着更强的正常人类。白色的圆圈代表了大量的不同程度的不健全人群。在边缘是两个黑线之间的一个小棕色的圆圈，代表正常人类之外的人，即极少数的非社会或反社会的人（非社会的人是低能儿、疯子，而反社会的人主要是罪犯）。罪犯和疯子不能适应社会，其他所有人都能够在较大或较小程度上适应。因此，教育的问题主要是面向那些在某种程度上能够适应的群体。

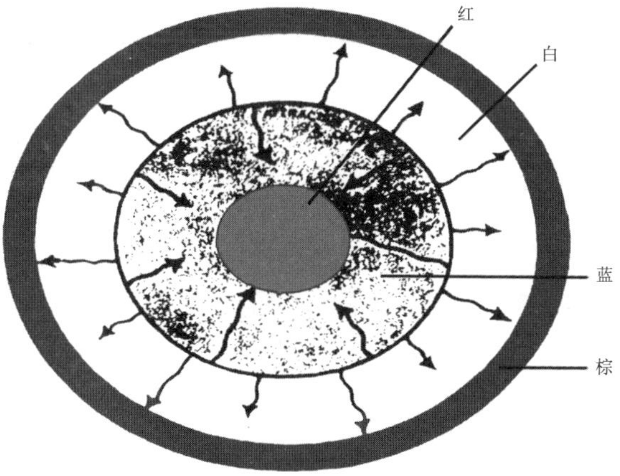

图 9　向高级或低级的吸引力之圈

适应环境是 6 岁以下儿童的工作，因此这是人类性格的起源。能不能找到可适应的环境，这是一个很大的问题！有些人或多或少地适应了环境，或多或少地满足了社会的需求，他们就是白色圆圈代表的人。蓝色圆圈所代表的人更接近完美，更强壮，因为他们有更多的精力或者可以找到更好的环境，而其他人的精力少一些，或者遇到了许多挫折。在社会上，那些在蓝色圆圈里的人被认为有更坚定的性格，其他人的性格则稍弱一些。中间的完美对蓝色圆圈里的人有一种天然的吸引，而在白色圆圈里的人更容易被末端和外围吸引。因此，有一类人被反社会和非社会的环境所吸引，并且正在往下滑，就好像他们在艰难地攀爬，然后滑了下来。他们遇到许多诱惑，如果他们不能不断努力，他们就会滑下来；他们感到自己低人一等。我们必须在道德上坚持这些，这样他们就不会在诱惑中滑落。它不是一种愉悦的吸引力，因为没有人喜欢滑向犯罪或精神错乱；它就像一种不可抗拒的吸引力，涉及持续不断地抗争。这种抵制下滑趋势的努力被认为是一种美德。事实上，美德可以防止我们跌入道德的深渊。这样的人被告知要小心，不要进监狱，他们要赎罪；他们要为自己的生命制订规则，使自己不致跌倒；他们会对比自己更好的人产生依恋；他们会向神祈求帮助他们抵抗诱惑。越来越多的人披上了美德的外衣，但这是一种非常困难的生活。忏悔不是生活的乐趣；这是一种攀登悬崖时紧紧抓住某样东西，不至于掉落悬崖、粉身碎骨而做的努力。青年受到这种吸引力的影响，教育者们也试图用榜样和劝诫来帮助他们。他们自身以榜样的形式存在，尽管有时他们和年轻人一样感受到这种吸引力。多少次他们说："我必须成为一个榜样，否则我的学生该怎么办？"他们感受到了榜样身份的束缚。学生和教育者都属于善良的人——白色圆圈所代表的那一类人；这就是当今品格与道德教育的环境，它被认为是唯一的教育。因此，大多数人经常都属于白色的圆圈，人类一般都认为这才是真正的人，他们不断地在为自己辩护。

蓝色圆圈里的人更强壮。他们受到的是一种接近完美的真正的吸引力。这通常或许是一种没有可能达到完美的渴望，但在任何情况下，他们会自然地、几乎不费力气地去实现它。他们不是因为害怕警察而没有成为小偷，也不是因为害怕拥有而做出努力的人；他们不是受暴力吸引的人，而是因美德而克制暴力的人；他们不会被周围人的财产所吸引，也不会有暴力倾向。他们觉得只有一种吸引力，那就是完美的中心，他们觉得这已经成为他们生命的一种品质。同样，他们并不需要美德，因为他们很少受不完美的力量的吸引。他们讨厌不完美。当他们走向完美的中心时，他们并不觉得这是一种牺牲，而是他们最热切的愿望——他们想变得完美。

让我们做一个身体上的比较，并考虑素食者和非素食者的问题。许多吃肉的人，在一周的某些日子里不吃肉，还在大斋节里禁食四十天，不吃肉，也不吃别的东西。对他们来说，这往往是一个漫长而沉闷的忏悔期，但他们觉得自己很高尚。过了这段时间，就会有一种反应，他们会狼吞虎咽地吃各种各样的肉。在大斋节期间，他们受诱惑时会说："主啊，帮助我！"这些人都是品行端正的人，遵守他人和领袖的规则。他们是纯洁的，但在蓝色圆圈里的是神圣的人，是素食者，他们没有受到吃肉的诱惑，也会避免吃肉。派一个反对吃肉的人到素食主义者那里是没有用的，因为他们比他更擅长观察不吃肉的人。

让我们再举一个例子：身体强壮的人和身体虚弱的人（例如患有慢性支气管炎的人）。后者需要温暖的包裹和许多羊毛衣物来保护肺部；或许他也需要通过洗澡和按摩来缓解血液循环不良。这些人看起来很正常，他们没有住院，但他们会照顾自己。他们的消化能力可能不好，他们需要在特定的时间以特殊的方式吃特定的食物，从而保持健康。所有这些人都生活在正常人中，但他们都非常小心，关注细节，对医院和死亡的恐惧始终萦绕在他们周围。他们需要与医生、护士、家人经常保持联系，他们经常会喊"帮帮我"。但看看那些身体健康的人，他们想吃什么就吃什么，不在乎什么规则。他们在冷天出门，因为他们喜欢；他们会跳入冰冷的溪流中洗澡，而其他人甚至都冷得不敢出门。极限挑战者们认为挑战非常快乐，他们不用担心身体不舒服。在美德的白色圆圈也需要苦行僧和先行者，以及各种各样的精神导师，否则就会堕入诱惑的深渊。但在蓝色圆圈的人并不需要这些，他们拥有其他人做梦也想不到的快乐。

那么，让我们努力把品格建立在事实的基础上，再来研究这个完美的循环。什么是完美？也许是在最高的程度上拥有所有的美德，然后为了达到什么目的呢？在这里，我们也必须探讨一些可能的和事实的东西。我们所说的性格是指人类的行为，这种行为被敦促（即使许多人潜意识地）朝着进步的方向发展。人类和社会必须进化，这是大势所趋。有些人感觉到上帝的吸引力，但是，让我们暂时只考虑一下所谓的人类完美的中心，那就是人类的进步。有些人发现社会就是在这条线上进步的。在精神领域也是如此，个体达到了一定的高度，并推动社会的发展。从精神上说，我们所知道的一切，从肉体上说，我们所看到的一切，都是某个人获得的结果。如果学习地理或者历史，我们会看到不断的进步，因为一直以来，总有人在红色的圆圈中画出一个趋向完美的点，这是一种吸引，但只有在蓝色圆圈的人，他们肯定自己，不需要规则或忏悔。他们不必花费精力对抗诱惑，因此他们可以用同样的精力去实现那些为了远离诱惑而挣扎的人不可能做到的事情。所以伯德上将会受到一个只想要赚钱的人的羞辱？去南极探险，把自己暴露在极地探险的境地之中，对此他一点也不感到痛苦，他只受到那红色的完美中心的吸引，他想达到某种尚未达到的状态。

总结一下，我们可以说，从性格的角度来看，白色圈内的人过于富有，蓝色圈内的人过于贫穷。有太多的人需要外在的辅助才能使他们避免诱惑；如果世界继续将教育聚焦在这个水平上，就会把人民的生活保持在这个水平上。

想象一下，一个来自白色圆圈的教育者来到蓝色圆圈的孩子面前，告诉他们放弃吃肉，否则就会堕落，这类儿童可能会说“我不会堕落的,我从来都不想吃肉”。或者另一个教育者说“你必须穿好衣服，否则你会感冒的”，儿童可能会说“我不需要穿衣服，我不怕感冒”。我们认识到，在教育中，这种来自白色圆圈的导师，往往会把所有的孩子推到这个水平（即使只是为了反抗），而不是为了向完美的中心迈进。如果我们看一看所有的教育大纲，就会发现它们所提供的信息的稀缺性和枯燥性。它羞辱了今天的教育，带来了一种自卑情结，并人为地削弱了人类的力量。它通过自己的组织来做到这一点。它限制了知识，限制了人的水平。这是一种错误的教育，建立在人的劣等品质上，而不是建立在人的优越品质上。正是由于人类自身的努力，人类才成为一群更卑微的人。他们在6岁以前还没有建立起自己的性格。我们必须努力重建真实的水平，尽量让孩子发挥他的创造力；也许蓝色圆圈不是完美的，而是受到完美的吸引，不是为了抵抗，而是为了征服，这将会入侵整个白色圆圈。如果人的一生中只有一个时期可以在精神上建构自己，如果这个建构不是在那个时候完成的，或者是因为一个错误的环境而建构得很差，那么我们自然会得到大量未发展的个体。然而，假设我们允许性格按照本性发展，并给予建设性的活动机会，而不仅仅是劝诫，那么世界将需要另一种类型的教育。

去掉人为的限制，把伟大的目标摆在人类面前。我能读懂所有的历史和哲学，但仍然是一个笨蛋，但是为了努力而给出的方法，将使结果不一样。为了做到这一点，我们必须坚持在人身上找到相应的回应。我们可以鼓励的性格，是在创造性时期建立起来的性格，如果我们不允许它们自己建立起来，那么它们以后就不会存在，说教和举例也是没有用的。

这就是新旧教育的不同之处：我们希望在适当的时期帮助人类自身的建构；帮助所有实现一些伟大事情的可能性，以便现在可以真正地做一些事情。社会已经筑起了高墙和障碍，我们必须摧毁它们，展示出地平线。新教育是一场变革，但是是非暴力的变革。在那之后，如果它成功了，就不可能是一场暴力变革。

第二十三章

自制力的升华

在对一般现象略知一二之后，让我们详细观察发生的事实和我们对它们的解释。由于孩子们的年龄和他们表现出来的热情，这些事实呈现出来非常令人惊讶和引人注目，但更因为孩子们表现出来的性格和人类崇高品质之间的关系。

如果有人研究发生的所有现象，就可以在建构的过程中看到全部。这个建构的过程可以被比作特定阶段的毛毛虫的行为。它们不再像以前那样在许多树枝上爬行，而是呆在一个地方，变得非常活跃。过了一会儿，你会看到一团几乎看不见的丝线，它们是如此得透明，但这是一个坚固的茧的开始。对于毛毛虫，我们关注到的第一个现象是专注。我们学校的 3 岁半的儿童专注力是惊人的，环境中有许多其他的刺激，但不可能会破坏儿童的专注。类似程度的专注力可以在一些成人身上被观察到，但只会出现在特殊的人物中，比如阿基米德，他非常专注于他的几何问题，虽然敌军已经攻进了他的城市，并进入了他的房子，他只是说："不要打扰我的圆！"他没有意识到城市已经被敌军占领。人们知道诗人会持续他们的创作而不会注意到外面行军的吵闹。但只有天才才能注意到成人的这种专注力。在 3 岁半儿童身上的这种现象并不是相同的。儿童的专注力是由天性给予的，当我们看到不同国家的不同儿童都在重复这个的时候，我们认为这是建构模式的一部分。就像指南针一样，在做任何事情之前，固定一个点是必要的，但一旦固定了，任何设计都可以画出来，因此，在孩子的建构中，固定注意力是第一阶段。必须要一直注意同样的事情，但除非是固定在上面，否则建构就不会开始。就好像个体发现了一个中心，一旦这个中心被找到了，就能达到他实现的。因此如果我们想要组织，就必须把能够与手头工作相关的所有工作集中起来。缺乏这种专注力的儿童会受到所有刺激的引导，但一旦获得了这种专注力，孩子就拥有并控制了环境。

在成人的世界里，当发现有人经常改变他的兴趣，我们会说他的性格是不能持之以恒的，这类人也不能承担起生活中的任何责任，而当我们看到一个人有深刻的目标，能够将他的注意力、精力集中在安排给他的事情上，我们就会觉得这样的人会在这个世界上有所作为。我们会深思这类事情并要求年轻的学生集中注意力在他们的学习上，然而我们自己却并不能做到如此。这就意味着，它不在普通教育手段所能给予的范围之列。因为这很难从年龄较大的孩子（大学生和高中学生）那里得到，他们可能会想，是否可以从3岁半的孩子那里得到？当班级里有其他人在跳舞或做其他事的时候，任何一位教师想唤起班级剩余学生的注意是不可能的，也更不可能唤起整个班级学生的注意，然而这样的事情却在我之前章节里提到的墨西拿孤儿的班级里发生了。他们有六十个人在一个大房间里工作，有上百名学生进来，沿着墙排队，但这些儿童都没注意到有人进来，也都没抬头。

这一现象表明自然建构了人类心理的某些重要项目，从这一点，我们也理解了正在建构人类意愿的组成要素。儿童并不是通过已经存在的意志的力量实现的这种专注，而是靠天性，天性通过这样的方式进行建构。在此之后，所有的旋转和偏差都消失了，性格形成了。这件事之后发生了什么呢？我们看到的恒常性没有外在目标（重复锻炼），因此有内在目标；这种恒常性是儿童的特点，而我们成人并不具备。我们可以持续做一项长期的工作，但并不能重复相同的工作。儿童的这种重复是一种性格训练，成人也可以做到，但儿童却能建构这种性格。有些成人并没有耐心看儿童重复所有这些精确的练习，而儿童经常这么做。儿童并没有坚持的意志，他只是出于天性，但通过这种锻炼，他形成了成人的意志，这个意志是完成某项任务所应拥有的。如果我们看大自然是如何经常地分别锻炼，我们就会发现，要从那些没有这些练习和发展意志要素的年轻人那里获得任何恒心或意志是多么不可能。那些缺乏恒心、意志力的人也不应当被批评，因为他们没有建构它们的机会。

在最初的专注力形成之后，另一件事发生了，那便是儿童行动的觉醒,他们将付诸行动。在我们的班级,可以自由选择他们工作的儿童，锻炼这种行动的决心。这同样也是通过日复一日、年复一年的练习实现的。我们经常发现身边的成人难以决定自己需要什么，我们说他们缺乏意志力。有很多人都是这样的，如果有人能够准确地表达他需要什么，我们需要什么，我们则认为他拥有坚强的意志，并具有行动的决心。儿童根据自然法则决定他们的行为，成人根据心理反应。成人喜欢在儿童人生的每个阶段都去告诉他应该做什么，很显然，如果要锻炼这种行动决心的力量，必须要能够从成人那里获得独立，因为这种决心来自内部的发展和内在力量。如果有一个当前更强大的人篡夺了内在的引导地位，那么这个孩子既不能培养决心，也不能集中注意力。因此如果我们想要发展这些性格，首先就要让儿童从成人那里获得独立。如果我们观察任何地方的儿童的生活，就会发现他们最强烈的本能是摆脱成人的束缚,所有物种都是如此。当一个人看到结论时，会发现它是多么合乎逻辑！但儿童并不是根据逻辑这样做的，他是根据天性，因此大自然给了特殊的设计，儿童必须遵循。这表明了人的性格发展与动物行为的相似之处，因为动物必须遵循某种模式，并通过将自己从其成年物种中解放出来而做到这一点。成长和建构有特定的自然法则，如果个体想要建构他的性格、他的心理，就必须遵循这些法则。

我们可以在每个事件和元素中见证心灵的建构。人的性格不是教育的结果，它是一个宇宙的事实；这是天性使然。它不是我们强加的结果，不是教育的结果，而是创造的事实。

让我们看看那些消失的缺点。不能正常发育的儿童最常见的缺陷之一就是占有欲强烈。会出现“想要月亮”这样的表述。如果这不是本能的冲动，又将是什么呢？在正常儿童中，他们有可能对任何物体产生兴趣，而最终引导他们进入一个阶段的不再是这个物体，而是儿童对它的认识，之后这种占有发生了变化。一个奇怪的事实是，想要拥有某物的儿童，过了一段时间就会把它弄丢或打碎。占有的缺陷往往与破坏的缺陷一起出现，如果我们已经对一件物品失去了兴趣，这就可以理解了。它仅仅引起了一段时间的兴趣，之后就被搁置一边。举一个手表的例子，它的真正价值是显示时间。对一名儿童来说，他不认识时间，所以并没有对手表的真正的兴趣，很快，他就会把手表破坏了。另一个大一点的儿童可能会想知道手表是什么样的构造，他会打开它，观察里面的所有齿轮是如何工作，从而显示时间的。这个复杂的机器让儿童对它的功能产生兴趣，而不是其他外部的目标。人们对手表功能的兴趣是如此强烈，因此产生了强烈的兴趣。历史给我们提供了案例。法国路易十六对手表的功能有着极大的热情，他花了很多时间在一个手表实验室里。统治欧洲大部分地区的查理五世也有这种兴趣。他有 12 只手表，他试着让它们精确地报时，但他没有能让它们一起准确地报时，因此他说“如果我连 12 只手表都统管不了，又怎么能统管整个欧洲呢？那我最好退休了”，于是他出家为僧。这是占有的第二种类型——对工作原理感兴趣。我们可以在其他领域也看到这种现象。儿童为了拥有花而掐断它们，结果破坏了它们。通常物质的拥有和破坏都是一起出现的。我们现在也经常能看到这一现象。如果儿童知道花的各个不同组成部分、叶子的种类、茎干的脉络等，便不会出现为了拥有它而破坏的现象。他会感兴趣，对植物产生富有智慧的兴趣或智慧地去占有。儿童如果仅仅是为了拥有昆虫，他会伤害蝴蝶，但如果他的兴趣在昆虫的生命和功能上，他会专注地观察蝴蝶，不会想去占有或破坏。这种智慧的占有展示出巨大的吸引力，我们可以称之为爱，它使儿童以一种优雅的方式来照料这些东西。

因此我们可以说这种由智慧的兴趣所产生的占有欲上升到了一种更高的水平，智慧的兴趣将鼓励儿童持续一生的学习。不同于占有欲的本能，从这个更高水平上，我们看到三件事：去了解，去爱，去服务。当占有欲上升为爱时，不仅要保存物品，还要为它服务。这样，一种本能冲动得到了升华。以同样的方式，好奇心也升华为科学的研究。好奇心变成了学习的动力，由此产生了学习的力量和吸引力。观察到这一点很有趣：当儿童成为某一事物的钟爱者和崇拜者时，他就会热衷于维护所有的事物。我们第一节课讲的是儿童的转变，展示了儿童是如何从占有到更高级的爱和服务。他们的抄写本填满后，既没有出现狗耳朵，也没有污点，甚至没有装饰。

如果我们观察伟大的人类，就会发现在历史和进化中，实现这种升华是人类的本能。他试图进入每一个领域，保护和改善它，所以他通过对生命法则的智慧渗透来帮助生命。农民一生都为他的植物和动物服务；科学家热爱他的显微镜和镜头，并通过极其小心和细致地操作来表达他的爱。人类开始于用双手攫取和破坏，而结束于用智慧去爱和服务它们。偶尔我们会遇到逆转，比如在最近的战争中，大量的铅落在城市上并摧毁了它们，但这些只是偶然事件。一般来说，规则是服务和爱。人的本性是可以被激发出来的。那些把植物从花园里拔出来的儿童，现在注视着植物的生长，数它的叶子，量它的侧面。它不再是我的植物，而是植物本身。这种升华和爱是通过知识和心灵的渗透所给予的。说教不能克服破坏性；儿童仍然想把它留给自己，不让别人得到。如果我们试图通过打他耳光、说教或利用他的情感来纠正他，他可能会改变五分钟，之后又回到了原来的起点。只有工作和专注先给予知识，然后再给予爱，才能实现转变。认识、爱和服务反映了人类精神的启示。它只来自自己的经验和发展，而不是通过说教。只要智慧的注意力集中在细节上，爱就出现了，渴望知道一切细节，这样我们才不会不知不觉地受伤。

所有文化都在宣扬认识、爱和服务，但儿童才是我们精神的建造者；他揭示了大自然对我们的行为或性格做出的计划，一个由年龄、功能和需要决定的周密计划，根据生命自身的法则，我们需要自由和一定强度的活动。通过在智力和体育锻炼中反复练习；收获的不仅仅是物理、植物学或清洁鞋子，同时还建构了意志和精神的元素。成人可以利用儿童建立起来意志，因此儿童是我们所有人精神的建造者。作为成人，我们的发现往往是由我们自己决定的（就像最近的战争一样），因为我们忘记了儿童所塑造的灵魂，或者更常见的是，阻止他正常地塑造灵魂。

第二十四章

社会化发展

儿童要做的第一件事是找到集中注意力的方式和方法，这为性格奠定了基础，为社会行为做好了准备。这立即显示了环境的重要性，因为没有人能够集中注意力或从外部组织儿童。他必须自我组织。我们学校的重要性在于，儿童有机会找到能让他集中注意力的工作。封闭的环境（学校或教室）有利于集中注意力；我们知道这一点，是因为当人们想要集中注意力时，他们会建造寺庙或神龛。通过在一个封闭的环境中促进专注的活动，于是性格形成了，个人的创造也实现了。在普通学校，大多数儿童在 5 岁以后才被录取，此时他们已经完成了第一个也是最重要的成长阶段，或者，如果他们没有机会这样做，至少已经错过了这个年龄，而我们的学校是一个保护性的环境，在那里性格的第一要素可以形成，并获得其特殊的重要性。正因为如此，当我们第一次向世界宣布建立教育环境的问题时，就引起了人们极大的兴趣。艺术家、建筑师和心理学家聚集在一起，精心准备房间的大小和高度，以及学校的艺术元素。这引起了人们的兴趣，因为这是我们第一次有了学校的概念，它不仅仅是一个庇护所，而是旨在帮助儿童集中注意力的场所。这不仅仅是一个保护环境，这是一个精神环境。在这个环境中，它的形式、大小等并不重要，重要的是它所包含的物质，因为只有当一个儿童拥有一个物品时，他才会集中注意力。这些物品不是随意挑选的，它们是特殊的物品，由我们与儿童的经历决定。

第一个想法是用许多物品来丰富环境，让儿童在这些物品中自由选择他们想要的东西。我们发现儿童只选择某些特定物品，而其他物品则没有使用，于是我们就把它们从环境中清除了。我们现在决定的对象是由儿童自己选择的，我们并不是只在一个国家进行试验，我们在全世界都进行了试验。有些东西是所有儿童都选择的，我们把它们作为基本的东西放进去；有些东西是所有国家的儿童都很少使用的（尽管成人认为他们会使用它们），我们会去除掉。只要有正常的儿童和选择的自由，这种事就会发生。这让我想起昆虫，它们只会去而且总是去它们需要的花朵那里。在这里，儿童需要某种刺激。儿童选择那些帮助他们构建自己的东西。起初有许多玩具，但儿童不使用它们。讲授色彩的物品有很多种，儿童只选择了一种：我们现在使用的彩绘板。在所有国家都发生类似这种情况。同样，物体的大小和颜色的浓度，都以儿童的选择作为决定因素。这就在我们的方法中产生了对象的确定和限制的系统。这一原则也影响到社会生活。如果为一组三四十个儿童准备太多的物品或一套以上的材料，就会产生混乱。因此，虽然儿童很多，但使用的对象却很少。

在一个有许多儿童的班级中，每个物品只有一个复制品。如果一个儿童想要使用一个已经在使用的物品，但他不能这样做，如果儿童遵守规范，他会等到另一个儿童使用完这个物品。例如，儿童知道他必须尊重别人使用的物品，而不是因为有人告诉他，他只是必须这样做，这是他从社会经验所发现的事实。他们有那么多人，却只有一个物品，唯一能做的就是等待。多年来这种现象每时每刻都在发生，这种尊重和等待的经验进入每个人的生活，并随着时间的推移而逐渐成熟。

因此，一种转变和适应发生了，这是什么，只是建设社会生活？从根本上说，社会不是建立在爱好上的，而是建立在各种必须协调一致的活动上的。通过这些儿童的经历，我们培养出了另一种社会美德：耐心。这种耐心是对冲动的一种克制。因此，我们称之为美德的品格的特征是自发形成的。没有人能把这种道德教给 3 岁的儿童，但经验可以。由于儿童在其他环境中无法实现正常化，这种情况将得到更大的缓解。在外面的世界里，这个年龄的儿童会抢东西，而我们的儿童已经会等待。人们说："在这么小的儿童身上，你们是如何掌握这类规则的？"这是一个准备好的环境和蕴含自其中的问题，因此一些特质出现了，通常它们不会出现在 3 ~ 6 岁的儿童身上，也不会出现在 25 ~ 30 岁的成人身上。

成人对这种社会行为的干预通常都是错的。比如有两个儿童沿着一条线走，有一名儿童搞错了方向，看起来不可避免地要回头。成人可能有要把这名儿童调转一下方向的冲动，但儿童自己会解决他的问题，他们每次都会解决问题，虽然他们不会一直都用相同的方式解决，但方法通常是有效的。其他领域的活动也有许多类似的问题。问题不停地出现，儿童在解决这些问题的过程中发现了巨大的快乐。如果成人参与协调，儿童会感到紧张，但如果让他们独自解决，他们会解决得很平和。这同样也是一次社会经历的锻炼，如果这些问题能够平和地解决，便会得到更多的社会环境的锻炼，而这个是无法由教师提供的。通常来说，如果教师干预了，她的观点与儿童的非常不同，会打破班级的社会和谐。如若存在这样的问题，无一例外的，我们应当只管自己的事，让儿童独自处理，因为这样做我们能够看到儿童是如何解决这些问题的，也能观察儿童如何掌握儿童时期的行为，这些是成人完全不知道的行为。通过这些日常经验社会建构发生了。但通常教师没有耐心，会实施干预。事实上，这是一种本能的反应。在我开始工作的最初几天，教师们实在抑制不住这种冲动，我说："把自己绑在柱子上。"而其他教师则用念珠代替，每次他们有冲动想要干涉儿童，有人（或者他们自己）就要移动一颗珠子。他们经常发现不干涉是更明智的做法，而且他们都能数出自己克制了多少次想要干预的冲动。

普通的教育者不理解我们是为社会生活而工作；他们认为蒙台梭利学校迎合了课程的主题，而不是社会生活。他们说："如果儿童自己工作，那么社会生活在哪里？"但什么是社会生活，不就是解决问题、规规矩矩、制定适合所有人的计划吗？他们认为社会生活就是坐在一起听教师或其他人讲课，但这根本不是社会生活。事实上，在日常生活中，社会经验仅限于短暂的或偶尔的短途旅行，而我们的孩子一直在一个社区生活和工作。

如果班级里的学生很多，就会呈现出不同的个性和不同的经验。但如果班级的学生很少，这一现象就不会出现。事实上，通过丰富社会经验，儿童可以更完美。

现在让我们对这个儿童社会的构成做一些思考。它是偶然发生的，但却是一个明智的机会。在封闭的环境中我们发现在一起的孩子年龄各不相同（从 3 岁到 6 岁）。通常这在学校里是看不到的，除非大一点的孩子智力迟钝。孩子们通常是按年龄划分的，只有在少数的学校，我们在一个班级里发现了这种垂直分组。然而，正是这些孩子让我们发现很难把文化传授给同龄和相同能力的孩子。一个母亲可能有六个孩子，但她的家庭运转得很顺利。如果这些孩子是双胞胎、三胞胎或四胞胎，那么困难就开始了，因为对母亲来说，处理四个孩子同样的事情是很累的。有六个不同年龄孩子的母亲也比只有一个孩子的母亲生活得更好。一个孩子总是很难。真正的困难不是因为他被宠爱，而是因为他没有社会生活，因此他比其他孩子遭受更多的痛苦。家庭通常会对第一个孩子的抚育感到困难，但对后生的孩子则不会；他们认为这是由于他们有了更丰富的经验，但实际上是因为孩子有了社会生活经验。

社会之所以有趣，是因为组成社会的人的类型不同。老人之家或老妇之家是最致命的东西。把同年龄的人放在一起是最不自然、最残忍的事，这也是我们对孩子做的最残忍的事情之一——它割断了社会生活的主线，社会生活就没有了养料。在大多数学校里，先按性别分，然后按年龄分班。这是一个导致各种错误的基本原因；这是一种人为的孤立，让孩子无法发展出社会意识。我们一般对儿童实行男女同校。男女同校其实并不重要，男孩和女孩可以去不同的学校，但班级里应该有不同年龄的孩子。我们的学校已经表明，不同年龄的孩子互相帮助，小的看到大的做什么并询问，大的给出解释，这才是真正的教学，5 岁孩子的解释和教学与 3 岁孩子的理解是如此接近，小孩子很容易理解，而我们则达不到这样的智力。他们之间有一种和谐的思想交流，这在成人和孩子之间是不可能实现的。与成人社会相比，我们就能看到这一点。一个大学教授给文盲做演讲，文盲什么都不懂，所以请大学教授在工作中帮助文盲是不明智的。他们很难找到方法，水平应该不会相差那么大。这就是成人教育如此困难的原因。当罗马第一所大众大学成立时，所有知名大学教授都想提供帮助。其中一个试图向这些没受过良好教育的穷人传授卫生知识。他的实验对象是鼠疫，他展示了细菌的照片。学生问："什么是杆菌？" 他回答："你可以在这张幻灯片上看到他们。" 然后有人问他："什么是载玻片？" 他回答说："它是放在显微镜下的玻璃薄片。" 下一个问题是："显微镜是什么？" 等等。因此，这位教授放弃了在这所大众大学担任教授的职位。在教育群众的问题上，不应该去请教那些伟大的教授，而应该去请教那些有基本知识的善良的人，他们能用简单的语言进行讲解和传播。

我们教师无法使一个 3 岁的孩子明白的事情，一个 5 岁的孩子却可以使他明白；他们之间有一种天然的心灵渗透。3 岁的孩子也可以对 5 岁的孩子所做的事情感兴趣，因为这和 3 岁的孩子没有太大的不同。大一点的孩子都成了英雄和教师，小一点的孩子都成了崇拜者。小的去大的那里寻找灵感，然后自己工作。在有同龄孩子的普通学校里，的确，那些能力更强的孩子可以教其他孩子，但教师通常不允许这样做。他们只是要求给出正确答案，当别人不能给出正确答案时，因此产生了嫉妒。对于年幼的孩子来说，他们不会感到嫉妒，他们不会因为被年长的孩子教导而觉得受到羞辱，因为他们知道自己比他们小，并且觉得当他们长大后也可以做同样的事情。在新的学校里，既有爱和赞美，也有真正的兄弟情谊。在旧的学校里，达到更高水平的唯一途径是竞争，这意味着这里有嫉妒、仇恨、羞辱和一切压抑生活与反社会的东西。聪明的孩子会变得自负，并聚集力量凌驾于他人之上，而 5 岁的孩子和 3 岁的孩子却觉得自己是保护者。很难想象这种保护和赞赏的气氛在它的行动中增加和加深了多少：班级成为一个因爱而巩固的群体。孩子们开始了解彼此的性格，彼此欣赏。在普通学校，他们只知道："那个家伙得了第一名，那个家伙得了零分。"兄弟情谊不能在这些条件下发展，然而这是一个根据环境建设社会和反社会品质的时代；这个品质从这个年龄就开始了。

人们担心，如果这个 5 岁的孩子总是教小孩子，他是否能学到足够的知识。首先，他并不总是在教学，他有他的自由，这是受人尊重的。除此之外，在教学中，他固定自己的知识，因为他必须分析和重新处理它，以便于教学，所以他看得更清楚。大一点的孩子也能从这种交流中受益。

3 ~ 6 岁孩子的班级和 7 ~ 9 岁孩子的班级也没有严格地区分开，所以 6 岁的孩子从下一个年龄段的班级中获得灵感。我们所设置的墙只有一半，从一个班到另一个班总是很容易的，因为所有的孩子都可以自由地从一个班到另一个班。如果 3 岁的孩子去上 7 岁到 9 岁孩子的课，他不会待很久，因为他看不到任何对他有用的东西。因此，这是有限制的，但没有分离，所有的群体都在交流。这些团体有他们自己的环境，但他们不是孤立的。有可能进行一次理性的行走。一个 3 岁的孩子可以看一个 9 岁的孩子在开平方根，就问他在做什么。如果答案不能给他灵感，他就会回到他自己的班级，那里有他灵感的对象，但 6 岁的孩子会对此感兴趣，会从那里找到灵感。有了这种自由，我们可以看到每个年龄段的智力的局限。这就是我们如何发现 8 岁和 9 岁的孩子（当时）理解 12 岁和 14 岁的孩子所做的开平方根。因此，他也明白这个孩子在 8 岁的时候就对代数感兴趣并有相应的能力。因此，年龄不仅是带来了进步，而且也带来了行动的自由。

智力的高低才是重要的。在社会上，你会发现各种年龄的人，在整个历史中，我们没有发现任何社会按年龄划分的例子。在按年龄划分的普通学校里，没有任何东西是具有社会意义的，尽管它有种种主张。这种不同年龄的孩子之间的交流带来了和谐和快乐，因为年龄稍大的孩子发现他们是真正的教师，即使他们没有上过师范学院，也不是正规的教师。但这些孩子确实在教书，而且从考试成绩来看，显然正规的教师不会教书！

到处都有动画，没有自卑情结。小一点的孩子是活泼的，因为他理解大一点的孩子做什么，大一点的孩子是活泼的，因为他把已经掌握的可以教给小一点的孩子。因此就有了力量的增强，精神力量的增强。

这些和其他一些事实表明，所有这些看起来很不寻常的现象，其实并没有那么不寻常。它们只是服从自然规律的结果。

所有这些精力都在普通教育中被浪费了。如果从今以后它们不再被浪费，就会有新的精神财富留给新一代。这并不需要花费太多：只需要更少的教师，同时还要把这些为数不多的教师绑在杆子上！

通过研究这些孩子的行为和他们在自由氛围中的交流活动，社会的真正秘密才得以揭示。它们是精细的事实，必须用精神显微镜来检查，但它们是最有趣的，因为它们揭示了人类固有的本质。因此，这些学校被认为是心理学研究的实验室，尽管这不是真正的研究，而是进行的观察。但这一观察结果很重要。

有一些事实是非常重要的，例如，儿童只解决自己的问题。如果我们不加干预地观察他们，便会注意到一个重要的事实，那就是儿童并不像我们这样互相帮助。我们看到儿童背着重物，没有其他人去帮助他们，或者他们在复杂的锻炼后把所有的器具都放好，但没有人帮忙。他们尊重每个人，只有在别人需要帮助的时候才去帮助。这给了我们很大的启发，因为他们显然有一种直觉，尊重儿童的基本需求，不让儿童得到无用的帮助。曾经有一名儿童，他把所有的几何卡片都铺在地板上，上面全是几何插图。突然音乐响起了，有一支队伍经过，所有的儿童都跑过去看，只有那个带着所有几何卡片的小家伙除外。他没有去，因为他做梦也不想把所有的几何卡片就那样丢在那里。它们应该被收起来，可是通常没有人会帮助他，所以他的双眼含有眼泪，因为他也想看游行。其他人意识到紧急情况，都回来帮助他。成人并不能识别出何时是提供帮助的最佳时机，他们经常在没有必要的时候帮助别人。绅士会有礼貌地将椅子放在桌子边上，帮助女士坐下来，虽然她在没有帮助的情况下，也能够自己独立坐下来，或者在下楼的时候没有他人的搀扶，也能自己走下来，但如果他失去了财富，也就没有人会去帮助。需要帮助的时候没有人帮助，而不需要帮助的时候所有人都去帮助！所以这一点成人是不会教儿童的，因为他自己和儿童一样并不知道正确的方式。我想，儿童的潜意识可能还保留着他的记忆，渴望和需要做出最大的努力，这就是为什么他本能地不帮助别人，因为他可能会成为一个障碍。

另一个有趣的特点是儿童处理打扰者的方式，这个打扰者可能是一个刚进学校的儿童，尚未习惯那里要求的行为。他会打扰教师和其他儿童，这是一个真正的问题。教师一般说："那很调皮。 这是不好的。"有时会说："你是一个坏孩子。"但儿童的反应是有趣的。一名儿童对新来的儿童说："你很淘气，但是别担心，我们刚来的时候和你一样淘气。"淘气被认为是一种不幸，那名儿童试图安慰淘气的那个人，让他成为一名真正的男孩。他同情他。如果作恶的人能引起人们的同情，我们努力去安慰他，那社会将会发生多大的变化啊！这意味着就像他生病时，我们对他同情一样，我们对他作恶产生同情。错误的行为通常是由于不利的环境、不利的出生条件或一些类似的不幸而造成的精神问题。它应该唤起人们的同情和帮助，而不仅仅是惩罚。这将使我们的社会结构变得更好。对于我们的儿童来说，如果发生意外，比如一个花瓶掉了下来，碰掉花瓶的儿童往往感到伤心，因为他们不喜欢破坏，而且这代表了自卑，他们并不能扛起自卑。

成人的本能反应是说："看它坏了，我告诉过你不要碰这些东西，你为什么还要碰呢？”或者至少他们会让他收拾残局，因为他们认为孩子必须清理事故的后果，这样他才会更认真地吸取教训。但是儿童会怎么做呢？他们跑来跑去地帮忙；用微弱的声音说：“没关系！我们可以再买一个的。”他们中的一些人会捡起碎片，另一些人会擦去地板上的水。所以有一种本能吸引他们用鼓励和安慰来帮助弱者，这是社会进化的本能。事实上，我们社会进化的很大一部分是在社会去帮助弱者的时候发生的。我们所有的医学科学都是在这一原则的基础上发展起来的，因此，从这一本能中，我们不仅帮助了那些被同情的对象，而且帮助了整个人类。鼓励弱者并不是错误，这是正确的事情，它推动了整个社会的发展。正常的儿童都会表现出这些情感，不仅是对彼此，对动物也是如此。

所有人都认为儿童对动物的尊重是被成人教会的，他们认为儿童倾向于残忍地对待动物。事实上并非如此，他们有保护动物的本能。我们在戈代加讷尔的学校里有一只山羊幼崽，我曾经每天都去喂它，把食物举得高高的，这样小山羊经常需要用两条后腿站起来。看到幼崽这么做，我很感兴趣，好像小山羊也很喜欢这么做。但是有一天，一名幼儿带着焦急的表情过来了，他用双手把小羊压在他的身体下面，因为他认为动物幼崽不应该仅仅依靠他的后腿站立。这是一种非常微妙的情感。

我们学校里的另一种表现是对比自己强的人的崇拜。儿童对比自己强的人，不仅一点也不嫉妒，还会产生由衷的钦佩和快乐。这就是著名的书写爆发事件所带来的情况。对于第一个写出来的字，儿童一阵欢呼和笑声，他们钦佩地看着书写的人，然后，突然激发了他们的灵感，他们写道：“我也能做到！”一个人的成功给整个团队带来了鼓舞。字母表也引发了同样的热情，全班同学组成了一个用字母作为旗帜的队伍，大家欢快地大叫，手舞足蹈，人们从楼下上来（我们在屋顶上），看看大家是玩什么这么开心。“他们对字母表感兴趣。”教师说。

很明显，儿童之间有基于高度情感的交流，所以在群体中他们可以团结。从这些例子中，人们意识到，如果是正常儿童，在一种高度情感的气氛中会感受到一种吸引力。年长的儿童会被年幼的儿童所吸引，年幼的儿童会被年长的儿童所吸引，同样，正常儿童会被非正常的（新）儿童和恶习所吸引。

第二十五章

社会凝聚力

我想讲述我的另一段难忘的经历。有一天，我想讲授一门本身并不吸引人的课程。我教孩子们如何擤鼻涕，他们显然对我生动的演示非常感兴趣。我向他们展示了不同的人是如何擤鼻涕的，有些人炫耀地打开手绢，发出很大的声音，而另一些人，那些受过良好教育的人，在这么做的时候几乎隐藏了所有必要的动作，甚至用最细微的声音来擤鼻涕。让我印象深刻的是孩子们一本正经地认真地听着。没有一个人笑起来。当我讲完的时候，令我吃惊的是，观众席上的孩子爆发出热烈的掌声。我从未见过这样的表现。据我所知，在世界历史上，从来没有出现过小孩子们聚集在一起为演讲鼓掌的先例。

不仅仅是两岁或三岁的孩子这么做，所有的孩子都一起开心地用他们小小的双手鼓掌，完成相应的“工作”。我像往常一样走了出去，在小路上走了一会儿后，我回过头来，惊奇地发现所有的孩子都一直在跟着我。他们看起来真像一群蜜蜂，只是他们移动得很安静，我都没有注意到他们。多么神奇！如果行人看见一个女人走在大街上，后面跟着四十五个孩子，他们会怎么说呢？我转向他们，平静地说：“现在，你们所有人都跑回学校去，但要轻一点，小心别撞到门柱上。”我这样教导他们，是因为我知道，这样的孩子，对正确的行为非常感兴趣。他们全都背对着我，踮着脚尖跑掉了。当他们走到门口时，拐了个大弯，避开了拐角，从大门的中间进去了。之后一起消失了。

“为什么他们这么热情？”我想。也许我碰巧谈到了一个他们十分敏感的社会问题。事实上，所有的孩子都因为鼻子脏而受到过羞辱。在意大利，粗俗的人会叫这个孩子“鼻涕虫”，而不是“孩子”。孩子的鼻子总是很脏，他们的母亲有时会用安全别针把手帕系在孩子的衣服前面。显然孩子觉得这是一种让他们自卑的耻辱表现。也许这就是我的授课成功的原因。我没有蔑视他们，而是给他们上了一课。现在他们获得了知识，这使他们得到了救赎，提高了他们的人格尊严。我的行为在某种程度上类似于一个受欢迎的领袖，一个试图提高和捍卫民众尊严的革命者。

这个小插曲确实令人惊讶，但最主要的事实是，这些儿童的感觉和行为表现就像一个集体。他们真的形成了一个儿童社会，他们由一种神秘的纽带连接在一起，像一个独立的人那样行动。这种联系是由每个人的共同情感所形成的。虽然他们是“独立的个体”，虽然他们并不依赖彼此，但他们都被同一种冲动所感动。

这样的社会似乎更接近于有吸收力的心灵，而不是意识。

我们所观察到的结构线似乎与我们通过显微镜观察细胞如何构成有机体时所观察到的结构线类似。显然，社会也有一个胚胎阶段，在儿童的成长过程中可以观察到它的最初形成。

他们慢慢地意识到这样一个群体的形成，观察这一过程是如何进行的是很有趣的。他们似乎意识到自己属于一个群体，并为这个群体的活动做出贡献。他们开始感兴趣，几乎可以说，他们也在用自己的精神去钻研。当他们达到这个阶段时，他们就不再机械地行动，他们以成功为目标，并且特别考虑群体的荣誉。这是迈向完整社会意识的第一步，我称之为“家族精神”，与原始人类社会相比，在原始社会中，个人已经将爱、捍卫和欣赏他们的群体价值作为个体的活动目标。

最初这种现象表现也使我们感到惊奇，因为它们是并未受我们的任何影响而独立出现的。它们接连不断地出现，呈现出发展的事实，就像到了一定年龄，牙齿就会钻出牙龈一样。这种联系是由自然的驱使所导致的，由自身的一种内部力量所引导，由一种社会精神所激励，我称之为“有凝聚力的社会”。

我是由于孩子们的一些自发的表现而产生这个想法的，这使我们非常吃惊。让我举一个例子：我知道一些重要的美国客人第二天要来参观学校。然而，我不可能在那里接待他们。临走前，我满怀信心地对孩子们说：“明天会有一些人来参观学校。如果他们说‘这是一所拥有世界上最好的孩子的学校’，我会感到非常幸福。”我不加思索地说出这句话，几乎是身不由己的，并不认为会有什么后果。

第二天当我回到学校时，我发现教师很兴奋，她流着泪跟我说：“你真该看看这些孩子！他们每个人都在工作，充满了热情。他们很有礼貌地迎接来访者。看到他们每个人都展示出最棒的状态，我真的很感动。有人导演过他们吗？这一定是那些神圣的天使们自己干的！”他们显然感到了家族荣誉，而且表现得比服从命令式的要求更令人印象深刻。他们能够感觉到一些超出他们个人需要的东西。

类似的经历经常重复出现。当阿根廷大使希望参观这所四五岁的孩子独立学习、自发读写、不受教师权威约束的著名学校时，他真的非常难以置信。他并没有宣布他的来访，而是想出其不意地参观。不幸的是，他来的时候正好放假，学校关门了。这所学校被称为“儿童之家”，建在公寓楼里，在这里儿童和他们的家人一起生活。当大使来的时候，一名儿童正好在庭院里，当他听到大使失望的表达时，他理解了这是一位访客，并告诉他：“没关系，学校虽然关了，但门卫有钥匙，我们都在家。”门开了，所有的儿童来到他们的教室开始工作。他们感受到了一种要为他们家族荣誉而表现好的责任。没有人想从中获益，也没有人想要凸显自己，所有人都为他们这个群体而工作。教师第二天才听说这件事。

这种社会情感并没有通过任何教育灌输，完全不同于竞争情感或个人兴趣，就像一种天生的礼物。然而，这绝对是这些孩子们通过自己的努力所取得的成就。正如科格希尔所说：“自然决定行为，但行为是通过环境中的经验发展起来的。”自然显然为人格和社会的建构提供了设计，但这种设计只有通过儿童将其变为现实的服从活动才能实现。这样做的过程揭示了发展的连续性。这种弥漫于具有凝聚力的社会中的家族精神，与现代美国心理学家和教育家沃什伯恩所称的“社会融合”极为一致。他认为这是社会改革的关键，应该是整个教育的基础。当个人认为自己是所属群体的一员时，社会融合就能得以实现。拥有荣誉的人考虑的是群体的成功，而不是个人荣誉。沃什伯恩试图通过比较牛津和剑桥的划船比赛来解释他的概念。“那里的每个人都在为团队的荣誉做出最大的努力，同时也清楚地意识到，他个人不会从中获得任何利益或荣誉。如果每一个社会企业都是这样，从全国性的企业到工业企业等，如果所有企业都被整体成功的欲望所激励，每个企业都是整个社会的一部分，那么整个人类社会就会得到重生。在学校里，应该培养这种个人与社会融合的感觉。”他补充说：“因为，这是到处都缺乏的，会导致社会的失败和毁灭。”

这个社会融合的例子可以这么理解：这个儿童凝聚的社会是由一种神奇的自然力量实现的。

我们必须在它真正被创造出来的地方考虑它并珍惜它，因为性格和情感都不能通过教育来给予：它们是生命的产物。

然而，有凝聚力的社会不同于支配人命运的有组织的社会。这仅仅是儿童进化的最后阶段，几乎是一种社会胚胎的神圣而神秘的创造。

有组织的社会

到了6岁，儿童进入另一个标志着转变的发展阶段时，对新生的社会胚胎来说，另一种自发的社会生活形式就非常明显地呈现。它显示了一个有组织的联合，这种联合能让人充分意识到自己。之后，儿童寻找由人类自己建立的原则和法律。他们找一个能指挥群体的领导人。显然，服从规则和领导的人连接了这个社会。我们知道，这种服从是在这一发展阶段之前的胚胎阶段就准备好了的。麦克杜格尔描述了这种六七岁的儿童已经开始形成的社会。他们屈从于其他年长的儿童，就好像是受到一种本能的驱使，他称之为“社交本能”。现在，经常被忽视和遗弃的儿童组织了帮派——这些团体联合起来，特别反对成人的原则和权威。然而，这些往往导致叛逆态度的天性在童子军运动中得到了升华。后者满足了社会对发展的真正需要，而这蕴含在儿童和青少年的天性之中。

这种“群居本能”不同于以儿童作为社会基础的凝聚力。这些不断发展直至进入成人社会的连续社会都是有意识地组织起来的社会，它们都需要人为的规则和领导者的指导。

因此，社会生活是一个固有的事实，属于人类的天性。它是作为一个有机体发展的，在自然演化过程中具有不同的特征。我们会把它比作布料的制造——家纺布料的织造和纺纱，而这是印度家庭手工业的重要组成部分。毫无疑问，我们必须从头开始，首先考虑棉花种子周围的白色绒毛。因此，当我们希望考虑人类社会的建设时，我们必须从儿童开始，并在他出生的家庭周围看着他。对棉花所做的第一件事，也是甘地乡村学校的第一件工作，就是对从棉花植物上摘下的棉花提纯。棉籽壳在棉花里留下的黑色小块必须剪掉。第一个活动对应于我们把孩子们从他们的家庭中召集起来，纠正他们的偏差，帮助他们集中精力，使他们自我正常化。然后是旋转。甘地把纺纱作为实现印度解放和重生的手段，在印度人民面前树立了一个伟大的象征。在我们的比喻中，旋转对应着儿童通过工作和社会经验完成的性格建构。个性的发展是一切的基础。如果棉线纺得好，织成的布也会一样结实。

布料的质量取决于它。在这个象征意义上，圣雄甘地坚定地说：“我只考虑那些纺纱的人。”这是很正确的。这的确是需要考虑的主要问题，因为用那些没有经受阻力的线织成的布是没有价值的。

接下来的阶段是把这些线放在织布机上，即放在一个有限的框架上。这些线被拉起并向同一个方向拉伸，然后固定在织布机两端的杆子上。这些线都是平行的，长度相等，彼此分开不接触。它们构成了一块布的纬线，但不是布。然而，没有这种布就不能编织。如果线断了或没有固定在同一方向，线轴就不能穿过线。这种纬线与有凝聚力的社会相一致。在人类社会的胚胎准备阶段，它依赖于儿童的活动，他们在有限的环境中按照自然的冲动行事，就像织布机一样。最后他们联合起来，每个人都趋向于同一个目标。

真正的编织过程是把线轴穿过这些线，然后把它们连在一起，通过把横向的线紧紧地压在纬线上，把每一条线牢牢地固定在一起。这个阶段对应于一个真正有组织的人类社会，这个社会由规则所固定，在一个公认的领导者的指导下，所有人都服从。只有这样，我们才有一块真正的布，即使从织布机上拿下来，它仍然完好无损。它独立于织布机而存在，一旦取下就可以使用。可以无限数量地生产。人类形成社会并不是因为每个人都朝向环境中的某个目标，并为了自己的利益而集中精力于这个目标，就像有凝聚力的儿童社会所发生的那样，但人类社会的最终形式取决于组织。

然而，这两件事是相互关联的。社会不仅要靠组织，还要靠凝聚力。后者实际上是两者中更基本的一个，并作为构造前者的基础。好的法律和好的领导不能使群众团结在一起，也不能使他们行动起来，除非个人本身已经朝着修正他们的方向前进，并使他们成为一个群体。反过来，群众的强大和活跃程度也取决于构成群众的个体的个性发展程度。因此，社会的组织不仅取决于环境和事件，而且首先取决于个人人格的形成及其内在取向。

在中世纪的欧洲历史中，我们看到了这个饱受战争蹂躏时代的领导人徒劳地试图实现的东西：当时确实存在着欧洲联合国。这是怎么发生的？这一成功的秘密在于，所有国家和欧洲帝国的个人都信仰同一种宗教信仰，这种宗教信仰形成了一股强大的凝聚力。然后我们真的看到国王或君主根据自己的法律统治人民，但他们都服从并依赖于基督教的力量。然而，凝聚力并不足以建立一个实际的以智慧和劳动为手段创造文明的社会。在我们这个时代，我们看到犹太人被一种延续千年的凝聚力团结在一起；但他们没有被组织起来，也不作为一个国家力量存在。

然而，有凝聚力的社会是一个自然的事实，必须自发地由自然的创造驱使所指引。没有人能代替自然，谁要是在社会上试图代替自然，他就会变成一个魔鬼，就像一个成人，他的骄傲会压制儿童个性中的创造力。成人的凝聚力也依附于宇宙指令，依附于高于组织机制的理想。应该有两个相互交织的社会，其中一个，我们可以说，植根于潜意识和有创造力的潜意识，另一个则取决于有意识地行动的人。我们同样可以按照如下表述：一个从童年开始，另一个则被成人所叠加，因为，正如我们在本书的开头所看到的，正是儿童的具有吸收力的心灵体现了种族的特征。这就是它所体现的特征，就好像它实现了另一种只在人类中发现的遗传形式；遗传不取决于隐藏的基因，而来自其他创造性的中心，是儿童吗？儿童所体现的特征显示他作为一个精神胚胎生存，既不是智慧的发现，也不是人类劳动的结果，而是作为具有凝聚力的社会的一部分。他——这个孩子，聚集了它们，使它们拥有人格。通过这些特征，他建立了自己的个性。因此，他成为一个拥有特定语言、特定信仰和特定习俗的人。在一个不断变化的社会中，什么是固定的，什么是基本的，就是它的凝聚力的部分。

当我们让孩子去发展，把他从生命孕育之初，直至培养为一个成人时，我们就能了解那些我们个人和社会力量所依赖的秘密。

与之相反的是，我们只要环顾四周就能看到，如今人们只能通过社会有意识的、有组织的部分来判断、行动和调节自己。他们希望加强和保护本组织，仿佛只有他们才是它的创建者。他们没有考虑什么是该组织不可或缺的基础。他们只遵循人类的方向，并渴望发现一个领导者。

多少人希望出现一个新的弥赛亚，一个具有征服和组织能力的天才！第一次世界大战之后，有人提议建立培养领导人的学校，因为人们认为，那里的领导人缺乏培训，不适合指挥世界大事。确实有人试图通过智力测试找出哪些是超常的人，哪些是读书时最聪明的年轻人，以此来培养他们的领导才能。但是，如果没有好的领导者，没有教师领导者，谁又能训练他们呢？

缺乏的不是领导人，或者更确切地说，问题并不局限于这个细节。这个问题要大得多，对于我们现代文明的社会生活中，广大民众本身才是完全没有准备的。因此，问题在于训练民众，重新塑造这些个体的品格以收获每个人身上隐藏的财富，发展他们的价值。没有一个领导者能做到这一点，不管他是多伟大的天才。

就像一个伟大的文学天才，即使他有无限的能力，也不足以使几百万文盲成为文人，因为这几百万文盲，每个人自己必须学会读书写字（这个仅可以通过儿童实现），因此在这个更大的问题上也是如此。

这是我们这个关键时代最现实、最紧迫的任务。事实是，人类大众并不能达到他们本可以达到的水平。我们在两种引力的图解中看到了它，一种来自中心，另一种来自外围。教育的伟大任务必须直接在于试图挽救正常，而正常本身往往是趋向完美的中心。相反，我们现在所做的一切，主要面向那些人为的虚弱和异常的人，倾向于精神疾病的，需要不断地照顾他们、进行美德上的培植，以确保他们不会落入边缘，一旦落入，他们就会成为社会的边缘人。现在实际发生的这件事实际上是一种危害人类的罪行，它对我们每个人都会产生影响，甚至可能会摧毁我们。覆盖了半个地球表面的大量文盲并不真正影响社会，真正有影响的是我们对人类创造的一无所知，是我们对自然给予每一个儿童的财富的践踏，甚至都没有注意到它，可这才是智慧和道德的源泉，能够将整个世界提升到一个更高的水平。我们在死者面前哭泣，我们渴望把人类从毁灭中拯救出来，而不是从危险中拯救出来，摆在面前最重要的事是提升自己，这才是我们每一个人的命运。

折磨我们的不是死亡，而是错过的天堂。

人类最大的危险在于我们的愚昧无知，愚昧的人寻找牡蛎中的珍珠，寻找岩石中的黄金，寻找地下的煤，却忽略了精神的萌芽创造的星云，而这些都隐藏在儿童身上，他们降临到我们的世界准备革新人类。

如果在普通学校允许这种自发的组织，可以从一个班级到另一个班级轻松随意地移动，那将会带来很大的改善，因为在普通学校人们是从相反的角度出发的。他们认为儿童在学习上不积极，所以他们通过敦促、鼓励、惩罚或奖励来培养儿童的积极性。他们还将比赛作为一种鼓励，激发儿童的努力。人们似乎总是热衷于在任何存在的事物中寻找邪恶，以便与之斗争。成人的态度是寻求邪恶来压制它，那么恶毒地批评和判断是必要的。但是纠正错误会带来耻辱和沮丧，然而这确是普通学校教育的基础，整个教育的基础是降低生活水平。不允许抄袭，所以不允许联合，在学校里帮助成绩差的学生是一种罪过；帮助不知道自己功课的学生被认为和接受帮助的学生一样有罪，因此一种道德被强加在学生身上，降低了学生的水平。同时，我们还一直都会听到这些表述，“不要坐立不安”“不要提示”“不要帮忙”“没有提问时不要回答”。所有都是不可以，所有都是否定。在这种情况下我们该怎么办？即使一般的教师确实试图改善他的班级，他也会采取与学生相反的方式。他说的最多的话可能是“如果有人比你强，不要嫉妒”或“如果有人让你难过，不要寻求报复”。对普通学校教育的理解显然离不开否定。

一般的观点是，每个人都是错的，我们必须帮助他们改正错误。但是孩子们会做教师想不到的事情；他们会羡慕比他们强的人，而不仅仅是“不嫉妒”。然而，一个人不可能博得对手的钦佩，所以教师是有限的。她能做什么呢？如果精神领域并不存在某些态度，那么它们就不能被命令。然而，如果存在并且是本能的（就像它原来存在），那么持有和鼓励它是多么重要。法律也是一样：不要寻求报复。孩子经常把伤害他的人或把取代他受到关注人的当作朋友，但这不可能通过命令实现。一个人必须对那些真正行恶的人怀有同情心和爱心，但通过命令是无法实现的。一个人必须帮助那些无能的人，但也不能通过命令实现。因此，在孩子的心灵中，有一种情感是不能被命令控制的，但它却是自然存在的，应该被鼓励。不幸的是，一般来说，学校里的所有工作都被扼杀在图 9（见 213 页）的白色区域，它被拉向反社会和非社会的边缘。

首先教师认为孩子是无能的，必须让他变得有能力，然后他接着说“不要做这个或不要做那个”；换句话说，不要下滑到外围区域。所有的努力都是让下滑者不要下滑，仅此而已。但一直以来，正常儿童都在向我们展示一种对善的夸大，而不是强调避免恶。按作息时间表规定的时间中断工作，安排相应的休息也是消极的。“不要在一件事上太努力，否则你会累的”，而孩子明显表现出尽最大努力的愿望。普通的学校永远不能帮助孩子们创造本能，因为孩子们的活动被夸大了。夸张的活动，大量的工作，认为所有的工作都是美好的，安慰受苦的人，帮助弱者，这些都是孩子的本能。

为什么会这样？如果在整个受教育的过程中都鼓励仇恨、竞争，我们怎么能指望在这种氛围中成长的在二三十岁时就变得优秀呢？我说，这不可能。在精神上，没有一个感官器官准备去说教，即使准备了，也必被毁坏，说教就消失不见了。

创造性本能才是重要的，而非说教，因为它们反映了一个事实，儿童遵循天性行动，而不是因为教师教他们这么做。善应当由互帮互助产生，由精神的凝聚力的团结产生。这个由儿童所揭示的凝聚力而构成的社会是一切组织的基础；这就是为什么我坚持认为，3 岁至 6 岁的儿童并不是我们所能教的。我们可以用一种克制的方式观察，看看每天、每小时的锻炼是如何实现发展的。大自然所给予的是通过不停地锻炼而得到发展。大自然提供了一个向导，但它也揭示出，要在任何领域发展任何东西，持续的经验和努力都是必要的。若没有这样的机会，说教也是枉然。成长来自活动，而不是来自智慧的理解，因此，儿童教育非常重要，特别是对 3 岁至 6 岁的儿童，因为这是性格和社会形成的胚胎时期（就像从出生到 3 岁是心理胚胎期；以及产前期，即生理胚胎期）。儿童在 3 岁至 6 岁之间所做的事，不是凭教条，而是由自然给正在建构的精神的神圣指示。它们是行为的萌芽，只有在自由和有秩序的适当环境下才能发展。

第二十六章

错误及其控制

当我们说我们学校的孩子们是自由的，那就必须进行组织，一个比其他学校更详细的组织，这样孩子们就可以自由地工作。孩子在一个有准备的环境中进行实验，完善自己，但是一定数量的仪器和空间是必要的。一旦孩子变得专注，他就会在许多活动中继续集中注意力，而当他变得越来越活跃时，教师的作用就会变得越来越少，直到她几乎被抛到一边。

我们已经提到，通过在自由情境中的重复练习，儿童在一个特殊的社会中结合在一起，而这个社会比我们的社会高尚得多，它激发了一种愿望和信念，即儿童应该享有自由，不受干扰。它是一种生命现象，像微妙的胚胎生命一样，不能被触及。这些情境存在于我们的任何一种材料之中。

在这种环境中，教师和儿童之间有一种明确的关系。教师的任务已经确定得很详细，在另一章中详细阐述了，但她所不能做的事情是干涉、赞扬、惩罚或纠正错误。在大多数教育家看来，这似乎是一个错误的原则，当我们发现他们反对我们的方法时，他们总是反对这一点。他们说："如果我们不纠正错误，我们怎么能提高儿童的工作呢？"在普通教育中，根本任务是在道德和智力方面都纠正，否则教师就觉得没有做好她的工作。教育是两条腿走路的，一条腿给奖励，一条腿给惩罚；但是，如果一名儿童被给予奖励和惩罚，这意味着他没有精力引导自己，是教师在变相地引导、指导他。在我们的学校里，它们自动消失了，因为不需要它们。奖赏和惩罚来自外界，因此当它们被给予时，精神的自发性就消失了。因为这是一种自发的方法，所以给予奖励或惩罚是没有意义的。这是如此难以理解，甚至在所谓的蒙台梭利学校，他们同样被给予；我有多少次被邀请去参加这样的蒙台梭利学校的颁奖！然而，如果儿童获得自由，他们对奖品就会完全漠不关心。

在我的第一个实验中，教师，我提到过，是管理员的女儿，也有这种奖励和惩罚的想法。毕竟，它是如此普遍，无论是在家里还是在学校，它几乎深入每个人的灵魂里。我当时是反对的，但到目前为止还没有办法，我只好容忍，因为那个可怜的教师有事可做。她用金纸或银纸做了一个巨大的“军事”十字架作为奖励，用丝带把它们别在被奖励的孩子的胸前。我对这个主意不以为然，但还是算了。一天，我来到学校，发现一个孩子独自坐在教室中央的椅子上，戴着一个很大的十字架。我问：“你们给这个孩子奖励了？”教师说：“不，他是在受罚；所以他才独自坐着。”事实上，十字架是给的另一个孩子，但当他工作时，十字架挡住了他，所以他把十字架给了站在中间的那个孩子，那个孩子并没有得到十字架，但十字架不会影响他的工作。而中间的那个孩子对十字架和惩罚都漠不关心！我们还发现，糖果和类似的奖励并不受欢迎。

取消奖金可能不会激起多少困扰，因为这毕竟意味着经济。在任何情况下，只有少数人能得到，并且是在年底。但惩罚是另一回事，全年每天都会发生这种情况，而且修正的频率也更高。例如，在抄写本中，这种修正是什么意思？这意味着以 A、B、C 或 10、0 标记。打 0 分的怎么去修正呢？然后教师会说："你总是犯同样的错误。我讲的时候你不听，考试的时候你肯定考不过。"所有这些书本上的批改和教师的指责都导致了学生们的精力和兴趣的下降。说"你很坏"或"你是个笨蛋"是丢脸的。这是一种侮辱，一种冒犯，但不是一种纠正，因为为了纠正自己，一个人必须变得更好，如果一个孩子已经落后，我们还进一步羞辱他，他怎么能变得更好呢？从前，教师常把驴耳朵贴在笨孩子的耳朵上，打不会写字的孩子的手指尖。即使他们用世界上所有的纸来做驴耳朵，甚至把手指打成浆糊，他们也什么都纠正不了。只有经验和练习才能纠正错误，而能力的获得则需要长期的练习。如果一个儿童缺乏纪律，他会通过在一个有凝聚力的社会中工作，与他人交往而变得遵守纪律，而不是通过训斥他不守纪律，他就可以遵守纪律的。如果你告诉一个儿童做不到某件事，他会很容易地告诉你："你是在告诉我吗？我知道我不能。"这不是纠正，而是陈述事实。只有当儿童能够在足够长的时间内自由地自己练习时，才能纠正和完善自己。

孩子们可能会犯错，他们自己不一定能看到，但教师也可能犯了错误，却不知道自己犯错。不幸的是，教师通常一开始就把自己当成一个完美的人和榜样，所以如果她犯了错误，她当然不会告诉孩子。

她的尊严建立在永远正确的基础上。在普通的学校里她必须是绝对正确的，所以整个教育都是建立在错误的基础上的。

让我们来考虑一下错误本身。我们必须承认我们都会犯错，这是生活的现实，承认它本身就是我们的一大进步。如果我们要走在真理和现实的道路上，我们必须承认我们都会犯错误，否则我们应该是完美的。因此，最好的办法是与错误友好相处，这样它就不会再吓到我们,而是会友好地生活在我们中间,履行它的任务,因为它有一个任务。人生中有许多错误是可以自动纠正的。一个 1 岁的儿童走直线，走得不稳，会翻滚、跌倒，但最后还是走对了。他通过成长和经验改正错误。我们有一种错觉，以为自己在人生的道路上永远朝着完美的方向前进，但我们总是犯错误，却不去纠正它们。我们不认识它们，所以我们完全脱离现实，生活在幻象中。摆出完美姿态却没有意识到自己犯了错误的教师不是好教师。无论我们看向何处,总能发现君子犯错！如果我们踏上了通往完美的道路，我们必须仔细观察错误，因为通过纠正错误，完美才会到来。我们应该借助灯光找出错误。我们必须知道就像生命存在一样，错误一直存在，就像生命一样是真实的。

精确的科学（数学、物理、化学等）已经引起了人们对错误的注意，因为这些科学让错误脱颖而出。对误差的科学研究始于实证科学。实证科学被认为是没有误差的，因为它们能准确地测量误差，并能认识误差。因此人生有两件事：①达到一定的精确性；②在精确性中认识错误。无论科学给出什么，都是一个近似值，而不是绝对值，这个近似值会和结果一起考虑。例如,抗菌剂注射在 95% 的情况下是确定的,但重要的是要知道有 5% 的不确定性。同样，在测量时，它也要精确到千分之一英寸。在科学中，除非有可能出现误差的指示，否则不会给出或接受任何数据，而对数据的重要性在于误差的计算。没有数据被认真考虑过，除非给出了可能的误差值并附加到结果上，这与结果本身一样重要。所以，如果它对精确的科学如此重要，那么它对我们的工作又有多重要呢？这时，错误就变成了一种有趣而重要的东西，如果要纠正或控制它，对它的了解是必要的。

于是我们得到了一个科学的原则,这也是一个真理的原则,即“控制错误”。在学校里，无论是教师、儿童或是其他人所做的事，一定有错误，这必然是学校生活的一部分，没有外界的纠正，只有独立的个体对错误的控制，才能告诉我们是正确的还是错误的。我必须知道我的工作是否正确，因此错误对我来说变得有趣，而以前它是肤浅的。在普通的学校里，犯错误的人是不自觉的、无意识的、漠不关心的，因为意识到错误的不是我自己，而是教师让我意识到犯错的。这离自由的领域得有多远啊！如果我不能控制自己的错误，那我只好求助于那些可能不比我懂多少的人。相反，如果一个人知道自己在犯错误并且能够控制它们，这是多么重要啊！精神自由实现的最伟大之处之一是认识到我们可能会犯错，并能够控制它，并在没有帮助的情况下识别和控制错误。导致性格优柔寡断的一件事是，没有别人的帮助，我们无法控制任何事情。当一个人不得不依靠别人来告诉自己哪里做错了的时候，他会有一种自卑、气馁和缺乏自信的感觉。因此，对错误的控制就变成了向导，告诉我们是否走在了正确的道路上。我们有一种追求完美的本能；我们想要自己知道我们是否走在正确的道路上。

假设我要去某个地方，我可以开车，但我不认识路；这在生活中经常发生。为了确保我走对了，我拿了一张地图；我还看到几个标志告诉我，我在哪里。我可能一直看到“离艾哈迈达巴德2英里”的标志，但如果我突然看到一个标志上面写着“到孟买50英里”，我就知道我在哪里走错了。地图和路标帮助了我。如果我没有地图，我将不得不询问他人，并被告知许多，他们的建议可能相互矛盾。如果没有指导或控制，我就不可能继续走下去。

因此，在实证科学和实际生活中所必需的东西，也必须从一开始就包括在教育中，即控制错误的可能性。因此，随着教学和教学材料的发展，必须去控制误差。前进的道路拥有自由和可靠的方法，并能在犯错的时候告诉自己。当这一原则在学校和实际生活中得以实现时，教师或母亲是否完美就无关紧要了。成人的错误会变得有趣，孩子们也会同情他们。它变成了有趣的东西，但又完全脱离。它成为一个固有的事实，它在孩子的心中激起了我们都会犯错误的情感认识。它也成了另一个影响母子关系的因素。我们都会犯错误，这一事实使我们更友好。兄弟情谊是在错误的道路上出现的，而不是在完美的道路上。如果一个人是完美的，那么他就不能再改变了，两个“完美”的人在一起通常会吵架，因为改变和相互理解是不可能的。如果一个人在成长过程中没有犯过错误，那就不可能有进步，也不可能有帮助，因为无法助力完美。因此，如果我们认为自己是完美的，我们就不在真理的领域里。一个人被眼前完美的幻想误导，但从来没有实现过。

让我们做一个几何上的比较：我们可以把一个正方形叠加在另一个正方形上，就像我们的儿童描画正方形的练习一样。随着我们继续将正方形画到越来越接近的程度，我们逐渐缩小最后一个正方形与之前那个正方形之间的差异。如果我们认为这是为了逐渐减少正方形之间的“误差”，那么就会发现，无论差异最终变得多么小，我们都无法完全消除误差。让我们来看看儿童最早做的一项练习。我们有相同高度的圆柱体，但直径不同，并匹配有相应的插孔板。认识到它们的不同是第一种进步，用三根手指握住它们是另一种进步。儿童开始将他们放到插孔板上，但当他完成时，发现自己犯了一个错误，剩下一个较粗的圆柱体，但却只有一个细孔，而其他放置好的圆柱也是松动的、摇摇晃晃的，所以他看看这些圆柱，比以前更仔细地观察它们。儿童知道他可能会犯错，如果他犯了错误，有一个圆柱体是装不上的。如果没有这种错误的可能性，就不会有同样的兴趣。这使他一遍又一遍地重复练习。所以材料有两个要求要满足：①完善孩子的感官；②提供控制错误的可能性。

上面提到的材料对误差的控制是非常实际和可见的，所以一个2岁的儿童就可以使用它，并在通往完美的道路上获得控制错误的知识。通过每天这样的练习，儿童获得了控制错误的能力，并变得自信。肯定自己并不意味着完美，但它意味着知道自己的可能性，从而能够做一些事。他可能会说：“我并不完美，我不是万能的，但我知道这件事和我的力量，我也知道我可能犯错误并能控制它们，所以我对我的道路很有把握。”他们的话里有谨慎、确定性和经验。这些都趋向完美，而不是像有些人所说的，一个人只能是这样，或是那样，或是其他。换句话说，要达到这种确定性，并不像我们所设想得那样简单；趋向完美的道路也不是那么简单。告诉任何人他是愚蠢的、勇敢的、好的或坏的，是对人性的背叛；一个人必须自我肯定，并且有必要为此提供发展和控制错误的方法。

让我们稍后再来看看这样训练的儿童。有一些数学练习，例如乘法和加法。为了求和，就有了乘法表，它是用来控制错误的。儿童如果没有自信，就不可能确定自己是否正确；所以我们不让教师纠正，而是让儿童养成自己控制错误的习惯。这种对错误的控制比练习本身更有吸引力。所以在阅读的时候，儿童有一个写卡片的练习，把这些名字的样本放在一起，然后在卡片下面写名字来控制他的工作。练习的吸引力在于找出他是否正确。

如果在学校生活的实践中有这种不断控制错误的练习，儿童会逐渐趋于完美。追求完美的兴趣和对错误的控制，对儿童来说是非常重要的，所以进步是有保证的。出于天性，儿童倾向于精确，因此这种控制使他非常感兴趣。在我们的一所学校里，一名儿童阅读到一条命令，上面写着："出去，关上门，回来。"儿童学习并开始执行，然后她去找教师说："你为什么这样写？这是不可能做到的。如果门已经关上了，我怎么回来呢？"于是教师说："是的，是我的错。"并重新写了指令，孩子笑着说："是的，现在我能做到了。"

友爱产生于对控制错误的兴趣。错误会使人分裂，但是控制错误却是友爱的手段。无论在哪里发现错误，克服错误已成为一种普遍的兴趣。错误本身变得有趣。它成为一种联系，当然也成为所有人之间，特别是儿童和成人之间的一种凝聚手段。发现成人的一个小错误并不会导致成人失去尊重或降低尊严。错误会从人身上被分离出来，分离出来之后才能够被控制。

简单的步骤可以成就伟大的事业。

第二十七章

服从的三个等级

在普通的品格教育中，主要关注的是意志和服从，在那些关注这两种思想的人的心目中，这两种思想通常是对立的。其中一个主要目的是抑制孩子的意志，用成人的意志来代替，并要求他服从。

我想澄清的这些观点，不是基于我自己的观点，而是基于我的经验。首先，我们必须承认，在这些问题上存在着很大的混乱。一些生物学研究告诉我们，人类的意志是一种普遍的力量（荷尔蒙）的一部分，这种普遍的力量不是物质的，而是沿着进化道路的生命的力量。所有的生命都不可抗拒地朝着进化的方向发展，这种推动力叫作荷尔蒙。进化是由规律支配的，不是偶然的或随机的。这些生活法则告诉我们，人的意志是这种力量的表现，并塑造了人的行为。在儿童时期，一旦孩子进行了某种自我决定的行动，这种力量就会被部分地意识到，然后这种力量在儿童中得到发展，但只是通过经验。因此，让我们首先说，意志是必须发展的东西，而且源于自然，它遵守自然法则。

认为儿童的自愿行为是自然无序的，有时是暴力的，这也表明了对这一问题的困惑。人们之所以普遍承认这一点，是因为人们在儿童身上看到这类行为，并认为它们表达了他的意志。事实并非如此，这些行为不属于宇宙力量或荷尔蒙的领域。让我们考虑一下成人的行为，假设我们误以为一个人的抽搐是自愿的表现，或是在愤怒的狂乱中由他的意志指导的行为，那显然是荒谬的。我们不这样认为，我们认为有意志的人主要是那些做一些有目的和困难的事情的人。如果我们认为自愿行为主要是成人或儿童的无序运动，那么我们当然觉得必须抑制意志，或者像老一辈人说的“打破意志”；如果我们认为有必要打破这个意志，那么，我们当然必须用我们的意志来代替孩子的意志，让他“服从”我们。

真正的事实是，人（孩子）的意志不会导致混乱或暴力；这是一种背离和痛苦的标志。意志在其自然领域是一种力量，它迫使我们采取行动，让我们认为是有利于我们的生活。大自然给孩子的任务是成长，所以孩子的意志是推动成长和发展的力量。

意志促使个人走向意识发展的道路。我们的孩子自发地选择他们自己的工作，重复这种选择的练习，发展他们的行为意识。起初是刺激孩子行动的荷尔蒙冲动，现在变成了意志的努力。起初，他的行动是本能的，现在他的行动是有意识和自愿的：这是精神的觉醒。

儿童自己已经理解了这种差异，并以一种这将永远是我们经历的宝贵记忆的方式表达出来。有一次，一位上流社会的女士来参观学校，带着老派的心态，对一名儿童说：“那么，这是一个你想干什么就干什么的地方，是不是啊？”这名儿童回答说：“不，夫人，我们并不是做我们想做的，我们想做我们要做的。”儿童感受到了做自己喜欢的事和喜欢自己所做的事之间的区别。

有一件事应该清楚：有意识的意志是一种通过锻炼和工作，从而得到发展的能力。我们的目的肯定是培养意志，而不是破坏它。意志几乎可以在瞬间被打破，意志的发展是一个缓慢的过程，通过与环境相关的连续活动来充分发展自己。摧毁它是很容易的。炸弹或地震可以在几秒钟内摧毁一座建筑物，但真正困难的是建造一座建筑！它需要准确地了解平衡、张力的规律，为了建造一座很好的建筑，甚至艺术都是必要的。

建造一座没有生命的建筑都需要这一切，那么人类灵魂的建设就更需要了！它从内部发生。因此，建构者既不会是母亲，也不会是教师。因为他们不是建筑师，也不是像《圣经》中的上帝那样说："要有光，光就被创造出来了。"它们只能帮助儿童自己的创造性工作。这应该是他们的功能和目标，但他们同样有能力摧毁它，通过镇压来打破它。这一点虽然被如此多的偏见所掩盖，但还是值得澄清的。

普通教育中普遍存在的偏见表明，一切都可以通过单纯的教学（即直接解决儿童所听到的问题）或坚持自己作为一个被模仿的榜样（这是一种视觉教育）来实现。相反，人格只能通过个人练习，通过活动来发展。儿童通常被认为是一个善于接受的人，而不是一个积极主动的人。这在每个领域都有发生。甚至想象力的发展也是这样考虑的。给他们讲童话故事——迷人的王子和可爱的仙女的场景，从而激发他们的想象力。然而，儿童只接受印象，并没有真正发挥他的想象力，而想象力是人类智力的最高水平。在意志的情况下，这种错误就更严重了，因为普通教育不仅否定了意志发展的机会，实际上还阻碍了意志的发展，直接抑制了意志的表达。儿童的每一点反抗企图都被认为是一种反抗形式。教育者真正做的就是试图摧毁儿童的意志。以身作则的教育原则,并不会引导教师绘制一个王子和仙女的梦幻世界,还是在这里教师会把自己当作榜样。所以想象力和意志都没有发挥作用，他们的活动只限于跟随着讲故事和表演的教师。

我们必须摆脱这些幻想，勇敢地面对现实。

在传统教育中，教师推理的方式本身似乎足够合乎逻辑。它是这样运行的:“为了教育，我必须是好的和完美的（这意味着我必须把自己伪装成给孩子们送礼物的圣诞老人）。我知道该做什么不该做什么。因此，只要儿童模仿我，服从我，这就足够了。”服从是教导的秘密基础。

我不记得哪位著名的教育家曾说过的这句格言:“儿童的所有美德都可以在一个方面体现出来——服从。”确实有这样的表述。

那么，教师的任务就变得简单而又艰巨了！他说:“在我面前有一个空的存在——或者一个充满了邪恶的存在——我将把他改造成几乎和我一样的形象。”

可怜的孩子！原本在他自己内部承载着造物主的工作，比教师、父亲或母亲更伟大,而他却被迫要成为与他们相似的人。在其他阶段，教师们用棍棒来达到这个目的，甚至在最近，在一个其他方面都很文明的国家，教师们宣称:“如果我们必须放弃棍棒，我们也必须放弃教育。”纪律是通过威胁和恐惧来执行的。由此得出结论：不听话的孩子是坏的，听话的孩子是好的。

在这个民主与自由理论盛行的时代，当我们思考这种态度时，我们倾向于把旧式教师判断为暴君。然而，这是不正确的，那种教师不是暴君。暴君要聪明得多。暴君有一定的意志力、独创性和一定的想象力。旧式的教师只会抱有幻想和偏见，拥护不合理的规则。暴君和旧式教师的区别在于：暴君用暴力手段达到他成功的目的，教师用暴力手段达到他失败的目的。认为必须摧毁个人的意志才能使他服从，也就是说，可以接受并执行别人的意志决定，这是一个根本的错误。如果我们把这个推理应用到智力教育中，我们应该说，为了让孩子在自己的头脑中接受我们的文化，就必须摧毁孩子的智力。

要让那些已经发展了自己的意志，但通过自己的自由选择决定追随我们的人服从,实际上是非常不同的。这种服从是一种尊崇的行为，一种对教师优越的承认，这可以使他感到自豪和满足于自己。

意志和服从是联系在一起的，因为意志是基础，而服从标志着发展过程的第二个阶段。因此，服从比一般教育中认识到的意义更高。它可以被看作个人意志的升华。

同样，服从必须以一种方式来解释，这种方式将它置于生命现象之中，然后可以被认为是自然的特征之一。

事实上，在我们的儿童身上，我们见证了服从的发展，这是一种进化。这是自然而然的，作为一个惊喜。它代表了一个漫长的完美过程的终点。

如果人的灵魂中没有这种品质，如果人不能达到能够服从的进化的程度,社会就不可能存在。如果我们对世间的事情只作肤浅的一瞥，我们就很容易发现人们服从的程度。这种服从正是导致整个人类群体跌入毁灭深渊的原因。这是一个不受控制的服从，一个将整个国家引向灾难的服从。世界上没有不服从的，永远没有！服从作为人类灵魂发展的自然结果是非常明显的，但是令人悲哀的是，对服从的控制是缺乏的。

我们通过观察儿童在事先准备好的帮助他们自然成长的环境中的表现，清楚地表明，服从的成长是最具特征的要素之一，这一观察为这一问题提供了很大的启发。

在我们的经验中，我们已经清楚地看到，孩子的服从与性格的其他品质是以同样的方式发展的；它遵循冲动为先，然后发展到一个意识水平，在那里遵循几个不同等级进一步发展。

让我们先具体说明我们所谓的服从到底是什么意思。毕竟，这就是它一直以来的含义：一个教师命令儿童做什么，儿童意识到它并服从命令。

儿童服从的自然发展可以分为三个阶段。

首先，儿童只是偶尔服从，而不总是服从。这一事实可归因于异想天开的行为，应加以分析。

服从并不仅仅与通常所说的“意愿”有关,它取决于形成的事实。为了能够执行命令的行动，一定的能力和一定的成熟度是必要的。因此,服从应该根据发展和生命条件来判断。不可能命令“用鼻子走路”，因为这在生理上是不可能的。也不可能命令一个不会写字的人“写信”。因此，有必要首先建立与所达到的发展相关的服从的物质可能性。这就是为什么一个 0 到 3 岁的幼儿不是一个听话的儿童，因为他还没有构建自己。他被他的人格机制的无意识的要求所吸引，并且还没有达到他可以建立它们，从而为自己的目的服务，之后有意识地支配它们的地步。这代表着发展的进步。事实上，成人和儿童生活在一起的习俗和方式让成人并不期望一个 2 岁的孩子服从。在这个阶段，如果成人责备这样一个未发育的孩子，他只能或多或少地采用暴力方式制止儿童的行为。

然而，服从并不仅仅包含抑制。它包含了行为的表现与他人的意志相一致，而不是与儿童自己的意志相一致。虽然大一点的儿童的生活并没有像我们提到的 0 到 3 岁的孩子那样在他自己的秘密生活中进行最初的准备，但即使在这个较晚的阶段，我们也发现了类似的事实。此外，大一点的儿童必须发展出某些能力，以便他能够服从，也就是说，他可以按照别人的意志行事，而这些能力不是一夜之间就能发展出来的。它们是经过几个阶段的内部发展的结果。只要这一形成期持续下去，儿童有时会成功地执行与刚刚所获得的对应的行为，但只有当所掌握的已经成为一项永久掌握的能力时，意志才能支配它。当儿童在荷尔蒙冲动的驱使下，吃力地完成那些原始的机械运动功能时，也会出现这种情况。一个大约 1 岁的儿童可以迈出他的第一步，但之后他摔倒了，也许他会有一段时间都不再重复这一尝试。只有当行走的机制完全建立时，儿童才能想什么时候走就什么时候走。这一点非常重要。在这之后的阶段，儿童的服从与否首先取决于他的能力发展阶段。因此，他可能会服从教师一次，但那之后可能就不服从了。这种无法重复的服从行为被归因于“不情愿”。如果是这样，教师的坚持和批评可能会成为正在发生的内在发展的障碍。在对世界各地学校教育产生巨大影响的瑞士著名教育家裴斯泰洛齐的生平研究中，我们发现了一个非常值得注意的地方。裴斯泰洛齐是第一个在对待学生时引入所谓的“父亲般的温柔”的人。他总是乐于表示同情和宽恕。然而，有一种情况他并不会宽恕——一个行为反复无常、时而服从时而不服从的儿童。一个曾经执行过一个命令的人，是能够执行这个命令的，如果在另一个时候他不服从这个命令，裴斯泰洛齐就不会接受任何借口。那是他唯一一次表现出严厉而不是宽恕。如果这种情况发生在裴斯泰洛齐身上，一般的教师又会有多少次不会犯同样的错误呢！

另一方面，在发展的某个方面正在建构时，没有什么比灰心丧气更有害的了。当孩子还不能真正掌握自己的行为时，当他们还不能服从自己的意志时，他就更不能与另一个人的意志相一致。这就是为什么他可能只服从一次，而不能重复这个服从的行为。这甚至不只发生在童年时期。一个演奏乐器的初学者初次演奏得很好，但为什么不能再弹一次呢？第二天他会被要求再做一次时，他通常不能做得和前一天一样好。愿意这样做并没有错，但我们面临的是一种尚未完全建立起来的能力。

因此，我们所说的服从的第一阶段，就是儿童能够服从的阶段，但并不总是能够做到。这是一个服从和不服从并存的阶段。

第二阶段是儿童总是能服从，即在发展上没有障碍的阶段。他扎实掌握的能力不仅可以由他自己的意志召唤和指导，也可以由另一个人的意志支配。这种可能性是一个伟大的礼物。我们可以将其比作把一种语言翻译成另一种语言的能力。儿童可以吸收另一个人的意志并据此行事。这是一般教育努力达到的最高水平。普通的教师并不期待儿童在这之后的阶段一直服从。然而，儿童远远超出了我们的预期，因为他总是有机会遵循自然法则。

儿童并没有停留在这里，而是继续向服从的第三阶段发展。在这里，服从超越了一种儿童后天所能达到的能力，指向一个优越的人格，指向服务和帮助孩子的教师。这就好像儿童开始意识到这样一个事实：教师能做的事情比他自己能做的事情要高级。他仿佛在对自己说："她是一个更伟大的人，能够通过她的力量渗透进我的智慧，她能使我像她一样伟大。她影响了我！"这个想法似乎给了儿童一种巨大而深沉的喜悦。能够从这优越的生活中接受指导会引起一种新的热情和快乐。这是一个非常突然的发现。之后，儿童会变得焦虑不安，疲于服从。

一个有十年教学经验的教师的发现给出了一个有趣的说明。她有一个班的孩子，她管教得很好，可是她不能给他们出主意。一天，她说："把一切都放好，今晚回家之前。"孩子们没有等她说完话，一听到"把一切都放好"，他们就开始仔细地把东西放好，而且很快就放好了。然后，他们听到了令他们吃惊的消息："你今晚回家的时候。"他们立刻就服从了，教师觉得她在表达要求时必须非常小心。这次她应该这样说："你今晚回家之前，把一切都放好。"她说，每当她不加注意地表达自己时，都会发生类似的事情，她觉得自己负有责任，因为孩子们会立即反应。这对她来说是一种奇怪的经历，因为秩序似乎是权威的自然属性。她没有感到自己背负着沉重的负担，而是强烈地感到自己的权威地位所带来的巨大责任。她很容易就能使他们安静下来，只要在黑板上写上“安静”这个词就行了，甚至在黑板上，从她开始写出字母“s”的那一刻起，到她拼完这个单词以前，所有的孩子都安静了。

沉默的教育

我自己的经验也证明了这种“沉默式教育”，表现的是一种服从的态度，在这里是一种集体服从的现象。这一群儿童绝妙而又出乎意料地达成一致，证明他们几乎和我产生了共鸣。

有一次，我抱着一个 4 个月大的婴儿进入了这个有 45 个孩子的班级，他们已经在认真地上课。这是一个古老的意大利习俗，即把婴儿的腿绑在一起，然后用布把它们紧紧地裹起来，这样，婴儿的腿和脚就保持静止和固定。我把婴儿抱给孩子们看，说：“我给你们带来一位客人，看他是多么平静！我敢说，你们是不可能保持这么安静的。”我是开玩笑的，以为他们会笑，可是大家都变得严肃起来，把腿和脚并在一起，一动也不动。我想他们没有听懂我的笑话，于是我说：“要是你们能感觉到他呼吸有多么轻柔就好了。你们不能呼吸得那么轻，因为你们的胸腔比较大。”现在，我想，他们会笑的，但是并没有，他们仍然双脚并拢，同时控制呼吸，确保不发出一点噪声，他们很认真地看着我。然后我说：“我要悄悄地走出去，但是这婴儿比我还安静，他不会动也不会发出任何声音。”我把婴儿带到他母亲那里，又回来了。孩子们一动也不动地站在那里，脸上的表情好像在说：“看，你弄出了一点声音，而我们却像婴儿一样安静。”所有的孩子都是这样，如果大家都有同样的意愿，就会被敦促去做同样的事情，结果就是在这个由 45 个孩子组成的班级里，没有人动，也不出声。人们可能会想：“这是多么神奇的规则！”他们会考虑孩子们是怎么做到的？他们甚至试图逗孩子们笑！结果依然是一阵令人震惊的沉默，同样，我说：“好安静啊！”孩子似乎理解并感受到了这里的寂静，他们保持着安静，控制着呼吸。我开始听到以前从未听到过的声音，钟表的滴答声，外面水龙头的滴漏声，苍蝇的嗡嗡声……成人一般都不知道这种沉默——即使在教堂里，他们也会站起来，跪下来，四处走动，把硬币放进募捐箱，等等。所以他们对沉默的理解是很肤浅的。这种安静给孩子们带来了极大的快乐。

从这种沉默的练习中可以衡量出这些儿童意志的力量。随着这种意志力的练习，这种力量变得越来越强大，沉默的时间延长了。因此，除此之外，我们还窃窃私语地说出每个孩子的名字，每个孩子听到自己的名字时，他就静静地走了过来，其他孩子则一动不动地待在那里，每个孩子都小心翼翼地慢慢走来，以免发出声音，可想而知最后一个被叫到的孩子要等多久！因此，在很大程度上，他们培养了自己的意志力。当我们说我们必须教孩子们去抑制这个或那个的时候，我们必须记住，孩子们的抑制能力比我们强得多，毕竟意志和抑制是一致的。抑制冲动和控制自己的行为都是这种练习的重要结果之一。因此，它成为我们方法的一部分：一方面是选择和自由活动的意志，另一方面是抑制。这样，孩子们就成长为具有伟大意志的人。在这种环境下，他们可以做自己想做的事，或克制自己的行动，他们组成了一个很好的团队。

要想保持绝对的沉默，我们必须一致同意；如果一个人不同意，沉默就会被打破；因此，我们就会产生一种意识，即我们必须共同行动从而产生相应的结果。这样一种有意识的社会关系就产生了。

我把婴儿抱进房间，无意中引起了最初的沉默，但我不能总是指望这一点，那么我怎样才能再次引起这种兴趣呢？我发现最好的办法就是简单地说："你们想要安静吗？"孩子们立刻愉悦地执行了，这使我惊奇地发现，我能命令孩子们保持安静，他们也都听我的话了。成人下达一个命令，大家都服从了。儿童已经掌握了服从，因为所有的因素都具备了。我只是说了几句，他们就照办了。因此，在培养意志的过程中，出现了看不见的、意想不到的服从。

服从是意志发展的最后阶段，意志的发展使服从成为可能。对我们的孩子来说，这导致了一个阶段，那就是教师命令什么，孩子们就立刻服从。然后教师觉得他应该小心，不要利用孩子们的这种服从。他会意识到什么才是一个领导者应该具备的真正品质。领导者应该对自己发布的命令负有重大责任。因此，领导者不是一个有很强权威感的人，而是一个有很强责任感的人。

第二十八章

蒙台梭利教师

从我们前面所阐述的一切可以理解，蒙台梭利教师必须与普通学校的教师有很大的不同，必须注意不要太肤浅地考虑这一点，因为有些蒙台梭利教师太从字面理解了。他们说：“儿童必须主动，教师不能干预。”所以他们抛弃了儿童，什么也不做。

在开发手段的呈现中，教师有着非常积极的任务。此外，他们呈现的方式和他们的细节表明他们是一个非常积极的教师。因此，教师扮演的角色是复杂的。并不是说蒙台梭利的教师是不活跃的，普通学校的教师是活跃的，而是我们的教师所做的一切活动都是一种准备、一种指导，随后教师的“不活跃”是成功的标志。教师外在的不活跃代表一项成功完成的任务，我们可以说这是一种理想目标，那些把自己的班级带到这个舞台上的教师，他们有福了，他们可以说：“不管我在不在，这个班级都在发挥作用。”每个儿童都通过自己的活动获得了独立，现在这个团体也获得了独立。这是成功的标志，但要达到这一点，有一条路要走——教师也要发展。

有一件事我们必须清楚地看到，那就是蒙台梭利教师和普通教师在不同的水平上。一个人不能把一个普通的教师变成一个蒙台梭利教师，而必须重新创造。首先，我们可以说教师的第一步是自我准备，即准备她的想象力，因为在普通学校，教师的了解是根据儿童当前所呈现的行为，她知道她必须照顾他们、带着他们成长，而蒙台梭利教师，从物质角度来说，看到的是一个不在那里的儿童。这是主要的区别。我们的教师处于一个更高的水平，并不是在物质层面上。到我们学校来的教师必须坚信儿童可以通过工作来呈现他们自己。教师对儿童可能处于什么样的水平并不关心。不同类型的儿童，都是偏离正道的，但并不影响她，她看到的是一个生活在精神领域的不同的儿童。教师坚信，在她面前的儿童，一旦找到吸引他们的工作，就会表现出真正的自我。她在寻找什么？她的期望是什么？是等其中的一名或两名儿童集中注意力。

在教师自身精神进化的道路上，有三个阶段。

第一阶段。教师成为环境的守护者和管理者。因此，她没有被这些偏离正道的孩子所纠缠，而是把注意力放在了环境上，因为只有这样才能找到治疗方法。环境的吸引力会使孩子们的意志两极分化。在学校里，教师首先要关心的应该是整理和爱护环境及教具，使之永远美丽、光亮、完好无损，不会有任何遗漏，使一切在儿童看来都是新的，完整无缺，随时可以使用的。这也意味着教师自身必须是有吸引力的。她应该年轻、美丽，头发上插着鲜花，香气四溢，干净，快乐，充满尊严。这是理想状态。每个人都可以随心所欲地改变，但我们必须记住，当我们将自己呈现在儿童面前时，我们必须意识到他们是伟大的人。教师的出现是真正理解和尊重儿童的第一步。她应该仔细研究自己的动作，尽可能使它们温柔优雅。这个年龄的儿童对他的母亲有一个伟大的理想，我们不知道他的母亲是哪一种类型，但我们经常听到儿童在看到一位美丽的女士时说：“她真漂亮，就像我的母亲！”实际上，母亲可能根本没有那么漂亮，但对儿童来说，他崇拜的每个人都是“和我的母亲一样漂亮”的人。因此，这种对外表的关心也应该成为儿童所处环境中的秩序的一部分，而环境中最生动的部分是教师。

因此，爱护环境是教师的首要工作，必须先于一切，但这是一个间接的工作。除非它完全被重视，否则在任何其他领域，都不会有任何有价值的和持续的结果——物理的、心理的或精神的。

第二阶段。现在我们来看看儿童，先把环境整理好。我们想吸引这些儿童，让他们专心工作，而这些儿童仍然乱作一团，漫无目的地游荡，我们该怎么办呢？有时我会用一个不太受欢迎的表述：教师必须是有魅力的，她必须“引诱”这个阶段的孩子。想象一个儿童和一个肮脏的教师进入一个黑暗肮脏的环境，教师给了他一个我们认为应该可以吸引他的东西！当然，教师首先必须在外表和举止上有吸引力。在这方面，我们的教师和普通学校的教师可能是一样的，但这都发生作用在儿童的注意力集中之前。

在注意力集中之前，教师可以多多少少做她喜欢做的事，因为她尚未打扰到任何重要的事情。如有必要，她可以干预儿童的活动。我曾读到过这样的故事：一个善人试图吸引城里街上那些被抛弃的男孩，因为他们正在学习坏习惯。他做了什么？他想尽办法逗男孩们开心，这是教师在这个阶段必须做的。运用诗歌、韵律、歌唱、故事、戏剧、小丑；除了棍子，什么都好。能使儿童着迷的教师会吸引儿童，这就导致了一些忙碌，虽然不是很重要，但确实吸引了孩子。一个活泼的教师更容易吸引人，那么为什么不利用这种活泼呢？她可以欢快地说：“今天换家具怎么样？”然后和儿童一起工作，教师自己小心地拿着东西，并建议怎么拿，欢快地做所有这些事。或者说：“把这个漂亮的铜碗擦亮怎么样？”或者说：“我们到花园里去采些花好吗？”如果教师很吸引人，这个行动就会很吸引人。

这是教师发展的第二个阶段。如果有儿童在这个阶段坚持要骚扰别人，实际的做法是打断他的行为。虽然我们经常说，当一个儿童的注意力集中于他的工作中时，在任何情况下，都不可以干预和中断他的活动，也不要阻止他的充分表达，显然在此时，正确的做法恰恰是相反的：中断或叫停他的令他人不安的活动。这种打断可以是一种感叹，也可以是引起他的兴趣；把你的注意力集中到他身上，对他来说就像多次电击一样，会带来及时的反应。如果儿童打扰别人，你可以说：“你好吗，约翰尼？过来，我要给你找点事做！”他可能不想这么做，因此你说：“所以你不想这么做？好的，那让我们去花园吧。”然后和他一起去，或者让你的帮手把他带去，这样他的顽皮就被控制住了，其他儿童也不会被打扰。

第三阶段。现在到了第三个阶段，儿童对某件事感兴趣，通常是一些实际生活的练习，因为只有当儿童能够恰当地展示它时，我们才能给予其他的东西，而当儿童不集中注意力时，我们也不能给予他。当儿童对某一事物产生兴趣时，教师千万不能打断，因为这个活动遵循自然规律，是有循环的，只要一碰，它就会像肥皂泡一样消失，同时它的美也消失了。教师现在必须非常小心，不干涉就是不干涉，不管是什么形式。此时，教师们经常会犯错误。一个惹人讨厌的儿童，终于专心做了一件事，而教师经过，看到他说："好！"—— 够了，伤害已经造成了。之后的两三个星期，儿童可能都不会去找事情做了。此外，如果一个儿童遇到了困难，而教师干涉他告诉他如何处理，儿童就会把困难留给教师，自己走开。儿童的兴趣不在于完成任务，而在于克服困难。"如果教师想征服它，那就让她去吧，我没兴趣了。"同样，如果儿童在搬重物，教师若去帮忙，儿童往往会把东西倒在地上就走了。表扬、帮助甚至注意到儿童往往都足以打断他们的活动，破坏他们的活动。事实上，即使是儿童看到一个观察他的人也会这样做。毕竟，如果我们正集中注意力在某件事上，这时有人走过来，从我们边上或从附近的某个地方观察我们，我们的注意力就消失了。引导教师成功的最大原则是：一旦注意力出现，就不要注意他了，就好像儿童不存在一样。我们可以一眼就注意到他在做什么，而不必注意到他会注意到我们。现在儿童将开始选择他自己的行为。这可能会导致课堂上出现问题，因为有多个学生可能需要相同的物品。同样，在解决这些问题时，我们也不得干涉，除非有人要求我们介入，否则儿童自己会解决的。我们的职责只是在儿童用完了旧的活动物品时，给他们提供新的物品。

就像所有其他的能力一样，教师不干预的能力来自练习。她必须表现得好像她是为儿童服务的；如果她想要一个好榜样，她可以跟一名好仆人学习。主人所喜欢的，他都准备，却不告诉他怎么做。他把主人的梳子理得整整齐齐，但不会告诉主人什么时候该梳头；他仔细地准备食物，但他不强制他吃。他很好地、精确地、不引人注目地呈现它，之后消失。因此，我们必须对我们的主人——儿童的精神成长——采取行动。这是我们所服侍的主人，儿童的精神。当他提出一个愿望，我们已经准备好满足它。主人单独在的时候，仆人也不来打扰。主人叫他的时候，仆人就立刻到他那里去做被要求做的事，并且回答说："好的，先生。"如果有人要求他赞美，即使他自己看不到任何美，他也会说"多美啊"。对于那些做了一些专注工作的儿童来说也是如此。我们不应闯入，但如果他向我们展示他的成就，并想得到我们的认可，我们就慷慨地给予。

这就是计划和技巧：去服务，并且做好服务，也为精神服务。这是新的东西，特别是在教育领域。诚然，我们都愿意为儿童服务，但普通的教师知道如何服务或做什么吗？看到儿童很脏，她会给他洗干净；儿童的衣服很乱，她会给他穿衣服。这是普通教师的想法，即如果一个人要为儿童服务，他必须为他们做一切事情，帮他们洗衣、穿衣和吃饭。但我们不是这种类型的教师；我们不是身体的仆人。我们知道，如果一名儿童要成长，他必须自己做这些事情。我们教育的基础是，儿童不应该在这种意义上被服务。儿童必须通过自我满足来获得身体上的独立。独立的意志通过独立而自由地选择实现，独立的思想通过独立而不受干扰地工作实现。我们已经意识到发展是一条通向独立的笔直道路，这必须给我们提供线索。我们必须帮助儿童独立行动，独立意志，独立思考。这是一种精神服务的艺术，一种可以在童年时期完美地表现出来的艺术。只有到那时，我们才能看到我们刚才谈到的儿童身上那些奇妙的特征的发展。

一个社会人的这些品质是很美妙的，而教师的快乐在于能够看到儿童的精神表现。这是一个巨大的特权，因为它们通常是隐藏的，当它们出现时，教师会根据她的信仰所提供的灵感来迎接它们。儿童应该是：永不疲倦的工人，冷静的儿童，寻求最大努力的儿童，试图帮助弱小的儿童，知道如何尊重他人的儿童，向我们展示他的特点以便让我们知道他是真正的儿童。

于是教师逐渐开始说："我了解我的孩子们。"这样说意味着她说："我已经看到了这些事实的真相。我看到了这孩子应有的样子，一个比我想象得还要优秀的孩子。"这就是有童年的知识。普通的教师可能会说："我了解我的孩子。这是约翰尼，他的父亲是一个木匠，他的母亲是一位很好的家庭主妇。""我到这个小姑娘的家里去过。我和她的家人一起吃过饭。"等等。我花了很多时间和心思，所以我知道他们。但是对于我们的教师来说，他们知道的不是这些肤浅的事实，而是童年的秘密。他们已经洞穿了这个秘密，拥有远超普通知识的知识，就像他们的爱和关心远超普通教师的爱和关心一样。蒙台梭利的教师有一种深深的爱，因为她深爱那些关于儿童秘密的知识。也许当儿童展现他的精神时，人们第一次明白了什么是真正的爱。"他们非常感人，他们深深地触动了我，他们改变了我，就像任何名副其实的爱一样。我是如此的感动，我忍不住要谈论它。我爱过什么？这些是人类精神的表现。正是这些启示、这种精神改变了我。这可能是爱的最高形式，因为我可能不记得孩子的名字，但人类精神的表现深深地感动了我，我爱上了它。”

普通教师说他们爱他们的学生时，会这样说：“当他们经过我身边时，我抚摸他们的头发或亲吻他们。当他们生病时，我会问候他们。”但这只是个人的爱，仅此而已。所以爱有两个不同的层次。一种是物质的，以前教育的全部观念都建立在物质上。儿童是物质的存在；如果你想到与儿童有关的精神事物，你会想到你可以教导他们祷告或仪式。但是我们的层次是精神上的，我们的爱不是物质的。儿童把我们带到了这里；所以当教师说她了解她的孩子时，她指的是孩子们已经透露出的一些优越的东西。当她说“我为我的孩子们服务”时，她的意思应该是：“我为人类的精神服务，它必须解放自己。我知道他们，也就是我了解人的精神。”

这种水平上的差异不是教师造成的，而是儿童造成的。教师发现自己被提升到她所不知道的水平。是儿童促使教师的成长；现在她在那里，她很快乐。她之前的幸福也许是来自尽可能少地做事，而尽可能多地拿高薪——还有什么其他的满足呢？也许是她对儿童的权威，以及儿童认为她是他们追随和服从的理想。她可能满足于一种权力感和虚荣心。也许她也想在她的事业上更进一步，成为一名女校长或督导。但这并不是真正的快乐。这些教师可能从来没有感受过从儿童的精神表现中获得的幸福；然而，一旦拥有了这个，这些教师就会准备好离开那些不幸福。有多少高中的校长和教师已经辞去他们的职务和放弃他们的薪水，到儿童那里去寻找这种快乐？我知道巴黎有两位医学博士，为了亲眼目睹这些现象放弃了他们自己的专业，他们发现他们所做的实际上是从低级到高级。

蒙台梭利教师取得的最大的成功是什么？能够说：“现在孩子们工作起来好像我不存在一样。”她不是所有，而孩子们成了一切。普通的教师可能会说：“是我把孩子带到了这个水平，都是我教过的，我开发了他们的智力，我曾经……我做了……”但是他们做了什么？什么都没有。他们还没有发展；他们强迫自己，甚至压制和阻挠。这就是学校的罪恶，特别是在发展的前六年。我们只能说：“我帮助这生命实现了它的创造。”这才是真正的满足。这位教 6 岁以下儿童的蒙台梭利教师知道，她帮助了人类发展的关键时期。她可能不知道儿童的任何物质事实，但实际上她一定会知道一些，因为孩子们会自由地和她交谈。她不需要关心这些儿童以后会发生什么，不管他们是上中学或是大学，还是更早辍学；她很满意地知道，在这个形成期，他们已经完成了他们必须完成的任务。她说：“我为这些孩子的精神服务，使他们获得了发展，我陪伴他们度过了他们所有经历的。”她不在乎普通督导说什么，那无关紧要，那是古老时代的荒谬残余。不得不等待检查员报告的教师是一个处境悲惨的人，即使她每天祈祷五次，那也是脱离了精神生活的现实。精神生活是永恒的生命，从一个清晨到另一个清晨。那就是生活在精神层面上，而不仅仅是祷告。

普通教师说：“这些教师看起来多谦虚啊，甚至对自己的权威都不感兴趣。”还有人说：“假如这些教师放弃了一切常规的东西，你们的方法怎么可能成功？”但是他们并没有放弃；他们只是进入了价值观不同的另一种生活；那里有以前的生活所不知道的生活的真正价值。所有的原则都不一样，以公正的原则举例，在以前的学校里，公正是很重要的。过去常有人这么说，“教师拥有权力、尊严和公正”。这种公正是一视同仁——“我不介意孩子是富是穷；如果惩罚是必要的，所有人都会受到惩罚”。如果一名儿童犯了错，他的工作就得零分，在某些情况下，即使他是聋子，也都必须一视同仁。人类社会通常就是基于这种绝对“公正”。公正通常与审判、监禁、判决有关。法院被称为公正的宫殿，说“我是一个诚实的人”意味着我与公正毫无关系（即警察和法院）。在学校里，教师也很小心，不只爱抚某一个儿童，因为如果这样，她必须爱抚所有儿童——她必须是公正的。这是一种将所有人降到最低层次的公正；从精神上说，我们砍下高个的头，让他们和其他人一样高。

在更高层次的教育工作中，公正是真正的精神，它寻求的是让每一个儿童都能达到其个人能力的最大限度。公正是给予任何一个人一切帮助，使他在精神上达到完备的境界，而那些世世代代为精神服务的人，必须给予这些能量帮助。这可能是未来社会的组织形式。现在所谓的公正是荒谬的，这是一种自由，一个人没有机会，而其他人拥有所有机会却不加以利用。这些精神财富没有必要失去，与之相比，经济财富失去了价值。不管我是富有还是贫穷，如果我能充分表达，经济问题就会自行调整。当人类能够充分实现精神自我时会更有成效；经济事物将失去它们的专属价值。人不是用他们的脚或身体在生产，而是用他们的精神和智慧。所有无法解决的问题都会得到解决。

儿童可以在没有帮助的情况下发展出一个有序的社会，而我们成人需要警察、警棍、士兵、机枪。儿童心平气和地解决自己的问题。他们向我们表明，自由和纪律是同一枚硬币的两面，因为科学的自由带来纪律。硬币通常有两面，一面漂亮的，刻着人脸或图案，另一面更平一些，刻有文字。平的一面是自由，雕刻精美的一面是纪律。当我们发现一个班级里的儿童不守纪律时，这就要求教师对错误进行控制，因为她一看到就坦然地说“我在某个地方对这个班级犯了一个错误”，于是她就纠正了这个错误。普通教师认为这是一种耻辱。然而它不是。这是一种新的教育技术。为儿童服务，就是为生命服务。通过帮助自然，我们进入了超自然的下一个层次。因为自然法则是不断上升的。是儿童把这个美丽的建筑建造到另一个层次。自然法则就是秩序，所以当秩序自发出现时，我们知道我们已经达到了宇宙的秩序。儿童的使命之一就是将成人的人性带入一个更高的层次。虽然这一点很重要，但我不能在这里详述，而这是事实。儿童把我们带到精神层面，解决物质层面的问题。

第二十九章

儿童：爱的源泉

在我们的课程中，我们经常看到一群典型的蒙台梭利工人。有婴儿、年轻人、老年人、专业人士、非专业人士、有文化的人和文盲，我们当中没有领导者。我们的课程显然不同于其他文化课程。学习我们课程的学生必须有一定的文化修养，但这是唯一的限制，在这里面我们可以让大学生和教授、律师和医生，以及那些可能成为他们病人的人在一起学习。在欧洲，我们曾经有来自世界各国的人，而在美国，我们曾经有一个无政府主义者！尽管这些是不同的人，学生之间却从来没有任何冲突。这是怎么回事？这是因为我们都被一个共同的理想联系在一起。比利时是一个小得可以放进印度地图尖角的国家，然而却有两种语言：法语和佛兰德语。因此人民在政治上有分歧。所有这些人聚集在一个会议上是困难的，但在蒙台梭利课程中它发生了。这太不寻常了，报纸上评论说："多年来我们一直试图把这些人聚在一起，但都没有成功，现在我们在这个研究儿童的课程中实现了。"这就是儿童的力量：所有人都熟悉儿童，无论他们的信仰或兴趣如何，所有人都爱儿童，因此儿童的凝聚力产生了。成人形成了一些强烈而凶狠的信念，这些信念把他们分成了不同的群体。当他们开始谈论这些信念，讨论他们的信仰和兴趣时，他们就开始争斗了。

但是有一点，他们对儿童的感觉是一样的；这就是为什么儿童在社交方面如此重要。很明显，人可以从这个点开始，以使世界进入和谐。在这一点上，所有人都很敏感。当我们谈到儿童的时候，所有的人都被感动了，所有的人都感觉到爱，所有的人都很敏感。整个人类都被这种最深沉的情感所控制，这种情感会点燃人类之间的友好。这是爱的一种形式。当一个人触摸到孩子，他就触摸到了爱。人不知道如何定义这种爱；所有人都能感觉到，却无法描述。我们可以说“我感觉到这份爱；它存在，但它的根和它的繁茂我不知道”。就像我们通过感官感知事物一样，我们也有爱的感觉；我们对此印象深刻。我们感觉它就在那里，即使在成人的生活中，我们似乎已经忘记了这一点。当一个成人想到另一个成人的时候，就会变得坚硬和强大，但当我们想到孩子的时候，那些坚硬和强大的力量就会软化或消失，我们就会变得甜蜜和温柔，因为我们现在面对的是生命的基础阶段。不仅人类如此，所有生物都是如此。它出现在年轻人出现时。成人的生活有两个方面：防御和爱，但最基本的是对儿童的爱，因为没有儿童，成人就不存在。

让我们更有意识地去理解这种爱吧。先回忆一下先知和诗人说了些什么，他们已经能够把这种我们称之为爱的伟大能量赋予形式和表达。当然，没有什么比诗人的文字更美丽、更令人振奋的了，他们赋予爱以这种形式，使人们可以在某种程度上想象它；这种爱是一切存在的基础。即使是最凶恶的人，读到这些诗人的话时也会说：“多美呀！”这意味着，不管他们的生活方式如何，这种爱一直留在他们身上，并在他们身上持续发生作用。如果不是这样，他们就会把这些东西叫作废话，令人感到愚蠢、乏味。虽然它似乎没有进入他们的生活，但受到了它的影响。这意味着他们在不知不觉中渴望爱。

奇怪的是，即使在这样的时代，在这个战争是最具破坏性的、已经蔓延到世界的各个角落的时代，当人们认为谈论爱是一件讽刺之事时，人们确实也在谈论它。他们谋划团结的行为就是爱。这意味着爱是一个基本的力量。所以在现在这个时候,似乎一切都会使人们说:“把这个叫作爱的东西拿走吧；我们的现实已经被证明是被毁灭的了，因为城市、森林、妇女、儿童和动物不是都被毁灭了吗？”人们目前仍在谈论重建和爱；即使人们在破坏，他们也在谈论它。如果我们看和听我们周围那些无线、报纸、公众的讨论，我们听到教皇、杜鲁门、丘吉尔、教会的领导，反对教会的人，有文化的人和文盲，富人和穷人，以及所有“主义”和神学的追随者都在说“爱”。如果是这样的话，（没有比今天更有力的证据来证明这种有力量和感人的爱）那么，为什么人类不研究这种爱的伟大事实呢？为什么只有在仇恨肆虐的时候才谈论它？为什么我们不能一直研究和分析它，以便利用它的能量呢？不明白为什么以前没有人研究过这种能量，以便它可以用来结合我们已知的其他力量呢？人类把大量的精力投入其他自然事实的研究中。在那些领域里，人类长期艰苦地工作着，发现了许多东西。为什么不把这一点精力投入研究这种团结人类的力量上？我觉得所有能对爱的贡献的说明，都应该被接受，并给予极大的重视。我提到过，诗人和先知常常谈到它，仿佛它是一种理想。但它是真实的，它一直在那里，是永恒的。

我们也必须认识到，我们现在感到的关于爱的现实，那不是因为我们在学校里学过。即使我们学会了关于爱的美好描述，但这些描述的文字很少，它们也会消失，对它们的记忆也会伴随之后发生的无数事件而消失。人们如此积极地寻求爱，并不是因为他们年轻时听说过爱，也不是因为在诗歌中读到过爱；它表达的东西不是去记忆的，而是作为伟大生命遗产的一部分给予我们的。是生命自身在表达，而不是诗人和先知在表达。除了宗教和诗歌，我们还可以从另一个角度来看待爱。我们必须从生命本身的角度来考虑它；那么，爱不仅仅是想象或渴望的果实，而是一种现实，它是一种永恒的能量，不会消失。

我想针对这个现实和之前诗人与先知说过的事情谈论几句。我们称之为爱的这种能量，是最伟大的宇宙能量。即使我们使用这些术语，我们仍然是在浅薄地谈论它，因为它不仅仅是一种能量，而是创造本身。

我们可以对这样的人说："你一定知道什么是爱，因为你对它的感觉如此强烈，它一定是一种令人生畏的东西，请详细地告诉我们。"但是，当我把这种强烈的感情描述出来时，它是如此简单。他所使用的例证也许可以在我们现代文明中找到，这种文明可以移动高山，创造比那更伟大的奇迹，因为我们可以在大陆的某个角落低声说话，而在大陆的另一个角落听到我们的声音。但如果没有爱，这一切什么都没有。我们还建立了伟大的机构，让穷人有饭吃，有衣穿。但如果我们没有爱，那就像打鼓，因为鼓是空的才能发出声音。那么，什么是爱呢?

“爱是恒久忍耐,又有恩慈。爱是不嫉妒,不悖逆,不自高自大。没有野心,不自私自利,不动怒,不心存恶念。讲义气,喜欢真理。凡事包容,凡事相信,凡事盼望,凡事忍耐。”

这是一长串事实的列举,一长串特征的描述,但所有这些特征都让我们想起儿童的品质。它们似乎是在描述有吸收力的心灵的力量。有吸收力的心灵接受一切,它不评判,从不排斥,也不做出反应。它吸引了一切,并体现在人身上。儿童实施建构,是为了使自己适应与他人的生活,成为与他们平等的人。儿童忍受着一切:如果他来到世界上一个寒冷的地方,他就会在那里建构自己,在那里生活,成年之后也只会在那样的环境中获得快乐。如果他来到世界上一个炎热的地方,他也会在那里建构自己,这样他就不能在另一种气候环境中生活并获得快乐。无论迎接他的是沙漠,还是海洋边上的平原,还是高山的斜坡上,他享受这一切,也只有在那里他才能获得最多的幸福。

具有吸收力的心灵相信一切,对一切抱有希望。它接受贫穷,就像它接受财富;它接受一切信仰,就像它接受周围环境的偏见和习俗:它把一切都体现在自身之中。

这就是儿童!

如果不是这样,人类将无法在世界上任何不同的地方稳定,也无法在不重新开始的情况下实现文明的持续进步。

具有吸收力的心灵形成了人类创造的神奇社会的基础,在我们看来,这是一个娇小的孩子,他用爱的美德解决了人类命运的神秘困难。

因此，如果我们对儿童的研究比以往更好一点，我们就会发现爱的方方面面，并加以分析。它不是由诗人或先知分析的，而是由儿童所展示的——通过现实。因此，宝藏不仅可以在研究诗歌的人身边找到，而且可以在每个人的内心找到。这个奇迹是送给所有人的；这种巨大力量的代表到处可见。人类制造了一片纷争的沙漠而上帝却继续降雨。所以很容易理解所有成人的创造，虽然他们创造了伟大的成就，但没有爱就不会有任何结果，什么也不会有。但是，如果我们把儿童身上的这种爱带在身边，如果它的价值和潜力得到实现和发展，我们伟大的成就将是更巨大的。成人和儿童必须走到一起；成人要谦虚，向儿童学习，才能伟大。奇怪的是，在人类创造的所有奇迹中，只有一个奇迹他没有考虑到，那就是自然从一开始就创造的奇迹：儿童。

把儿童作为爱的力量的教导是要求用心灵去理解爱。并不是人类把爱教给了儿童。人类连描述它的能力都没有，怎么能教它呢？这是一种自然的力量，存在于儿童身上。这意味着自然赋予人的生命中有这种力量，因此它比其他任何东西都重要，必须放在所有人类创造的事物之前。这把我们带到了另一个领域，爱不是作为一个人的幻想，而是作为一种自然创造的力量。让我们分析一下爱的形式和方面。

我们称之为爱的东西，是我们在意识中所拥有的。它是我们有意识地感觉到的宇宙能量的一部分。但是有人可能会说宇宙能量与人类无关。让我们分析一下：它是一种吸引力，而吸引力是一种普遍的力。让我们考虑一下宇宙。是什么让星星保持在它们所在的位置，并让它们沿着自己的固定轨道移动？是吸引力。为什么身体会摔到地面？是吸引力。是什么在物质的原子之间起作用，使它们构成整体？是吸引力。如果这种吸引力不存在，世界就会一片混乱，什么都将不复存在。没有吸引力，就没有天空，也没有星星。如果没有地球引力，当我们跳起来的时候，我们会保持在空中，其他一切都是如此！没有吸引力，把某些元素聚集在一起的化学作用力就不能表现出来。

如果考虑到有意识的爱，我们可以进一步分析。所有的动物在特定的时刻都有繁殖的本能，这是爱的一种形式。这种形式的爱是自然的要求，因为没有这种吸引力，一切都无法继续。因此，这种宇宙能量的小原子就暂时借给它们，以便这种物种可以继续存在。它们只感觉到一会儿，之后就消失了。这表明，在这种借贷之爱中，它是多么有限；仅仅足够，不会再多，根据需求给予很小的量。当幼崽出生时，父母会对它们产生一种特殊的爱，这种爱促使它们去保护幼崽，而所有的幼崽都被养在母亲的身边。但是一旦幼崽长大，爱在下一刻就突然消失了。它不是我们所想的那种情感，而是一种非常谨慎和有限给予的能量，是穿透黑暗意识的一缕微光，一旦工作完成，它就消失了。所以，从这个角度理解爱时，那么它向我们传达了什么信息呢？这种所谓的爱不仅仅是一种情感，它在人身上比在动物身上存在的时间更久，这是事实，但它并不是一种真正的情感（它的鼓励或沮丧除外）。从宇宙的角度来说，它是一种借给每一个生命的能量，一旦目的达到，它就被收回。

这种力量也在一定范围内给予人，但它比任何其他力都大，因为它把人带到社会组织中去。它必须得到珍惜和最大限度地发展。人可以升华这种力量，使它越来越强大，并达到抽象。人将它带入抽象的范畴，并珍惜它，这就是人的工作。我们可以把它带入想象的领域，使它一般化。我们之所以珍惜它，因为这是维系宇宙的力量。我们有意识地拥有上天赐予我们的这一部分。如果每一个孩子出生时，这种力量都在人类身上得到更新，那么我们必须珍惜它。有了这种力量，人们可以用自己的双手和智慧把所有能做的事情都组织起来。

爱是宇宙为实现一个特殊目标的礼物，正如宇宙借给人类的一切东西一样。如果目标没有实现，那么任何东西都无法维持，一切都将崩溃。可以理解，如果没有爱，一切都是虚无。比在黑暗中发光的电更多的是爱，比能让声音穿越遥远距离的电磁波更多的是爱，比人类发现和利用的任何能量都要强的是爱——在所有事情中，爱是最重要的。人类利用电或电磁波的力量所能做的一切，都依赖于使用它们的人。这种爱的能量是宇宙给予我们的，所以当孩子出生时，我们每个人都拥有它,它会像一把扇子一样被打开。即使后来的环境破坏了它，我们也会对它产生渴望。所以我们必须比环境中的任何其他力量更多地研究和使用它，因为它不像其他力量那样是借给环境的，它是借给人类的。对爱的研究和对爱的利用将带领我们找到爱的源泉，那就是儿童。这是人类必须走的新道路。